리얼리티 트랜서핑

REALITY TRANSURFING

3

Трансерфинг Реальности : Ступень 3
«Вперед в прошлое!»

by Вадим Зеланд

리얼리티 트랜서핑

REALITY TRANSURFING

바딤 젤란드 지음
박인수 옮김

운명을 주무를 수 있는 강력한 기법들 **3**

정신세계사

리얼리티 트랜서핑3
ⓒ바딤 젤란드, 2004

바딤 젤란드 짓고, 박인수 옮긴 것을 정신세계사 정주득이 2009년 5월 22일 처음 펴내다.
편집주간 이균형, 김우종이 다듬고, 김윤선이 꾸미고, 경운출력에서 출력을, 한서지업사에서
종이를, 영신사에서 인쇄와 제본을, 기획 및 영업부장 김영수, 하지혜가 책의 관리를 맡다.
정신세계사의 등록일자는 1978년 4월 25일(제1-100호), 주소는 03965 서울시 마포구 성산로4길
6 2층, 전화는 02-733-3134, 팩스는 02-733-3144, 홈페이지는 www.mindbook.co.kr, 인터넷
카페는 cafe.naver.com/mindbooky 이다.

2024년 8월 8일 펴낸 책(초판 제25쇄)

ISBN   978-89-357-0313-5 03320
          978-89-357-0309-8 (세트)

읽는 이들에게

시대를 통틀어 인간은 운명을 조종하는 어떤 힘의 존재를 어렴풋이 짐작해왔다. 고대의 전설로부터, 인간은 단지 그 작은 부속물일 뿐인 괴물 같은 거대조직체가 등장하는 현대의 공상소설에 이르기까지, 온갖 종류의 판타지와 신화를 지어내게 하는 동기는 미지 앞에서 느끼는 인간의 경외심이었다.

자신의 운명을 어디까지 스스로 바꿀 수 있는지, 그리고 어떻게 그렇게 할 수 있는지에 관한 이야기는 모든 사람을 흥분시킨다. 인간의 잠재된 정신능력과 마법이 예나 지금이나 늘 생생한 호기심의 대상이 되어온 것도 바로 이 때문이다.

이 책은 틀림없이 당신의 호기심을 채워줄 것이다. 이 책은 독자들이 전혀 예상치 못한 특이한 관점에서 이 문제에 접근하기 때문이다. 트랜서핑은 놀라운 세계로 통하는 마법의 문을 열어젖힌다. 당신은 거기서 기묘하고 비범한 일들을 겪게 될 것이다. 당신은 자신의 운명을 스스로 조종할 수 있다는 사실을 발견하게 된다. 트랜서핑에서는 목표란 애써 성취하는 것이 아니라 거의 저절로 실현되는 것이다.

일상적 세계관의 맥락에서는 이것이 믿을 수 없는 말처럼 들린다. 우리는 모두 거짓된 한계와 고정관념의 상자 속에 갇혀 있는 것이다. 이제 의식을 되찾고 이 환상에서 깨어나야 할 때가 왔다.

자신의 운명을 스스로 조종할 수 있다는 생각은 환상처럼 들리기는 해도 그 실효성이 이미 확인되어 있다. 이 책이 출판되기 오래전부터 트랜서핑은 인터넷 독자들 사이에서 대단한 인기를 누렸었다.

트랜서퍼들의 주변 세상은 믿기 어려운 방식으로, 말 그대로 눈앞에서 바뀌어버렸다. 일상의 현실이 예상 밖의 낯선 모습을 하고 다가올 때, 그것은 참으로 전율을 느끼게 한다. 여기에는 그 어떤 신비주의도 없다. 모든 것이 현실이다. 트랜서핑의 개척자들은 개인적인 체험을 통해 이것을 확인할 수 있었다. 이것을 말해주는 증언을 몇 가지만 들어보자.

"이상하게 들릴지 모르지만 트랜서핑은 정말 된다! 놀랍다! 나에게 일어나기 시작한 일들은 기적이라고 말할 수밖에 없다. 예전에는 이런 일이 가능하리라고는 생각지도 못했다."

"이 책들은 나에게 대단한 감명을 줬다! 이전에는 의심하기만 했던 것들이 사실임을 이해하기 시작했을 때 나는 어린아이 같은 환희를 경험했다."

"나는 문득 내 주위에서 행복을 보았다. 그리고 지금 그 행복은 날마다 커져가고 있다! 묘하다. 하지만 행복은 나와 함께 늘 여기에 있었다. 내가 알아차리지 못했던 것뿐이다."

"이 책은 내가 평생 동안 찾아왔던 책이라고 해야만 할 것 같다. 이 책은 나의 영혼과 마음 사이의 관계를 너무나 잘 묘사해준다."

"처음에는 현실이 전환된 듯한 느낌이 있었다. 곧 설명하기 힘든 에너지의 흐름이 나를 에워쌌다. 마치 어떤 압도하는 힘이 나를 위로 밀어 올리는 듯했다. 한동안 아무것도 생각할 수 없는 상태가 지속됐다. 나는 더 이상 존재하지 않았다."

"내게 아주 중요했던 의문들이 모두 저절로 스르르 풀려버렸다. 모든 일이 정리되고 스스로 제 자리를 찾아가고 있다. 참 놀랍다!"

"나의 현재 상태를 묘사할 말을 찾기가 어렵지만 굳이 표현해본다면 ― 평온, 고요, 행복이다."

"트랜서핑은 정말로 효과가 있다. 그 외에는 하나도 중요하지 않다."

차례

제1장 에너지

트랜서핑을 실천하기 위해서는 건강해야 하고, 상대적으로 높은 에너지 수준을 갖추어야 한다. 이 장에서는 생명력을 증대시키고 에너지를 적절한 수준으로 끌어올리는 간단하고 효과적인 방법을 추천한다. 이를 위해서 훈련과 다이어트와 그 밖의 강제적인 방법들로 자신을 지치게 만들 필요는 전혀 없다. 그러니 건강을 위해 몸부림치지도 말고, 에너지를 비축하지도 말라.

건강과 에너지가 당신 안으로 흘러 들어오게 하라

생명력

트랜서핑을 효과적으로 수행하기 위해서는 건강한 몸과 충분한 생명력이 필요하다. 당신이 이미 웬만큼 건강을 자신하고 있다고 가정해보자. 하지만 당신은 실제로 건강한 사람이 느끼는 기분이 어떤 것인지를 모르고 있는 것은 아닐까? 만약 아침에 일어나기가 귀찮다면, 마지못해 직장이나 학교로 발걸음을 떼고 있다면, 점심을 먹고 나면 나른해지면서 졸음이 온다면, 저녁시간에 텔레비전 앞에 죽치고 앉아 있는 것 말고는 하고 싶은 것이 없다면 그것은 당신이 전혀 건강하지 않다는 뜻이다. 그렇다면 당신은 생존을 겨우 유지할 정도의 에너지만을 가지고 있는 것이다.

잉여 포텐셜의 짐을 벗어던지고 펜듈럼으로부터 자유로워지면서, 당신은 이전에 쓸모없이 낭비했던 에너지를 상당히 회수했다. 하지만 에너지는 아무리 많아도 지나치지 않다. 생명력을 더 높은 수준으로 끌어올릴 수 있는 방법에 대해서는 이 장의 뒷부분에서 이야기할 것이다.

여기서 우리는 에너지를 받아들이고 사용하는 법을 이해하게 될 것이다. 인체 내의 에너지는 두 가지 형태로 구별할 수 있다. ― 생리적 에너지와 자유에너지(free energy)가 그것이다. 생리적 에너지는 음식물을 소화시켜서 얻는다. 자유에너지는 인체를 통해 흐르는 우주의 에너지(Space energy)다. 이 두 가지 에너지가 우리를 감싸는 에너지 보호막을 형성한다. 인간의 에너지는 육체적 기능을 수행하는 데 쓰이기도 하지만 또한 주변 공간으로도 방사되고 있다.

우주의 에너지는 공간 속에 무한히 존재한다. 그러나 인간은 그 에너지의 아주 작은 일부밖에 받아들이지 못한다. 우주의 에너지는 두 가지 방향으로 인체를 통해 흐른다. 첫째 흐름은 '아래에서 위로' 움직이며, 남성은 척추 앞 1인치, 여성은 척추 앞 2인치 지점을 흐른다. 둘째 흐름은 '위에서 아래로' 흐르며, 거의 척추를 따라 흐른다. 사람이 지닌 자유에너지의 양은 이 중앙 에너지 통로의 폭에 비례한다. 통로가 넓을수록 에너지가 많이 흐른다.

이 중앙의 에너지 흐름에 대해서는 오래전부터 이미 잘 알려져 있다. 인체의 에너지 구조에 대해서는 더 자세히 이야기하지 않겠다. 흥미가 끌린다면 관련 서적을 읽어보면 될 것이다. 이 에너지는 인간의 몸속을 상당히 복잡하게 돌고 있지만 그것에 대해서는 신경 쓰지 않아도 된다. 우리의 목적을 위해서는 이 중앙의 두 흐름에 주목하는 것으로 충분하다.

만일 정상적인 에너지 흐름이 교란되어 '병목 현상'이나 '구멍'이 생기면 다양한 질병이 발생한다. 그리고 역으로 신체 기관들이 병에 걸려 있으면 에너지 상태도 일그러진다. 몸의 독소와 같은 생리학적 원인이 에너지 흐름을 막는 것인지, 아니면 에너지 흐름의 변화가 생리학적

13

기능 장애를 일으키는 것인지, 그 둘 사이에 경계선을 그어 분명히 구분 짓기는 어렵다. 침술, 경락 마사지, 그리고 그 밖의 유사한 치료법을 쓰면 에너지 순환을 정상으로 복구시킬 수 있다. 그러면 에너지 순환의 교란으로 생겼던 질병은 사라지게 된다. 그러나 그것은 단지 일시적인 효과만 가져다줄 수 있을 뿐이다. 모든 것이 정상을 유지하게 하려면 육체뿐만 아니라 미묘한 신체(은비학에서 말하는 에테르체, 아스트럴체 등의 정묘한 물질 차원의 몸)도 돌보아야 한다.

인간의 생명력은 신체 근육의 상태와 밀접한 관계가 있다. 긴장된 근육은 눈에 보이지 않는 이 흐름의 정상적인 움직임을 어렵게 만들고, 인체 에너지 장場의 발산을 방해한다. 내적으로 긴장되어 있는 어떤 사람이 기분 좋게 놀고 있는 친구들 사이에 나타나서는 말 한 마디 하지 않고 전체 분위기를 싹 바꿔놓을 수도 있다. 그런 때는 공기 중에 긴장의 에너지가 감돌고 있는 것처럼 느껴진다. 이처럼 사람은 분명하게 알지는 못해도 뭔가 부정적인 에너지를 감지한다. 긴장은 전체 에너지 장에 불균형을 일으킴으로써 균형력(균형 잡는 힘)을 발생시킨다. 에너지를 평균 수준에 이를 때까지 감소시키는 방법이나, 발생된 포텐셜을 반대 극성의 에너지로 상쇄시키는 방법을 통해 균형을 복구시킬 수 있다. 예컨대 위의 경우, 친구들이 지나치게 경직된 그를 농담으로 놀려주는 등으로 말이다.

사람의 기분과 생활의 활기는 생명력과 직접적인 관계가 있다. 침울한 상태, 스트레스, 공황 상태, 피로, 권태 등은 모두 에너지의 부족함을 알려주는 신호다. 생활의 활기를 유지하는 데는 생리적인 에너지만으로는 부족하다. 사람은 육체적으로는 피곤하면서도 활기차고 만족스러울 수 있다. 그리고 그와 반대로, 잘 먹어서 튼튼하고 피로를 모르는 사람도 침울하고 무기력해질 수 있다.

사람의 실질적 생활에서 중요한 역할을 하는 것은 바로 이 자유에너
지다. 당신이 만일 아무것도 하고 싶은 것이 없다면 그것은 바로 자유
에너지가 부족함을 뜻한다. 에너지가 부족할 때는 습관적인 일은 억지
로라도 할 수 있지만 적극적으로 나서서 일을 떠맡는 것은 어렵다. 적
극적으로 즐기면서 하는 일의 배후에는 의도가 있다. 자유에너지가 없
으면 의도도 있을 수 없다.

생리적 에너지는 엄밀히 말해서 행위를 하는 데에 쓰인다. 우리가
주로 관심을 기울일 것은 의도의 형성에 쓰이는 에너지로서, 의도 에너
지다. 바로 이 의도 에너지 덕분에 우리는 가지기로, 그리고 행동하기
로 결정할 수 있는 것이다.

스트레스와 이완

침울한 상태나 긴장된 상태는 중앙의 에너지 흐름을 막히게 만든다. 중
앙 통로는 수축되고, 자유에너지의 순환은 느려지거나 완전히 멈춘다.
이런 상태에서는 의도가 그 에너지원을 잃게 된다. 스트레스 상태에서
의도가 막혀 있으면 사람은 제대로 활동할 수가 없다. 스트레스는 또한
에너지 통로에 그와 반대되는 효과를 줄 수도 있다. 스트레스가 통로를
갑작스럽게 확장시킬 수도 있는 것이다. 그리고 그럴 때 사람들은 일상
적인 상태에서는 불가능한 놀라운 일을 해내게 된다. 그런 사례들은 잘
알려져 있긴 하지만 흔한 일은 아니다. 대다수의 경우, 스트레스 상황
에서 사람의 재능과 잠재력은 급격히 줄어든다.

15

하루의 생활 속에서 우리는 여러 가지 스트레스 상황을 겪는다. 그 상황은 금방 잊어버릴 정도로 영향력이 미약한 것에서부터 오랫동안 정신을 못 차릴 정도로 강력한 것에 이르기까지 다양하다. 스트레스에 대한 생명체의 자연스러운 반응은 근육의 긴장이다. 이런 긴장은 이미 습관이 되어 우리 속에 뿌리 깊이 박혀 있지만 단지 우리가 그것을 알아차리지 못할 뿐이다. 예컨대, 지금 이 글을 읽고 있는 당신의 얼굴 근육들은 잔뜩 긴장되어 있다. 그러나 당신이 알아차리는 순간 그것은 금방 이완된다. 몇 분이 지나면 당신은 더 이상 얼굴을 의식하지 않게 되고, 그러면 얼굴은 다시 굳어져 당신의 감정 상태를 그대로 반영하는 가면이 된다.

이완법을 통해서 스트레스를 벗어날 수 있다고 생각하는 것은 틀린 고정관념이다. 사실, 이완하는 동안 당신은 원인은 제거하지 않은 채 결과와 싸우고 있는 것이다. 육체적 긴장의 원인은 정신의 긴장이다. 우울, 불안, 초조, 두려움 등의 마음 상태는 경련성 근육 긴장을 일으킨다. 의식적으로 근육의 힘을 빼는 것도 물론 어느 정도 일시적인 해소 효과는 있다. 하지만 심리적인 긴장이 다시 모든 것을 원래 상태로 되돌려놓는다. **심리적 긴장을 제거하려면 중요성을 던져버려야 하며, 그것이 필요한 일의 전부다.** 당신은 단지 당신을 괴롭히고 있는 것에다 스스로 부여하고 있는 지나친 중요성 때문에 긴장해 있는 것이다.

스트레스는 중요성의 소산이다. 당신은 단숨에 스트레스로부터 벗어날 수 있다. ─ 그저 중요성만 버리라. 중요성을 가지고 있는 것은 전혀 무익할뿐더러, 해롭다. 당신은 결코 상황을 개선할 수 없을 뿐 아니라 중요성의 짐을 진 채로는 제대로 운신할 수도 없다. 스트레스 상황에 처할 때는, 정신을 차리고 깨어나서 펜듈럼이 당신의 중요성을 갈고리로 꿰고 있다는 사실을 인식하기만 하면 된다. 각각의 상황에서 중요성이 어디에 놓여 있는지를 알아내는 것은 쉬운 일이다. 이것을 명심하라. ― 중요성을 버리면 펜듈럼에서 자유로워지고, 따라서 효율적으로 행동할 수 있게 된다는 것을. 지나친 중요성은 '언제나' 당신에게 불리하게 작용한다는 사실을 인식해야 한다.

그 어떤 복잡한 상황도 중요성을 상기해내고 의식적으로 그 수위를 낮추기만 하면 해결된다. 단 한 가지 어려운 일은, 그것을 '제때에' 기억해내는 것이다. 스트레스 상태에 처해 있을 때 당신의 의식은 잠에 빠져서 트랜서핑에 대해서는 아무것도 기억해내지 못한다. **스트레스에서 벗어나려면 잠에서 깨어나서 중요성을 던져버려야만 한다.**

영혼의 기분 상태에 주의를 기울이는 것을 습관화하면 제때에 그것을 상기하는 것이 어렵지 않게 된다. 불편한 기분을 감지할 때마다 자신에게 물어보라. ― 왜 그럴까? 어느 대목에서 중요성이 높아져 있을까? 그것이 당신에게 아무리 '중요'하더라도 의식적으로 그 중요성을 버리라. 오직 순수한 의도의 경계 안에서만 행동하라. 오로지 그때만 효율적으로 살아갈 수 있다.

스트레스에 대한 면역을 얻으려면, 툭하면 긴장하는 낡은 습관을 바꾸는 것이 필수적이다. 언제든지 될 수 있는 한 이완 상태에 머무는 새로운 습관에 익숙해져야 한다. 이완은 결코 무기력이나 냉담함이 아니다. 그것은 주변 세상과 조화롭게 존재하는 상태, 즉 '균형'이다. 균형은 내적, 외적 중요성이 없는 상태를 전제로 한다. 나는 나쁘지도 않고 착하지도 않다. ― 세상은 나쁘지도 좋지도 않다. 나는 초라하지도 않고 대단하지도 않다. ― 세상은 초라하지도 대단하지도 않다. 등등.

중요성의 부재, 혹은 적어도 낮은 중요성은 이완 상태에 도달하기 위한 중요한 조건이다. 중요성이 높으면 아무리 이완해봤자 소용이 없다. 예를 들어, 당신이 만일 높은 곳을 겁낸다면 높은 집 지붕 끝에서는 긴장을 이완시킬 수가 없을 것이다. **중요성을 버리는 것이 불가능하다면 최소한 이완하려고 애를 쓰느라 쓸데없이 힘을 낭비하지는 말아야 한다.** 이완하려고 애쓸 때, 당신은 문제의 상황을 통제하는 데뿐만 아니라 자신을 억제하는 데까지 에너지를 소모하게 된다. 그렇게 할 필요가 없다. — **자신을 놓아주고, 차라리 실컷 걱정이나 하라.**

트랜서핑을 배우기 위해서는 어떤 상황에서도 최대한 짧은 시간 내에 이완 상태로 들어갈 수 있어야 한다. 구두로 하는 자기암시 같은 것은 필요 없다. 근육은 말로써 조종되는 것이 아니라 의도에 의해 조절되는 것이기 때문이다. 몸의 많은 근육들은 의식적으로 이완시킬 수 있는데, 그것은 그저 근육에 주의를 보내기만 하면 된다. 평상시 우리는 통증이나 불편함이 느껴지기 전에는 근육에 주의를 기울이지 않는다. 그러니 마음의 눈으로 몸 전체를 스캔하듯 쭉 훑어가면서 하나씩 하나씩 근육에서 긴장을 풀어놓는 것으로 충분하다. 하지만 의도에 복종하기를 잊어버린 근육군이 있는데, 그것은 활동이 적은 현대인의 생활방식과 관련이 있다. 예를 들자면, 등의 근육은 의식적으로 조종하기가 어렵다. 그래서 나이가 들면 허리가 아프기 시작한다. 대수롭지 않게 들릴지는 몰라도 규칙적인 운동, 특히 등 근육을 위한 운동은 절대적으로 필요하다.

전체 과정을 요약해보자면 이렇다. 서두르지 않으면서도 신속하게 내면의 눈으로 몸 전체를 쭉 훑어가면서 긴장을 푼다. 몸을 하나의 전체로 느끼며 몸 전체의 표면에 주의를 돌린다. 피부를 경계로, 내부로부터 갑자기 빠르게 데워지고 있는 보호막이 형성되고 있다고 상상하

라. 몸의 표면에 주의의 초점을 맞추라. 피부가 따뜻해진다고 상상하거나, 개미가 기어 다닌다고 상상하거나, 혹은 피부를 따라 에너지의 방출이 일어난다고 상상하라. 어느 것이든 좋을 대로 상상하라. 중요한 것은 피부가 존재하는 것이 느껴지게 하는 것이다. 그 다음에는 그 에너지가 마치 비눗방울 표면에 아른거리는 무지개 색깔처럼 몸 표면 전체를 따라 아른거리며 반짝이는 것을 느끼라. 이 순간 당신은 이 우주의 일부로서 존재하며, 전체 우주와 균형을 이룬다. 어떤 특별한 느낌을 느끼려고 애쓸 필요가 없다. 사람은 누구나 자신만의 느낌이 있다. 전혀 애쓸 필요가 없는 것이다. 그냥 지나가는 일처럼 여유롭게 하되 의도적으로 해야 한다. 에너지를 띤 몸 표면의 총체적인 감각은 주변 세계와 균형을 이루고 하나가 되어 이완된 느낌이다. 몇 번 연습해보면 이것을 수 초 만에 할 수 있게 되고, 얼마 지나지 않으면 이완 상태에 드는 일이 마치 팔짱을 끼는 것처럼 쉬워지게 될 것이다.

에너지 뱀파이어

우리는 모두 에너지의 대양 속을 헤엄치고 있다. 그러나 그 에너지를 얻는 것은 그다지 쉽지 않다. 에너지가 인간에게 따로 분배되는 것은 아니기 때문이다. 의식적으로 에너지를 얻기 위해서는 에너지 통로를 의도적으로 넓혀야 한다. 그리고 그 통로로 이 에너지가 흐르게 해야 한다. 예컨대, 당신은 의식적으로, 의도적으로 물을 마신다. 그러나 그처럼 분명한 느낌으로 에너지가 자기 안으로 흘러들게 하지는 못한다. 원리상 사람은 온 우주로부터 의도적으로 에너지를 '충전' 받을 수 있는 능력을 지니고 있지만 그 능력은 아직 발달되지 않은 원시 단계에 있다.

그보다는 이미 동화된 에너지를 다른 사람으로부터 얻는 것이 훨씬 더 쉽다. 소위 에너지 뱀파이어들이 이용하는 방법이 이것이다. 사람의 에너지는 특정 주파수를 띠고 있기 때문에 자기 것으로 동화하기가 더 쉽다. 다른 사람의 에너지를 받으려면 그 주파수로 동조하기만 하면 된다. 라디오 수신기의 회로가 모든 전파를 다 잡지 않고 동조된 주파수만 포착하는 것과 같은 방식이다. 뱀파이어는 다른 사람이 이미 동화한 에너지를 섭취하는 것이다. 그렇게 하기 위해 뱀파이어는 그 방사 에너지의 주파수에 동조한다.

뱀파이어는 잠재의식 차원에서 먹이의 주파수에 동조한다. 그 방법은 겉에서 보면 여러 가지로 다양하게 나타난다. 뱀파이어는 별 중요하지도 않은 질문들을 던지며 당신에게 접근해서 간사하게 환심을 사면서, 주제넘게 참견하듯 당신의 눈을 들여다본다. 그러면서 당신을 만지려하고 팔을 붙잡으려 한다. 그는 잡담을 계속 늘어놓으며 당신을 괴롭힌다. 그는 먹이(희생자)의 성격과 기질에 비위를 맞출 줄 안다. 기본적으로 그는 희생자의 영혼 안으로 기어 들어와서 프레일레*를 찾아내려고 애쓴다. 이런 사람은 '간사한' 타입의 뱀파이어다. 이런 사람은 대개 사람의 심리를 잘 간파하고, 사교적이기는 하지만 매력적이지는 않다. 오히려 그는 짜증나는 사람이라서 사람들도 그것을 즉시 느낀다. 그도 자신이 성가신 존재라는 것을 알아차리고, 할 수 있다면 그렇게

---

* 영혼이 저마다 가지고 있는 고유한 매개변수 또는 주파수 특성. 저자가 만들어낸 단어로 그 자체로 특별한 뜻은 없다.(리얼리티 트랜서핑 2권 참고)

보이지 않으려고 노력하기는 하지만 말이다.

조종자는 또 다른 타입의 뱀파이어다. 아시다시피 조종자는 사람들의 죄책감을 가지고 논다. 잠재의식 차원에서 이런 뱀파이어는, 어려운 상황에서 다른 사람의 조언을 구하고 다른 사람의 판단에 복종하는 잠재적 성향을 지닌 사람들을 찾고 있다. 마찬가지로, 죄책감을 조금이라도 갖고 있는 사람은 잠재의식 속에서, 자기를 심판해주고 그다음 즉시 자비심을 베풀어줄 사람을 찾고 있는 것이다. 다른 사람들의 지지와 조언을 필요로 하는 사람은 자기 확신이 약해서 다른 누군가의 판단에 복종하는 사람이다. 그래서 뱀파이어와 그의 희생자는 서로를 찾는다. 그리고 각자 서로가 필요로 하는 것을 얻는 것이다. 조종자가 희생자의 주파수에 동조하는 것은 누워서 떡 먹기다. 그 배후의 메커니즘은 아주 단순하다. 그 사람이 걱정할 만한 문제를 지나치듯이 슬쩍 건드리기만 하면 되는 것이다. 그러면 그는 즉시 자신의 에너지를 갖다 바칠 것이다.

셋째 타입의 에너지 뱀파이어는 '선동가'로서, 가장 노골적이고 공격적인 형태다. 이런 사람은 별 생각도 없이 곧바로 공격을 감행하여 먹잇감이 균형을 잃게 만들려고 한다. 선동가들이 어떤 수작을 부리는지는 당신도 이미 잘 알고 있으리라. 여기에는 눈에 띄지 않게 괴롭히는 것에서부터 시작해서 야만스러운 강탈에 이르기까지 온갖 가능한 방법들이 총망라된다. 중요한 것은 희생자가 참을성을 잃고 분통을 터뜨리게 만드는 것이다. 그 반응은 이럴 것이다. ― 무례한 언동으로 되갚기, 짜증내기, 분개하기, 두려워하기, 적개심 품기 ― 뭐든 상관없이 다 좋다.

사람들은 무의식적으로 뱀파이어가 된다. 그처럼 무의식적으로 다른 누군가의 에너지를 이용하려 들게 되는 것이다. 그는 살아가다가 자기에게 만족감을 주고 에너지가 밀려오게 만들어주는 상황들이 있다는 것을 알아차린다. 그러면 자기도 모르게 그것을 다시 경험해보려고 애쓰게 된다. 뱀파이어의 희생자는 '교령회'*가 끝나면 녹초가 된 기분을 느낀다. 만약 어떤 사람과 이야기를 하고 난 후에 당신이 침울해지고 허탈해지거나 허약해지고 떨리는 느낌을 느낀다면 당신은 뱀파이어에게 '이용당한' 것이다.

하지만 사람의 자유에너지의 대부분을 빼앗아 먹는 것은 펜듈럼이다. 펜듈럼이 어떻게 에너지를 포획하는지는 당신도 이미 알고 있다. 펜듈럼은 중요성이라는 통로를 통해 에너지를 받아들인다. 짧은 시간 동안 활동하는 뱀파이어와는 달리, 펜듈럼은 희생자가 그 펜듈럼의 주파수로 에너지를 방사하는 동안은 에너지를 영구적으로 계속 뽑아낼 수 있다. 이 방사 에너지의 강도는 중요성에 비례한다.

뭔가가 당신을 괴롭히고 걱정하게 만들면 당신의 생명력이 약화된다. 주위의 사람들과 동물들도 에너지 차원에서 그것을 본능적으로 감지한다. 각성도와 자신감도 떨어진다. 그럴 때 거리를 걸어가면 개가 유독 당신을 향해 짖어댈 것이다. 집시들이 당신을 집적대기 시작하면서 당신의 돈을 갈취할지도 모른다. 에너지 뱀파이어라면 당신에게서 에너지를 실컷 빨아먹을 수 있을 것이다. 당신은 골치 아픈 상황에 쉽게 빠져든다.

만나는 모든 사람들 안에 잠재된 에너지 뱀파이어를 찾아내려고 할

---

* 交靈會(seance) 죽은 사람들의 영혼과 통교通交하려는 목적의 모임. 여기서는 뱀파이어와의 만남을 말한다. 역주.

필요는 없다. 그것을 걱정하면 당신은 이미 자신의 생체에너지 장을 열어 그들의 접근을 허용하는 꼴이 된다. 원하지 않는 영향력으로부터 자신을 보호하기 위해서는 내적 각성도를 길러 중요성의 수위를 감시하면서 자신의 에너지 보호막을 계속 강화해가야 한다.

각성된 의식은 누군가가 당신을 게임이나 함정에 몰아넣으려 하는 순간 그것을 바로 알아차리게 해준다. 중요성의 수위를 낮게 유지하면 당신의 주파수에 동조해오는 것을 어렵게 만들어줄 것이다. 아무리 작은 것이라도 죄책감을 건드리는 신호에는 특별한 주의를 기울여야 한다. 내가 텅 비어 있으면 펜듈럼이 갈고리를 걸 데가 없다. 조종자는 한두 번 시도해보다가 실패하고는 다른 곳으로 가버릴 것이다. 건전하고 튼튼한 에너지 보호막은 어떠한 침입에도 안전하게 당신을 보호해줄 것이다.

보호막

모든 사람은 보이지 않는 에너지 보호막에 둘러싸여 있다. 보통 사람들은 그것을 느낄 수가 없지만 상상해볼 수는 있다. 욕조의 뜨거운 물에 몸을 담글 때처럼, 몸의 전체 표면의 느낌을 잡으라. 그렇게 하려고 '애쓰라'는 것이 아니다. 그냥 느끼라. 애쓰지 않고 그저 하기만 한다면 그것은 즉시 된다. 연습을 할 필요도 없다. 에너지는 당신의 몸 가운데서부터 느린 물결처럼 펼쳐져 표면으로 확장되어 나온 다음 구체 모양을 형성한다. 당신을 감싸고 있는 구체를 상상하라. 이것이 당신의 에너지 보호막이다. 그것을 정말로 느끼지 못한다고 해도 문제가 되지 않는다. 그것을 그저 상상함으로써, 당신은 이미 이 보호막을 조절하는 첫 발을 디딘 것이다. 결국은 당신도 이 보호막을 정말 경험하게 될 것이다.

초감각이 발달한 사람들은 실제로 보호막을 보고 그 보호막의 모든 결함을 찾아낼 수 있다. 우리는 모두가 태어날 때 이미 초감각적 지각 능력을 가지고 있다. 단지 그것이 사용되지 않아서 잠자고 있는 것뿐이다. 당신은 그 능력을 오랜 훈련을 통해서, 혹은 눈 깜짝할 새에 개발할 수도 있다. — 그것은 단지 의도에 달린 문제다. 물론 그런 의도를 얻기란 쉽지 않다. 아무튼 우리의 목적을 위해서는 에너지 보호막을 건강한 상태로 되돌리는 것만으로도 충분하다. 약한 보호막으로는 강력한 침입이 일어날 때 그것을 막아낼 수가 없다.

특별한 연습을 규칙적으로 하면 생명력을 건강한 상태로 발달시키고 유지할 수 있다. 이 연습은 하기가 아주 쉽고, 몇 분 정도밖에 걸리지 않는다. 편안하게 근육을 긴장시키지 말고 똑바로 선다. 숨을 들이마시면서 땅에서 위로 올라오는 에너지의 흐름을 상상한다. 땅에서 올라온 에너지는 회음*을 통해 몸으로 들어와 척추를 타고 위로 올라온다.(척추와 나란히 달리는 에너지 통로에 대해서는 위의 소제목 〈생명력〉에서 설명한 내용을 참조할 것.) 그 에너지는 머리 꼭대기에서 밖으로 나가 하늘로 올라간다. 이제 숨을 내쉬면서 상상한다. 하늘 높이 어딘가에서 에너지의 흐름이 내려온다. 그 에너지는 당신의 머리 꼭대기를 통해 들어온 다음 척추를 따라 내려와 몸 밖으로 나와서 땅 속으로

---

* **會陰** 생식기와 항문의 중간 부위. 회음은 한방에서 인체의 뿌리이자 생명의 문이라고 여기는 중요한 혈자리로서, 임맥-독맥과 충맥이 시작되는 곳이다. 역주.

들어간다. 이 흐름을 육체적 감각으로 느껴야만 하는 것은 아니다. 이 과정을 그저 상상하는 것으로 충분하다. 시간이 지나면 당신의 감각도 발달하여 이 흐름이 지나가는 것을 감지할 수 있게 될 것이다.

다음에는 그 두 흐름이 동시에 서로 마주보며 흐르는 것을 상상한다. 두 흐름은 서로 만나지 않고 평행하게 흐른다. 처음에는 들숨과 날숨에 맞추어 이것을 연습한다. 그러나 시간이 지난 다음에는 에너지 흐름을 호흡과 연결시키기를 그치라. 그러면 상상(의도)의 힘으로 에너지의 흐름을 더욱 빨라지게 하여 그 힘이 더 강력해지게 만들 수 있을 것이다. 이제 올라오는 에너지의 흐름이 머리에서 나와서 분수처럼 머리 위에 펼쳐지는 것을 상상한다. 내려가는 흐름은 바로 발아래에서 같은 모양으로 펼쳐진다. 방향만 서로 반대다. 두 개의 분수가 만들어지는 것이다. ― 하나는 위에서, 다른 하나는 아래에서. 마음속으로 그 두 개의 분수를 연결하라. 그러면 당신은 에너지 구체 속에 들어 있게 된다. 그런 다음, 당신의 몸 표면에 주의를 보내라. 그저 단순히 피부의 표면을 느끼라. 그리고 그 느낌을 구체로 확대시키라. ― 마치 풍선을 불 때 풍선이 팽창하는 것처럼. 마음속으로 피부의 표면을 부풀리고 있으면 두 개의 에너지 분수로 구성된 구체는 단단히 모양을 갖춘다. 이 모두가 애씀이 없이 이루어진다. 뭔가를 느끼려고 애를 써서는 안 된다.

중앙의 에너지 통로를 육체적 감각으로 느끼지 못하더라도 염려하지 말라. 신체의 건강한 내부 장기들이 느껴지지 않는 것과 마찬가지로, 당신은 그 통로의 존재에 너무나 익숙해져 있어서 그 느낌을 느끼기를 그만둬버린 것이다. 수시로 규칙적으로 이들 통로에 주의의 초점을 맞추라. 그러면 머지않아 육체적 감각을 느끼게 된다. 그것은 손으로 만지는 것처럼 생생한 느낌은 아니라도 충분히 실감이 날 것이다.

이것이 내가 말한 에너지에 관한 연습이다. 에너지 흐름이 닫힌 구체를 형성하게 함으로써 당신의 주위에 보호막을 만드는 것이다. 그리고 몸 표면의 에너지를 구체로 확대시킴으로써 보호막을 단단히 정착시킨다. 이 훈련의 유익한 점은 아무리 강조해도 지나치지 않다. 첫째, 보호막은 외부의 침입으로부터 당신을 보호해준다. 둘째, 당신은 생명력을 단련시킴으로써 에테르ether(氣)의 통로를 청소한다. 에너지 흐름을 막고 있던 덩어리들은 씻겨나가고, 에너지가 새나가게 하던 오라*상의 구멍들이 닫힌다. 이 모든 일이 금방 일어나는 것은 아니다. 이것은 점진적인 과정이다. 하지만 이것을 위해 반사요법 전문가나 심령술사를 찾아갈 필요는 없다. 당신은 스스로의 힘으로 신체의 정상적인 에너지 흐름을 회복하고 있는 중이다.

에너지 보호막도 뱀파이어나 펜듈럼들로부터 당신을 보호해줄 수는 없다는 사실을 명심해야 한다. 이들은 당신의 주파수에 동조함으로써 에너지를 '다운down' 받는다. 펜듈럼이 먹이에게 갈고리를 던지면 희생자는 균형을 잃는다. 그 순간에 펜듈럼이 그냥 지나가게 하기 위해서는 의식을 깨워서 중요성을 내려놓아야 한다. 그러면 근육이 이완되고 내부 에너지가 다시 균형을 찾으면서 펜듈럼은 텅 빈 허공 속으로 나가떨어질 것이다. 사실, 당신이 스스로 흔들리지 않는다면 펜듈럼도 당신의 에너지를 빼앗아가지 못한다. 당신이 자기도 모르게 균형을 잃는 순간에 언제나 통제력을 발휘할 수 있으려면 의식이 깨어 있어야 한다.

　* aura 인체나 사물에서 주위에 방사되는 정묘한 에너지의 빛, 혹은 그 에너지장. 역주.

생명력 높이기

생명력을 높인다는 것은 결코 생명력을 축적해야 한다는 뜻이 아니다. 이 말은 충격이 될지도 모르겠다. 당신은 "나는 에너지가 부족해", "나는 에너지가 빵빵해"라는 식의 말들에 익숙해져 있기 때문이다. 당신은 오직 생리적 에너지만을 축적할 수 있으며, 그것은 칼로리(열량)라는 형태로 축적이 가능하다. 그것을 위해서는 단지 알맞은 식사와 규칙적인 휴식만으로 충분하다. 인체 안에는 자유에너지를 모아둘 장소가 없다. 자유에너지는 온 우주로부터 몸 안으로 들어온다. 통로가 충분히 넓으면 그 에너지를 얻을 것이고, 통로가 좁으면 에너지를 얻지 못한다. 그러므로 강한 생명력을 지닌다는 것은 무엇보다도 통로의 넓이에 관련된 문제다.

모든 입자가 무한한 자유에너지를 담고 있다. 가져갈 수 있는 만큼 얼마든지 가지라. 하지만 이 에너지가 자신에게 흘러 들어오게 하는 법을, 그리고 자신이 우주의 일부임을 느끼는 법을 배워야 할 것이다. 이것은 한 번만 해보고 마는 그런 일이 아니다. 에너지 차원에서 주변 세상과 일체감을 느끼는 경지에 이르기까지 꾸준히 나아가야 한다.

사람들은 에너지를 많이 모으기만 하면 강해지고 성공을 쟁취할 수 있으리라고 믿는다. 하지만 이런 식으로 에너지를 축적하는 것은 내부의도를 가지고 세상에 영향을 미치려고 준비하는 것에 지나지 않는다. 이미 아시다시피, 힘을 사용해서 세상을 변화시키고 정복하려는 시도는 지극히 어렵고 보람 없고 비효율적인 일이다. 그리고 따라서 극도로 많은 에너지가 소모된다. 내부의도의 힘으로써 세상과 겨루려고 덤비는 사람은 자신을 과대평가하고 있는 것이다. 사실 우리 개인이란 한갓 대양 속의 물방울 하나에 지나지 않는데도 말이다.

외부의도는 세상을 바꾸지 않으며, 세상과 싸우지도 않는다. 외부의도는 다만 이 세상에서 필요한 것들을 골라잡는다. 외부의도는 '가능태 공간 백화점'에서 상품을 싼 값으로 흥정하거나 빼앗아올 필요가 없다. 외부의도가 작용하게 하기 위해 에너지를 축적할 필요도 없다. 에너지는 어느 곳에나 넘치도록 존재한다. 우리는 말 그대로 에너지의 대양 속을 헤엄치고 있다. 에너지를 축적한다는 것은 마치 호수에서 헤엄을 치면서 입속에 물을 가득 물고 있는 것과 같은 짓이다. **에너지를 축적하려고 하지 말라. 그 대신 에너지가 반대 방향의 두 흐름으로 당신의 몸속을 자유롭게 통과하도록 허용하라.** 수시로 이 두 흐름을 반대 방향의 두 개의 분수로 만들어서 합칠 수 있다. 당신이 할 일은 이것이 전부다.

하나의 에너지 덩어리가 되려고 애쓰지 말고 자신이 대양 속의 한 물방울이라고 상상하라. 자신이 온 우주와 하나임을 인식하고 그 느낌을 느끼라. 당신은 우주의 일부다. 그러니 우주의 모든 에너지를 마음껏 가져다 쓸 수 있다. 몸에다 에너지를 비축하지 말라. 그 대신 온 우주와 하나가 되라. 당신이 하나의 분리된 입자임을 기억하면서, 동시에 당신의 에너지 구체를 확장하여 주위의 공간 속으로 녹아들어 사라지게 하라. 그렇게 하면, 손가락 끝을 까딱이듯이 외부의도를 약간만 움직여도 내부의도로는 결코 이룰 수 없는 일을 어느 정도의 시간 안에 해낼 수 있을 것이다. 나는 지금 당신의 목표를 이루는 것에 대해 말하고 있는 것이지, 누구에게 한 방 먹이려는 내부의도에 관해 말하는 것이 아니다. 사실 즉각적인 요구는 오직 내부의도의 힘으로만 충족될 수 있다.

에너지 통로가 너무 좁지만 않다면, 당신은 자유에너지를 양껏 사용할 수 있을 것이다. 에너지 통로가 좁아지는 데는 두 가지 원인이 있다. 몸속의 독소와 지속적인 스트레스 상태가 그것이다. 몸속에 독소가 있으면 에너지가 자유롭게 흐르지 못한다. 거기다 스트레스를 받으면 에너지 통로는 더욱 좁아진다. 일반적으로 짧은 순간 에너지가 고양된 다음에는 장기간의 에너지 감퇴가 뒤따른다. 그런 기간 동안은 활력 넘치고 충만한 삶을 살기가 어려워서 틀에 박힌 삶을 간신히 이끌어간다.

세월이 감에 따라 에너지 통로는 점점 더 오그라든다. 사람은 나이가 먹으면 신체 발달이 멈추고 판에 박힌 생활 리듬에 빠져들어 기본적으로 에너지 통로를 사용하지 않기 때문이다. 의도를 최대한으로 사용해야 할 때 에너지 통로가 단련된다. 사활이 걸린 극히 중요한 목표를 달성하는 과정에서 당신은 의도를 자극하고, 결과적으로 통로도 자극된다. 그러나 목표의 정점에 도달하는 순간부터 의도의 수준은 점점 내려온다. 그러다가는 저녁에(저녁에만이 아니라 언제라도) 소파 위에 늘어져 누워 텔레비전을 보는 것 외엔 아무것도 바라지 않는 때가 찾아온다. 에너지 통로는 좁아져 있고, 의도 에너지는 하나도 없다. 그리고 삶은 기쁨의 원천이라기보다는 무거운 짐처럼 짓눌러온다.

다행스럽게도 당신은 여기에 쉽게 대처할 수 있다. 의도를 새로 일으켜서 억지로 정점으로 끌어올릴 필요도 없다. **이 에너지 훈련은 에너지 통로를 위한 대단히 좋은 단련법이다.** 중앙 통로와 정묘한 신체*를 가능한 한 자주 느껴준다면 더더욱 좋을 것이다. 이런 상태에 머물러 있으면 많은 소득을 얻을 수 있다. 당신은 주변 세계와 조화를 이루며 균형 속에 있게 된다. 주변의 섬세한 변화에도 아주 민감해져서 흐름을

---

* 여기서는 주로 에테르체(ethereal body)와 같은 에너지체를 말한다. 역주.

잘 타고 나아갈 수 있다. 그리고 무한한 창조성의 근원인 정보장과 연결된다. 당신은 우주의 에너지에 접속된다. 당신은 조화로운 에너지를 퍼뜨리고, 그것은 당신의 주위에 행복과 성공의 오아시스를 일구어낸다. 그중에서도 가장 중요한 것은, 당신은 영혼과 마음이 일치하는 접점 위에서 활동하고 있다는 사실이다. 즉, 당신의 활동이 외부의도 가까이에 접근해 있다는 것이다. 그래서 외부의도를 제어하는 능력이 발전하고, 따라서 당신의 소망도 갈수록 더 빠르고 쉽게 성취된다.

일과 중에 수시로 마음속에서 에너지 흐름의 분수를 활성화시키고 그 힘을 북돋아주면 충분할 것이다. 다만 너무 지나치게 부지런을 떨면서 거기에 전력을 쏟지 말라. 만일 연습하는 중에 머리가 약간 무겁게 느껴진다면 올라가는 흐름이 내려가는 흐름보다 힘이 더 강한 것이다. 그런 경우에는 내려가는 흐름에 주의의 초점을 맞추고 그 힘을 조금 더 북돋워줘야 한다. 두 흐름은 균형을 이루어야 한다. 그래서 그 중심점이 몸의 가운데쯤에 위치하도록 하라. 마음으로, 그 중심점으로부터 에너지 구체 전체로 에너지를 방사하라. 그렇게 하는 동안 정묘한 신체의 느낌은 상당히 강렬해질 것이다. 이런 식으로 당신은 에너지체의 느낌과 연결된 상승 흐름과 하강 흐름의 통합적인 감각을 얻어야 한다.

하강 흐름에 주의의 초점을 맞추면 에너지의 중심은 아래로 내려간다. 그와 반대로 상승 흐름에 초점을 맞추면 에너지는 몸의 윗부분에 모인다. 뿐만 아니라 신체의 무게중심도 에너지의 중심과 마찬가지로 이동한다. 운동을 할 때도 이 에너지 흐름의 특성을 활용할 수 있다. 스키에서 활강을 할 때처럼 두 발로 강하게 버텨야 하는 경우에는 하강 흐름을 증가시키기만 하면 된다. 그리고 점프를 해야 할 때는 상승 흐름을 증가시키라. 무술의 달인들은 이런 에너지 흐름의 성질을 잘 알고 있다. 어떤 달인들은 하강 흐름에 초점을 모아서 다른 사람이 그의 몸을 움직일 수 없게 만들기도 한다. 또 그 반대의 경우도 있다. 무술의 고수들은 상승 흐름에 집중해서 믿기지 않을 만큼 엄청난 높이로 뛰어오를 수도 있다.

운동이나 훈련을 할 때 중앙 통로에 주의를 모으라. 그러나 그것을 너무 열심히 해서는 안 된다. 부지런함으로는 목적에 도달하지 못할 것이다. 그냥 이따금씩 척추 앞쪽 부위를 마음으로 응시하라. 그리고 상승 흐름이 올라가고 하강 흐름이 내려가는 것을 마음으로 그리라. 마음속으로 중앙의 흐름이 계속 움직이도록 유지하면 차차 자연스럽게 그 흐름을 느끼는 습관이 길러진다. 어떤 움직임들은 상상하는 흐름과 전혀 일치되지 않는 것처럼 느껴질 수도 있다. 그러나 서두르지 말라. 시간이 감에 따라 당신은 모든 움직임을 흐름의 감각에 쉽게 일치시키는 법을 터득하게 될 것이다.

만일 당신이 근육강화 훈련을 하고 있을 때 중앙의 흐름에 주의의 초점을 맞추면 생명력을 크게 증진시킬 수 있다. 근육을 긴장시켜 수축시키는 동작에서는 주의가 근육에 집중되어야 한다. 그와 반대되는 동작에서 근육이 이완될 때는 주의를 중앙의 흐름으로 옮겨야 한다. 근육을 이완하는 순간을 1~2초간 유지하면서 에너지 흐름의 움직임을 느껴야 한다.

철봉에서 턱걸이를 하는 훈련을 예로 들어보자. 턱걸이를 시작할 때 호흡을 멈추고, 끌어올리면서 숨을 내쉰다. 끌어올리는 노력에 주의를 집중한다. 그런 다음 내려오는 동안 숨을 들이쉰다. 근육은 이완되고, 당신의 주의는 중앙의 흐름으로 옮겨간다. 이완하는 동안 중앙의 흐름이 동시에 양쪽 방향으로 움직이는 것을 상상하라. 팔꿈치를 쭉 펴서

31

1~2초간 팔로 매달려 있어야 한다. 그러면 에너지의 흐름을 분명히 느끼게 될 것이다. 마치 그 흐름들이 갇혀 있다가 풀려나 조금씩 움직이기 시작하는 것처럼 느껴진다. 이완의 순간에는 흐름의 움직임을 증가시킬 필요가 없다. 흐름을 풀어놓아 자유롭게 움직일 기회를 주라.

바닥에 엎드려 팔굽혀펴기를 할 때는 그와 반대로 중앙의 흐름을 강제로 밀어 보낼 수 있다. 팔을 쭉 뻗은 다음 숨을 내쉬면서 동시에 마음으로 중앙의 흐름을 밀어 보내야 한다. 운동을 하는 동안 불편함을 느끼지 않도록 자신에게 알맞게 숨을 들이쉬고 내쉰다. 그러나 일반적으로는 대부분의 근육강화 훈련에서 힘이 드는 동작에서는 숨을 멈추거나 내쉬고, 근육을 이완하는 동작에서는 숨을 들이쉬어야 한다.

흐름에 주의를 기울일 때 당신은 이미 그 흐름이 강해지도록 자극하고 있는 것이다. 주의를 제대로 잘 맞추어 집중한다면 힘주기와 이완하기가 번갈아 행해질 때마다 흐름은 더욱 강하게 자극받는다. 근육을 수축시키는 단계에서 흐름은 멈추고 스프링처럼 움츠러든다. 근육이 이완되는 단계에서는 스프링이 쭉 펼쳐지면서 흐름의 힘은 증가한다. 긴장되어 있던 다음에는 축적되고 응축되어 있던 에너지가 풀려나면서 중앙통로를 따라 말 그대로 힘차게 밀고 나간다.

생명력이 강해지면 활력이 증진될 뿐만 아니라 당신은 더욱 영향력 있는 사람이 된다. 당신이 방사하는 에너지는 더욱 강력해진다. 이것은 당신이 누군가에게 영향을 줄 필요가 있거나 그에게 무엇을 설득할 필요가 있을 때 유용하게 쓰일 수 있다. 사람들의 에너지에 간섭하여 그들에게 영향을 주는 방법들도 잘 알려져 있지만, 그런 방법들은 트랜서핑의 원리에 어긋난다. 트랜서핑은 당신에게는 그 어떤 것도 바꿔놓을 권리가 없다고 말한다. — 당신은 오직 선택할 권리만을 가지고 있다.

바깥세상과 싸우거나 압력을 가할 필요는 없지 않은가. 그것은 목표에 도달하는 방법으로는 아주 비효율적이다. 아시다시피 세상은 모든 힘에 대해 같은 힘으로 응답하기 마련이다.

당신의 생명력이 강하면 강할수록 사람들은 당신을 더 잘 대접해준다. 잠재의식 차원에서 그들도 당신의 에너지를 느끼기 때문이다. 그리고 어떤 의미에서는 그들이 당신의 에너지를 이용하고 있기도 하다. 그러나 평범한 사람들은 펜듈럼처럼 고의로 당신의 에너지를 빨아먹지는 않는다. 당신에게 에너지가 풍부해서 그것이 당신의 '분수'에서 넘쳐 흐르고 있다면 그들은 다른 사람의 생명력의 물속에 몸을 담그고 목욕을 즐기고 있는 것이다.

남아도는 에너지를 나눠줌으로써 당신은 사람들이 당신을 좋아하게 만든다. 사람들은 늘 펜듈럼에게 에너지를 빼앗겨왔기 때문에 에너지를 베풀어주는 원천을 만나면 언제나 행복해한다. 소위 자석처럼 매력적인 인물이나 카리스마적인 인물들이 이런 에너지 원천에 속한다. 대중은 그들에 대해 이렇게 말한다. ― "그 사람은 말로는 설명할 수 없는 매력을 지녔어. 마치 자석처럼 끌어당긴단 말이야." 그건 놀라운 일이 아니다. 웅덩이에 고인 흙탕물과 맑게 솟아나는 샘물 중에서 어느 쪽에 더 마음이 끌리는가? 사람들이 당신의 에너지를 이용한다고 걱정하지 말라. 당신이 다른 이들에게 베풀어주는 약간의 잉여 에너지는 당신에게 이롭게만 작용할 것이다.

당신이 아주 중요한 회의에 참석했다고 가정해보자. 중요성은 옆으로 미뤄두고 당신의 중앙 통로를 각성시키라. 중앙 통로로부터 에너지가 거침없이 흘러나오게 하라. 그러면 재치나 설득력조차 별로 필요 없게 될 것이다. 그저 당신의 분수의 스위치를 켜라. 자유에너지를 끌어와서 당신의 몸을 지나가게 하여 주위 사람들에게 에너지를 나눠주는 것이다. 그들은 그 사실을 알아차리지 못하더라도 잠재의식 차원에서는 그것을 느낀다. 그들은 당신을 좋아할 것이다. 당신의 매력 뒤에 숨겨진 비밀이 그들에게는 신비로 남아 있을 것이다.

의도 에너지

말했듯이, 에너지는 중앙의 흐름 형태로 사람의 몸 안에 들어온다. 그런 다음 그 에너지는 사념에 의해 모양이 갖춰지고, 몸에서 빠져나갈 때 이 사념들에 상응하는 매개변수를 획득한다. 이렇게 변조된 에너지는 가능태 공간의 상응하는 섹터에 가해지고, 그 결과 그 가능태가 물질적으로 실현된다. 이런 변조變調(순수한 파동에 특정한 매개변수가 실리는 것)는 영혼과 마음이 일치할 때에만 일어난다. 그러지 않으면 사념 에너지는 라디오의 배경 잡음과 같은 것이 될 것이다.

당신은 내부의도의 힘으로써 물질세계의 기본적인 행위를 할 수 있다. 하지만 가능태 공간에 잠재된 가능성은 오직 외부의도의 힘에 의해서만 물질화될 수 있다. 그것은 영혼과 마음의 노력이 일치할 때 일어난다. **외부의도의 힘의 세기는 당신의 생명력의 강도에 비례한다.** 외부의도란 높은 내적 에너지와 결합된 절대적 결정을 말한다.

몸을 정화하고 중앙의 에너지 흐름을 단련시키면 생명력이 강해진다. 그런데 트랜서핑에는 중앙 통로를 확장시켜주는 멋진 방법이 하나 더 있다. — 그것은 '과정을 심상화하는' 방법이다.

34 의도의 에너지를 증대시키려면 실제로 의도가 필요하다. 자신에게

다음과 같이 말하라. ― "나의 에너지 통로는 점점 넓어지고 있으며 의도 에너지도 커지고 있다." 이렇게 말하는 동안 그 과정을 심상화하라. 기억하실 테지만, 과정을 심상화하는 요점은 다음 사실을 천명하는 데 있다. ― 오늘은 어제보다 낫고, 내일은 오늘보다 더 나을 것이다. 에너지의 분수를 가동시킬 때, 마음속으로 다음 말을 계속 반복하라. ― "나의 의도 에너지는 날마다 커지고 있다." 이렇게 하면 의도는 스스로 유지되고 당신의 생명력은 계속 자랄 것이다.

당신의 에너지장을 증폭시켜줄 의도는 욕망의 포텐셜과 중요성으로부터 자유로워야 한다는 점을 잊지 말라. 에너지 흐름을 증대시키려고 집요하게 애쓰는 것은 오히려 역효과를 일으키고 그 흐름을 방해할 것이다. 집요함과 열성은 잉여 포텐셜을 만들어낸다. 그것은 목표를 성취하는 일에 지나치게 큰 중요성을 부여하기 때문이다. **의도는 집요함이 아니라 집중이다.** 단 하나 중요한 것은 과정에 집중한다는 것이다. 안간힘을 다해서 연습을 하더라도 마음은 전혀 엉뚱한 꿈을 꾸고 있다면 그것은 힘과 시간의 낭비다. 집요하게 쥐고 있는 손아귀에서 힘을 빼고 그저 현재의 행위에 주의를 모으라.

의도의 단계

사람들이 아주 천천히 늙어서 예컨대 삼백 살까지 사는 마을이 있다고 상상해보자. 갓 태어난 평범한 아기를 이 마을에다 데려다 키우면, 당신은 그 아기가 얼마나 오래 살 것이라고 생각하는가? 바로 이것이다! 내가 말하고 싶은 것은, 사람은 태어나자마자 기본 시나리오에 길들여지기 시작한다는 것이다. — '사람은 나이가 들수록 건강이 나빠진다.' '몸은 노화되어 결국은 죽는다.' 물론 거기에다 일반적인 생리학적 원인도 있다.

그러나 트랜서핑 이론의 관점에서 노화 과정을 바라본다면 그것은 유도전이柔道轉移라고 말할 수밖에 없다. 한 술 더 떠서, 노화야말로 가장 장기간에 걸쳐 일어나는 유도전이라고 말할 수도 있을 것이다. 이 유도전이의 과정은 느리고도 확실하게 일어난다. 노화의 시나리오는 너무나 명백하고 익숙한 것이라서 그것을 의심하려드는 사람은 아무도 없다. 이 시나리오를 바꿔보려는 시도들은 결국 불로장생약을 만들어 보려는 온갖 시도로 귀결됐다. 하지만 약리학과 유전자 공학이 발달한 현대에 와서도 이렇다 할 만한 성과는 나오지 않고 있다.

그러니 우리는 노화의 원인 중 생리학적 요인은 단지 그 일부일 뿐이라고 볼 수 있다. 유도전이가 그중 몇 퍼센트 정도를 차지할지는 측정하기 어렵다. 하지만 그 역시 중요한 문제가 아니다. 중요한 것은 노화라는 것이 어떻게 일어나는지를 깨닫는 것이다.

아주 어릴 때부터 우리는 사람이 늙어간다는 것은 피할 수 없는 과정임을 믿어 의심치 않는다. 평생 동안 우리는 주변 사람들의 경험과 자신의 개인적 경험으로부터 이 믿음을 뒷받침하는 증거를 넘치도록 수집한다. 생일이 돌아올 때마다 사람들은 건강하게 오래오래 살기를 빌어주곤 하지만 그것은 그저 형식적으로 빌어보는 희망사항일 뿐이며 노화의 시나리오는 바꿀 수가 없다는 것을 모두가 너무나 잘 알고 있다. 오히려 그 소망을 사실의 언어로 번역하자면, 당신의 건강은 이미 예전 같지 않으며 세월은 가면 다시는 돌아오지 않는다는 뜻이다. 그런 소망은 사실은 파괴적인 펜듈럼으로부터 오는 약간의 진동, 아니 더 정확하게 말하자면 희롱이다.

조만간에 당신은 자신이 10년 전에는 훨씬 더 기운 넘치고 힘이 셌다는 사실을 깨닫기 시작할 것이다. 그리고 그 생각을 다른 사람들과 나누고 싶어진다. 당신은 곧 좋은 상대를 만나고, 당신과 그들은 마치 그것이 즐거운 일이라도 되는 듯이 열을 띠고 그 생각을 키워가기 시작한다. 그리하여 사람들 사이의 대화에서 질병에 관한 이야기는 날씨만큼이나 인기 있는 주제가 된다. 그런 대화에 끼어들 때, 당신은 그 파괴적 펜듈럼의 주파수로 에너지를 방사하고 있다. 달리 말해서, 펜듈럼의 게임을 자진해서 받아들이고 있는 것이다.

펜듈럼은 어떤 병이나 불편한 기분 등의 형태로 슬그머니 당신을 자극한다. 그러면 그것은 당신을 깊은 근심에 빠뜨려서 이렇게 생각하도록 만든다. ― "내가 병들어가는 것 같아." 이것은 펜듈럼의 진동 주파수에 대한 당신의 반응이다. 펜듈럼은 당신의 에너지를 받고 또다시 당신을 자극한다. 그러면 당신의 병은 더 깊어진다. 그래서 병원에 가면 의사는 병을 확인해주고, 그 결과 병은 더욱 악화된다. 펜듈럼은 당신의 에너지를 받아 더 크게 흔들리기 시작한다. 병이 막바지에 이르면 펜듈럼은 이미 필요한 에너지를 모두 얻었으므로 당신을 내버려두고 떠난다. 그리하여 유도전이가 그 '먹이'를 폐인이 되는 인생트랙으로 던져버리지 않는다면 당신은 병에서 회복되기 시작한다.

여기서 당연히 이런 질문이 나오리라. ― 그렇다면 병원에 가지도 말고 약을 먹지도 말란 말인가? 그리고 병을 몽땅 무시해버리란 말인가? 아니다. 병이 이미 깊어진 상태에서 치료를 거부하는 것은 게임에서 빠져나오는 방법이 아니라 무모한 태만이다. 내가 말하는 것은, 게임에 끌려들지 말라는 것이다.

결근한 직장동료에게 당신이 물어본다. "어제는 왜 출근 안 했어?" 그러면 그는 십중팔구 이렇게 대답할 것이다. "몸이 아팠어." 그가 '낫고' 있었던 게 아니라 '아프고' 있었다는 점에 주목하라. "안색이 안 좋은데, 무슨 일 있어요?"라고 물으면 "몸이 아파요"라는 대답이 돌아올 것이다. 이 물음에 대해 "몸이 낫고 있어요"라고 대답하는 것은 어쩐지 자연스럽지가 않다. 질병이라는 게임에 너무 익숙해져 있어서 병의 실질적인 회복은 목표가 아니라 게임의 부수 효과처럼 되어버렸기 때문이다.

파괴적인 펜듈럼과의 게임은 당신이 병의 조짐을 넙죽 받아들일 때부터, 달리 말해서, 유도전이의 나선의 끝을 붙잡을 때부터 시작된다. 병의 징후를 심각하게 받아들이지 않고 태연히 물리치고 잊어버린다면 당신은 펜듈럼의 첫 번째 도발이 헛발질을 하게 만들 수 있을 것이다. 그것이 잘 되지 않을 때는 적당한 예방조치를 함으로써 펜듈럼을 꺼버릴 수 있다. 만일 그래도 결국 아프게 된다면, '질병' 게임을 하지 말고 '치유' 게임을 하라.

질병 게임을 한다는 것은 수동적으로 고통에 시달리는 것이다. 이런저런 통증과 증상을 놓고 사람들과 이야기하고, 끙끙 앓으면서 아픔을 호소하고, 사람들이 마음 아파하고 돌봐주기를 바라면서 안달복달하는 것이다. 질병 게임을 한다는 것은 몸의 불편한 느낌을 자신의 불가결한 일부로 여기고, 마치 새 장난감을 얻은 아이처럼 악화된 건강을 놓고 호들갑을 떠는 것이다. 그리고 기다렸다는 듯이 그 병에 관련된 정보를 닥치는 대로 다 끌어 모으는 것이다.

치유 게임을 한다는 것은 적극적으로 행동하는 것이다. 다양한 치유법에 관심을 두고 건강한 생활방식을 추구하며, 병이 찾아와도 유머감각을 잃지 않는다. 행복한 삶을 증진하는 데 주의를 기울여 건강을 추구하고, 같은 생각을 지닌 사람들과 어울린다.

보라, 이 둘은 서로 완전히 다른 게임이지 않은가. 질병 게임에서는, 당신은 파괴적 펜듈럼의 주파수로 에너지를 방사하면서 수동적 피해자의 역할을 맡는다. 유도전이의 깔때기가 당신을 안으로 빨아들인다. 그러나 치유 게임에서는, 당신은 창조자의 역할을 한다. 당신은 적극적인 창조자이자 주인이다. 당신은 자신의 운명을 조종하는 사람이며, 그래서 건강한 인생트랙으로 옮겨간다.

자, 이제 당신이 치유 게임을 하고 싶다면 자신에게 이렇게 물어보라. 나는 정말 진지하게 이 게임에 참여하고 있는가? 사실 당신은 자신을 속일 수도 있으며, 그런 일은 종종 일어나고 있다. 예를 들어, 당신은 건강한 생활방식에 따라 나쁜 습관을 버리고 운동을 하고 건강식을 해야 한다는 것을 온전히 인정하지만 실제로는 낡은 습관들이 아주 깊이 뿌리박고 있다. 당신은 단지 '그래야만 하기 때문에' 건강한 생활습관의 규칙을 따르려고 한다. 실제로는 정말 그렇게 하고 싶어하지는 않는 것이다.

이것은 순수한 게임이 아니다. 이 게임의 이름은 '내가 아프지만 다른 사람들이 나를 치료해준다'이다. 에너지 차원의 형국으로 본다면 이런 식의 게임은 질병 게임과 다를 바가 하나도 없다. 이 경우 당신은 자신의 확신에 따라 치유 게임을 하는 것이 아니라, 어쩔 수 없어서 억지로 하는 것이다. 당신의 의도는 순수하지 않고 진정성이 없다. 그러니 결과도 마찬가지가 될 것이다.

이처럼 순수하지 못한 게임의 가장 보기 좋은 예가 여성들의 살빼기 노력이다. 그들은 스스로 다이어트를 강요하면서 자신을 괴롭힌다.

("내가 아프지만 다른 사람들이 나를 치료해준다.") 그들은 자신의 몸무게와 생김새를 혐오한다. 아시다시피 그것은 몸무게와 생김새가 꼭 그 꼴인 인생트랙의 주파수로 에너지를 방사하는 아주 훌륭한 방법이다. 그들은 이런 다이어트를 싫어한다. 이전에 먹던 대로 먹고 싶어한다. 만일 당신도 이런 게임을 하고 있다면 이 어리석은 자기강요를 그만두라. 이런 행위는 기껏해야 일시적이고 보잘것없는 결과만 가져다줄 것이다. 자신을 강요하면 잠재의식은 두려워하며 저항한다. 그래서 결국 잠재의식이 당신을 압도하면 그 다음은 뻔한 얘기다. 당신은 다이어트를 그만두고 살이 더 찐다.

결론은 하나뿐이다. 건강과 아름다움을 얻고자 한다면 삶의 방식을 바꾸라. 이것은 낡은 습관을 버리고 새 습관을 가지라는 뜻이다. 그러나 그렇게 해야만 하기 때문이 아니라, 그것이 당신의 확신과 일치하기 때문에 그렇게 하는 것이다. 의도를 가져야 한다. 그리고 그 의도는 순수해야 한다. 이전과 똑같은 방식으로 행동한다면 당신은 건강한 인생트랙의 주파수로 의도 에너지를 방사할 수 없을 것이다. 즉, 그런 인생트랙으로 옮겨가지 못하게 된다. 이 모든 것은 생각만큼 어려운 일이 아니다. 습관을 바꾸는 것은 단지 의도의 문제, 시간의 문제일 뿐이다. 그다지 많은 시간이 걸리지도 않을 것이다. 그것은 당신의 선택이다.

질병 펜둘럼

누구든 일생에서 적어도 한 번씩은 아파본 적이 있을 것이다. 병은 많은 문제와 걱정거리를 만들어낸다. 그것은 부정적인 생각과 감정들을 일으켜 공간으로 방사되게 한다. 이런 에너지는 질병과 연관된 다양한 펜듈럼들이 서식할 수 있는 터전이 되어준다. 펜듈럼은 부정적 에너지를 마다하는 법 없이 언제나 잘 받아먹는다.

질병이 만들어내는 펜듈럼들은 가장 강력한 펜듈럼의 일종이다. 그런 펜듈럼으로는 무엇보다도 실제적인 질병과 전염병을 들 수 있다. 이들에 맞서는 것으로는 다양한 종류의 의료 펜듈럼이 있다. 이들이 얼마나 강력한 구조체들인지를 생각해보라! 병원, 건강센터, 의학연구소, 제약회사, 약국, 의학, 의료교육 등등…….

의료 펜듈럼이 겉으로 표방하는 목표는 질병과 싸우는 것이다. 그러나 실제로는 이 싸움이 온갖 부정적 현상을 일으키는데, 그것이야말로 파괴적 펜듈럼의 속성이다. 펜듈럼의 주요 목표는 지지자들을 붙잡아 끌어들이는 것이기 때문이다.

예를 들자면, 전통의학은 모든 대체의학(즉, 전통의학에 속하지 않는 의학)의 치료법에 대해 적대적이다. 잘못된 관념이나 전근대적인 관념에 대한 비평은 그것이 자연요법의 지지자들로부터 나오면 비과학적이라고 치부된다. 전통의학의 지지자들은 이런 부류에 속하는 새로운 치료법들을 지극히 적대적으로 대한다. 역으로 대체의학의 지지자들은 기회 있을 때마다 전통의학의 밭에다 돌 던지기를 마다하지 않는다.

질병 펜듈럼이나 의료 펜듈럼의 영향력 아래 있는 사람은 젊은 시절의 건강을 되찾을 수가 없다. 그 시절은 건강이 관심거리가 될 수 없었던 시절이었다. 당신은 건강에 그 어떤 중요성도 부여하지 않았다. 건강은 걱정거리가 아니었기 때문에 그저 거기에 주의를 기울이지 않았던 것이다. 따라서 당신이 방사하는 에너지에도 질병 펜듈럼의 주파수 41

가 포함되어 있지 않았다.

　나이가 들어가면서, 당신은 서서히 어느 정도 펜듈럼의 영향력 아래에 들어간다. 당신은 펜듈럼의 주파수로 에너지를 방사하여 그들에게 에너지를 준다. 그리고 펜듈럼에 의존하게 되면서 건강하지 못한 인생 트랙으로 옮겨간다. 그러니 건강을 되찾으려면 무엇보다도 먼저 질병 펜듈럼, 의료 펜듈럼과의 모든 연결을 끊어야 한다. 그것은 이 펜듈럼들로부터 오는 정보를 받아들이지 않고, 그들의 게임에 말려들지 않는 것을 의미한다. 달리 말하면, 펜듈럼이 그냥 지나가게 하는 전략을 쓰라는 것이다. 그러나 병이 심각하게 걱정된다면 치유 게임을 하여 몸을 잘 돌볼 필요가 있다. 그것은 펜듈럼을 끄는 방법이 될 것이다. 이제 질병 펜듈럼이 어떻게 작동하는지, 몇 가지 예를 들어 살펴보자.

　의약품 광고는 날마다, 이런저런 약을 먹으면 건강하고 행복해진다고 선전한다. 그뿐인가, 그들은 건강하기만 한 게 아니라 모든 일에서 완벽한 성공을 누린다. 대단히 유혹적인 미끼가 아닌가. 이 미끼는 실패하는 법이 없다. 이미 이야기했듯이, 이것은 대다수의 사람들이 반쯤 잠든 상태로 살아가기 때문에 가능한 일이다. 당신의 두뇌 속에는 이런 프로그램이 설치되어 있다. ― "약국에 가서 이 약을 사먹으세요. 그리고 선물을 타가세요. ― 하는 일마다 성공하기." 하지만 이것은 아직 가장 끔찍한 부분이 아니다. 이런 광고에는 더 깊이 감추어진 또 하나의 프로그램이 있다.

　이것을 생각해보라. ― 이런 광고는 대개 사뭇 정상적이고 매력적인 데다 성공까지 이룬 사람들을 보여준다. (그래서? 당신이 그들보다 못한가?) 그들은 모두 어떤 병을 앓았지만 좋은 약을 복용하고 금방 건강을 회복했다. (당신도 똑같다!) 인간은 병에 걸리기 쉬운 존재라서 이미 병에 걸렸거나 앞으로 곧 병에 걸리게 되리라는 단순한 사실을 우리는 모두 의식과 잠재의식 속에 못 박듯이 주입받고 있다. 그리고 많은 사람들이 이것을 게임의 룰로 받아들인다. 이것이야말로 파괴적 펜듈럼의 드러내지 않는 진짜 얼굴인 것이다. 이 펜듈럼의 임무는 사람의 병을 고쳐주는 것이 아니라 그를 자신의 지지자로 만드는 것이다. 즉, 그가 아프며, 그래서 약을 먹어야 한다고 믿게 만드는 것이다.

지지자를 끌어들이는 또 다른 흥미로운 방법은, 좋지 못한 날씨를 예보하는 것이다. 자기폭풍, 기압변동 그리고 그 밖의 다른 불길한 요소들이 그런 예보의 근거가 된다. (이런 모든 현상들이 사실은 날마다 일어나고 있다는 점을 주목하라.) 이런 데이터를 토대로 오늘 아니면 내일, 누가 어떤 병에 걸리게 될지가 예보된다. 펜듈럼이 모든 가능한 질병과 그 병에 걸린 사람들이 겪게 될 피할 수 없는 결과를 열거하는 것을 듣는 것은 한두 번까지는 재미가 있다. 그러나 나중에는 그것이 조금씩 섬뜩하게 느껴지기 시작한다. 이미 병에 걸린 사람들의 의식 속에는 어떤 파괴적 프로그램이 설치되어 있을지를 상상해보라. 그런 이야기를 듣고 나면 아예 집밖으로는 나가질 말거나, 아니면 곧장 관 속으로 들어가는 편이 더 낫겠다는 생각이 들지도 모른다. 물론 날씨가 나쁘면 기분도 달라지는 것은 사실이지만, 애초부터 왜 미리 거기다 기분을 맞춰야 한단 말인가? 펜듈럼이 쏟아내는 말을 듣고는 마치 판결을 따르듯이 급만성의 질병 프로그램을 지레 짜내는 사람들이 많다. 특히 나이든 사람들이 그런 경우가 많다. 이것과 유사한 여러 가지 예보들은 사람들을 자신의 의지에 복종시키려는 펜듈럼의 뻔뻔스럽고 악랄한 꿍꿍이를 잘 보여준다.

마지막으로 가장 고전적인 시나리오는, 친구나 친지들과 함께 건강에 관한 온갖 이야기를 주고받는 것이다. 보통 그런 대화는 어떻게 하면 건강을 더욱 북돋울 것인가에 관한 것이 아니라 주로 질병과 질병의 치료에 관한 것이다. 누군가가 자신이 부상 때문에 얼마나 많은 어려움을 겪었는지를 침을 튀기며 이야기한다. 듣는 이들은 그에 공감하여 신음소리를 낸다. — 그래, 늙어가는 것은 정말 재미없는 일이야, 라고 말하는 것처럼. 그런 대화에 끼어든 사람들은 질병 펜듈럼의 주파수로 에너지를 열심히 방사하고 있다. 이런 에너지는 병을 일으키는 병원균만큼이나 전염성이 높다. 이런 종류의 모든 대화를 피하라. 그러지 않으면 당신은 자신도 모르는 사이에 질병의 주파수로 옮아가 있게 될 것이다.

질병 펜듈럼을 식별하는 것은 아주 쉽다. **질병 펜듈럼은 질병과 치료에 관한 정보를 가지고 당신을 유인한다.** 당신이 그런 정보를 무시하기로 결심하면, 즉 거기에 귀를 기울이지 않고 심각하게 받아들이지 않으면 펜듈럼은 김이 빠져서 당신을 내버려두고 가버릴 것이다. 이것이 질병 펜듈럼이 그냥 지나가게 하는 법이다. 만일 당신이 이 정보를 조롱하듯 너털웃음으로 받아들인다면 펜듈럼은 겁에 질려 달아나버릴 것이다. 그것은 질병 펜듈럼을 끄는 법이다.

질병 펜듈럼과 떨어지고 나면 당신은 완전한 자유를 얻을 테지만, 그것이 오래 지속될 수는 없다. 우리는 어떤 종류든 펜듈럼의 지지자로 존재하도록 조건화되어 있다. 그래서 조만간에 당신은 또다시 펜듈럼들의 영향 아래에 놓일 위험이 있는 것이다. 그런 일이 일어나지 않게 하려면 당신은 건강 증진이라는 펜듈럼에 합류함으로써 유보 상태에서 빠져나와야 한다. 이 펜듈럼은 몸과 정신을 건강하게 하는 일과 관계된 모든 것을 담당하고 있다. 건강한 생활방식의 지지자가 되라. 그러면 그것이 지겹고 괴롭기만한 질병과의 싸움에 비해서 얼마나 기쁘고 매력적인 일인지를 알게 될 것이다.

자신의 건강을 보살피기에 여념이 없다면 건강한 인생트랙의 주파수로 에너지를 방사할 것이고, 따라서 질병에는 관심을 가질 시간도 없으리라는 것은 너무나 자명하다. 그러니까 우리는 두 가지의 완전히 상반되는 생활양식이 있음을 알 수 있다. — 질병을 치료하는 삶과 건강을 돌보는 삶이다. 질병과 관련시키자면 첫째 생활양식은 내부의도에 속하고 둘째는 외부의도에 속하는 것이 분명하다. 당신의 생활방식을 스스로 선택하라.

요약

- 생리적 에너지는 실제 행동을 하는 데에 쓰인다.
- 의도는 자유에너지에 의해 형성된다.
- 자유에너지는 반대 방향의 두 흐름으로 몸을 통과한다.
- 스트레스를 받으면 의도 에너지의 흐름이 막힌다.
- 스트레스를 제거하려면 의식을 깨워서 중요성을 내려놓아야 한다.
- 에너지 훈련을 하면 에너지 보호막이 강화된다.
- 연습을 하는 동안 중앙 통로의 에너지 흐름에 주의를 기울이라.
- 에너지를 축적하지 말고 자유롭게 몸을 관통하여 흐르게 하라.
- 강한 생명력을 지닌다는 것은 에너지 통로가 넓음을 말한다.
- 에너지 통로는 에너지 훈련을 하면 잘 단련된다.
- 몸을 정화하면 에너지 통로가 두드러지게 확장된다.
- 내부의도 — 병에 걸리고 계속 치료를 받는 것.
- 외부의도 — 건강한 생활방식을 영위하는 것.
- 어떤 경우에도 파괴적인 질병 펜듈럼의 게임을 받아들이지 말라.
- 의도는 집요함이 아니라 집중이다.

제2장 프레일링

프레일링은 대단히 매력적인 인간관계의 테크닉이다. 성공을 위해 사람들을 움직이는 법을 배우고 싶은가? 그것은 가장 비효율적이고 미심쩍은 방법이다. 목표를 이루려고 주변 세상을 힘으로 밀어붙일 필요가 없다. 당신은 세상이 두 팔을 벌리고 마중 나오는 것을 보게 될 것이다. 사람들은 자기도 모르는 이유로 당신을 좋아하기 시작할 것이다. 받으려는 의도를 거부하라. 그리고 그것을 주려는 의도로 바꾸라.

당신은 거부했던 그것을 받게 된다

인간관계 속의 의도

우리는 인생에서 성공한 정도를 잴 때, 한편으로는 이루어놓은 업적으로, 다른 한 편으로는 쌓여 있는 문제의 양으로 측정하는 데 익숙해져 있다. 트랜서핑은 문제와 싸우기를 그만둘 수 있도록 도와준다. 문제를 잘 해결하도록 도와주는 것이 아니라, 전혀 문제에 부딪히지 않도록 도와주는 것이다. 목표는 평범하지 않은 방법, 즉 외부의도의 도움으로 이루어낸다. 그 어떤 문제도, 일의 성취도 다른 사람들과의 관계 속에서 일어난다. 그것은 개인적인 관계도 될 수 있고 사업상의 관계도 될수 있다.

따라서 이런 질문을 던질 수 있다. ─ 사람 사이의 관계에서도 외부의도를 활용할 수 있을까? 어려운 것은, 외부의도가 눈에 보이지도 손에 만져지지도 않는다는 것이다. 외부의도를 당신의 의지에 복속시키거나 제어한다는 것은 아주 어렵다. 그렇지만 은연중에 외부의도의 메커니즘을 가동시킬 수 있는 방법은 있다. 어떤 특별한 요령을 이용하면

48

그 누구의 의지와도 상관없이 외부의도가 당신을 위해 작용하기 시작한다.

사람들을 움직이는 동인은 무엇일까? 그것은 내부의도다. 그렇다면 당신의 내부의도 대신 그들의 내부의도를 이용하라. 당신의 내부의도를 버리고, 당신의 외부의도가 다른 이들의 내부의도의 메커니즘을 가동시키게 하라. 외부의도는 새끼손가락 하나만 까딱하면 당신이 외부세계에서 원하는 것을 얻게 해줄 수 있다. 외부의도는 스스로는 아무것도 욕망하거나 행하지 않는다. 대신 외부의도는 세상을 향해 맞추어진 내부의도가 잘 작용하도록 도와준다. **당신의 목표를 달성하기 위해서 다른 이들의 내부의도를 활용하라.**

이 말이 이기적으로 들리겠지만, 이것은 사람들을 이용하자는 것이 아니다. 당신은 그들이 하고자 하는 일을 방해하지 않는다. 모든 문제는 사람들의 내부의도가 서로 갈등을 일으킴으로써 발생한다. 자기 개인의 이익에 지배당하는 사람은 다른 사람으로부터 뭔가를 얻어내려고 한다. 그러나 상대방은 생각이 달라서 그도 자신의 방식대로 하려고 한다. 두 사람의 이해 차이에 균형을 잡아 양쪽의 욕구를 모두 충족시켜주려면 어떻게 해야 할까? 어려운 문제다. 그렇지 않은가? 그런데 실제로는 아주 쉬운 문제다. 이 문제를 해결하려면 단지 그들의 내부의도 밑에 깔려 있는 공통의 어떤 것을 찾아내기만 하면 된다.

사람의 내부의도의 중심에는 자신만의 개인적인 중요성의 느낌이 자리 잡고 있다. 사람을 움직이고, 동시에 펜듈럼의 세계에서 그의 자유를 구속하는 유일한 것은 내적, 외적 중요성이다. 자기 자신이 중요하다는 느낌은 내적 중요성에 속한다. 정보-에너지체인 펜듈럼은 사람들의 집단에 의해 만들어져서, 사람들을 자신의 규칙에 예속시키면서 스스로 존재를 유지해가기 시작한다. 여기서 중요성의 느낌이 사람들을 예속시키는 미끼가 된다. 그러니까 사람들의 동기 중 가장 큰 부분은 자신의 개인적 중요성을 실현하는 데에 있다. 나머지 부분은 프레일레 fraile(영혼이 가진 주파수 특성), 즉 영혼의 소망과 관련된다. 이 프레일레 부분은 대개 덜 발달되어 있다. 펜듈럼의 세계에서 자신의 중요성을 유지하고자 하는 끊임없는 욕구가 영혼의 목소리를 들리지 않게 가로막기 때문이다.

다른 사람들과의 관계 속에 외부의도의 메커니즘을 가동시키려면, 잘못된 고정관념을 깨뜨릴 필요가 있다. 이와 같은 그럴 듯한 말을 자주 들었을 것이다. "다른 사람을 변화시키려 하지 말고 너 자신부터 변하라." 이 말은 즉각 뭔가 불편한 기분을 일으켜놓는다. — 그래, 난 완벽하지 않아. 그러니까 난 변해야 해. 하지만 난 사실 변하고 싶지가 않아! 변하고 싶지 않은 것이 당연하다. **다른 사람을 변화시키려 들 필요도 없지만 당신 자신도 바꾸려 해서는 안 된다.** 자신이나 다른 사람에게 무슨 짓을 하든, 그 모든 노력은 당신의 내부의도에 의한 비효율적이고 해로운 행위가 될 것이다. 이 문제에는 다른 해결책이 있다. **다른 이들이 자신의 내부의도를 실현하도록 허용하라.** 그러면 외부의도가 작용하기 시작해서 당신의 내부의도는 저절로 실현될 것이다.

일례로 남자친구가 자기와 결혼해주기를 원하는 여성이 있는데 그 남자는 무슨 이유인지 자꾸만 핑계를 대면서 빠져나가려고 하는 경우를 들어보자. 이 여자는 내부의도를 동원하여 남자친구를 자기와 결혼하게 만들 궁리에만 모든 생각을 쏟고 있다. 그러나 아무리 해도 성과는 나타나지 않는다. 오히려 결혼에 부여한 중요성과 자신의 소망 때문에 잉여 포텐셜만 만들어내게 된다. 결국 균형력은 남자친구를 빼앗아

가버릴 것이다. 그는 그녀를 사랑하지 않았던 게 아닐까? 당연히 사랑하지 않았을 것이다. 그녀는 자신의 사랑을 의존적인 관계로 변질시켜버렸던 것이다. ― "나를 사랑한다면 나와 결혼해야 해."

외부의도가 작용하게 하려면 이 여성은 그와 결혼하려는 욕망을 버려야 한다. 그리고 이렇게 물어봐야 한다. ― 남자들은 무엇을 위해서 결혼할까? 이 질문에 답을 찾는 것은 어렵지 않을 것이다. 그는 두말할 필요도 없이 자신만의 중요성을 실현시키고 싶을 것이다. ― 나는 사랑받고 있다, 나는 가치 있는 사람이다, 누군가가 나를 존경하고 있다, 등등. 그의 중요성을 실현시켜주는 데로 에너지를 돌린다면 그녀는 자신의 목표를 성취할 뿐만 아니라, 이와 유사한 자신의 중요성도 실현되게 할 수 있을 것이다. 그런데 만일 그가 누군가의 사랑과 존경을 받을 만한 사람이 아니라면 어떻게 해야 할까? 그렇다면 도대체 그에게 매달려 있을 이유가 어디 있겠는가? 우리는 누구나 선택의 자유를 가지고 있는데 말이다.

아시다시피 **당신 자신을 변화시킬 필요가 없다.** 유리에 머리를 부딪고 있는 파리가 밖으로 빠져나갈 수 있는 구멍은 전혀 다른 곳에 열려 있다는 말이다. 사람들은 대개 자신이 다른 이들로부터 얻어낼 것에 대해 생각하느라 정신이 팔려 있다. 다른 이들이 도대체 무엇을 원하는지는 알려들지 않는다. 상대방의 소망과 동기에 주의를 돌리다 보면 자신에게 필요한 것은 쉽게 얻어진다. 당신은 이렇게 물어보기만 하면 된다. **우리 애인의 내부의도는 무엇을 원하고 있을까?** 이것은 닫힌 유리창에서 벗어나서 마침내 바로 곁의 열린 창을 발견한다는 뜻이다. 그렇게 하고 나면 **애인의 내부의도를 실현시키는 쪽으로 당신의 내부의도를 조정하는 일만 남는다.** 그렇게 함으로써 당신의 내부의도는 외부의도

51

로 바뀌는 것이다.

　내부의도는 다른 사람의 주의를 자기에게로 끌어당기고 자신의 가장 좋은 점을 보여주려는 쪽으로 방향 맞춰지는 것이 대부분이다. 당신이 뜻대로 잘 풀리지 않는 어떤 일 때문에 걱정에 싸여 있다고 가정해 보자. 당신은 어느 파티에 간다. 모여 있던 모든 초대객들의 눈이 즉시 당신에게 쏠려서는, 당신이 거기 있는 동안 내내 떨어지지 않을 것이다. 사실 거기 있는 사람들은 오로지 당신의 옷매무새와 걸음걸이와 당신이 하는 말을 놓고 씹기 위해서 모인 것이다. 그들의 웃음소리가 들린다면 그것은 바로 당신을 비웃고 있는 것이다. 얼마나 많은 사람들이 당신을 경멸의 눈빛으로 흘겨볼지를 상상해보라! 당신에게 동정심을 보낸다. 물론 당신은 이 모두를 뒤집어놓고 봐야 한다는 것을 눈치 챘으리라. 사람들은 무엇보다도 자기 생각에 바쁘다. 그리고 다른 사람들이 자기에 대해 어떻게 생각할지를 걱정하느라 바쁘다. 다른 사람들에 대한 생각은 맨 나중에 떠오르는 법이다. 그러니 걱정을 모두 내려놓고 마음 편안하게 쉬어도 된다. 자연스럽게 행동하려고 애쓰지 말고 그냥 단순히, 편안하고 자연스럽게 행동하도록 자신을 놓아주라.

　'자연스럽게 행동하기'를 목표로 삼아봤자 아무런 소득도 없다는 점을 명심해야 한다. 물론 슬라이드를 사용하면 얼마간의 결과를 얻을 수 있을 것이다. 그러나 그것은 시간이 걸리는 일인데 파티는 오늘 열린다. 중요성을 제거하기만 하면 자연스럽게 행동할 수 있다. 그러나 중요성을 내려놓는 것도 그다지 쉬운 일이 아니다. 당신은 자신을 최대한 잘 보이고 싶은 욕망을 쉽사리 거부하지 못할 것이다.

　이런 상황에서 빠져나오는 아주 쉬운 방법이 있다. 누군가가 당신과 사귀고 있다면 그는 무엇보다도 당신이 그에게 보내는 주의에 관심을 갖는다. 사람들이란 모두 자기 자신에게만 관심을 가지고 있다는 사실은 확신해도 좋다. **당신도 그들에게 관심을 주라.** 당신의 주의를 자신에게서 타인에게로 돌리라. 당신의 지켜보는 자를 깨워서 **자신의 중요성을 끌어올리는 게임을 멈추라. 대신 상대방의 중요성을 끌어올려 주는 게임을 하라.** 상대방에게 관심을 가지고 그들의 말에 귀 기울이면서 그들을 지켜보라. 자신에게 비위를 맞출 필요가 없다. 그저 흐름과 함께 가라. 다른 이들에게로 주의를 돌리면 그 즉시 자신의 개인적인 중요성이 만들어낸 잉여 포텐셜은 저절로 사라져버릴 것이다. 그때서야 비로소 당신은 자연스럽게 행동할 수 있다.

자신에게로 주의를 끌어오고 싶다면 주위의 다른 사람들에게 관심을 보여주기만 하면 된다. 당신의 관심사를 그들에게 말해서는 안 된다. 그들에 대해서, 그리고 그들의 관심사에 대해 이야기하라. 그럴 때 당신의 내부의도는 외부의도로 바뀔 것이다. 당신 주위의 사람들은 그와 같은 말상대에게 곧 흥미를 보일 것이다. **그들은 당신의 외부의도에서 벗어날 수가 없을 것이다.** 이것은 언제나 신비롭기 짝이 없게 잘 먹혀든다. 다른 사람들로 하여금 자신에게 흥미를 갖게끔 만들려고 애쓰는 것은 소용없는 일이다. 그것은 내부의도다. 다른 이들에게 흥미를 갖는 것 — 그것이 바로 외부의도인 것이다. 내부의도를 버리고 다른 이들에게 주의를 돌리라. 그러면 당신은 바라는 결과를 그들로부터 힘들이지 않고 얻게 될 것이다. 외부의도가 당신을 위해 그 일을 대신 해준다.

어떻게 다른 이들에게 관심을 기울이는 것이 오히려 그들의 주의가 나에게로 끌려오게 하는 것일까? 내가 타인에게 관심을 가지기 시작한다고 치자. 하지만 그런다고 해서 과연 내가 더 호감을 끄는 사람이 될 수가 있을까? 비록 당신에게 지금보다도 천 배나 더 호감이 간다고 하더라도, 모든 사람은 언제나 무엇보다도 자기 자신에게 마음을 빼앗긴다. 그리고 맨 나중에야 다른 사람에게로 관심을 돌리는 것이다. 당신도 늘 자기 자신만 생각하면서 주의를 끌려고 하고 있지 않은가. **상대방에게 관심을 보여주면 그의 내부의도가 실현된다.** 그 실현은 어디에서 오는 것일까? 물론 당신으로부터다. 그의 내부의도가 실현되고 나면 누가 그의 관심을 살 수 있을까? 오직 당신뿐이다.

사람들은 유명인, 영화계와 가요계의 스타들에게 관심을 가진다. 그러나 그것은 다른 종류의 관심이다. 당신이 스타가 아니라면 다른 사람들은 당신을 사업 관계나 친구 혹은 연인 관계의 파트너 후보로서 바라볼 것이다. 유명인에 대한 관심의 가장 극단적인 예를 들어보자. 팬들은 그들이 좋아하는 스타의 삶에 관한 자잘한 일들 하나하나에도 모두 관심을 기울인다. 팬들은 스타를 숭배하기는 하지만 그를 자신의 파트너 후보로 여기지는 않는다. **일상의 만남에서 중요한 점은, 당신이 얼마나 호감 가는 사람인가가 아니라 어느 특정한 사람과의 관계에 얼마나 잘 어울리는가 하는 것이다.** 그가 따지는 것은 바로 그 점이다.

자기 자신에 대해 생각하면서, 그리고 당신과 가까이 지내면서 그는 스스로 흡족해할 만한 자신의 관계 시나리오에 당신이 얼마나 잘 맞을지를 의식적으로, 무의식적으로 따져본다. 사람은 어떻게든 자신의 중요성을 인정받을 때 그런 만족을 얻는다. ― 나는 사랑 받고 있어, 사람들은 나에게 관심 있어, 나는 의미 있는 존재야, 그들은 나를 존경하고 있어, 나는 다른 이들보다 못하지 않아, 난 가치 있어.

자, 한 번 생각해보라. 자기에게 관심을 가져주기를 남에게 강요할 때, 당신은 무엇을 얻을 수 있을까? 또, 다른 이에게 관심을 기울일 때는 무엇을 얻게 될까? 물론 당신이 그의 중요성을 만족시켜준다면 당신은 완벽하게 어울리는 사람이 될 것이다. 자신의 만족을 얻으면 그는 당신의 빤히 보이는 결점도 눈감아주고 약점을 용서해줄 것이다. 하지만 이 모든 것은 최후의 고려 대상이다. 당신은 자신의 결점에 신경을 쓰면서 그것을 감추고 좋은 점만 보여주려고 애쓴다. 반복하지만, 당신의 장단점은 당신의 파트너에게는 가장 덜 중요한 것이다. **그에게 가장 중요한 것은 자신의 중요성을 느끼는 것이며, 당신과의 교제로부터 그것을 얻는다.**

당신은 모든 면에서 '멋진' 사람일지도 모른다. 그러나 친구나 애인을 찾는 데는 그것이 도움이 되지 않는다. 스타들은 오히려 외로움을 느끼는 경우가 많다. 당신의 멋진 면들이 애인을 구하는 데는 어떤 면에서는 해롭기까지 할 수도 있다. 사람들은 당신이 '멋진' 것을 알지만, 그보다도 먼저 **그런 완벽한 사람 옆에서 자신이 얼마나 중요한 존재로 있을 수 있을지를 계산하고 있다.** 당신이 그의 앞에서 온갖 화려한 빛을 발한다면 그 사람은 아마도 자신의 존재는 그 영광에 가려 퇴색되리라고 생각할 것이다. 자신에 대해 생각하기를 멈추고 상대방에게 초점을 맞추라. 그가 당신 옆에서 중요성을 느낄 기회를 주라. 그럴 때만 당신은 그를 얻을 것이다.

사람들에게 관심을 줄 때는 진정으로 마음에서 우러나오게 하라. 당신이 호감을 사는 비결을 알고 있다는 것, 혹은 당신의 행동 뒤에 모종의 이기적 동기가 숨어 있다는 것이 드러나지 않게 하라. 그들이 당신을 좋아하도록 만들고 싶다면 당신은 최소한 성의를 다해 진지하게 그들을 대해야만 한다.

매력 있는 대화 상대라는 평판을 얻기 위해서, 많은 사람들이 자신의 장점을 잘 드러내려고 온갖 애를 쓴다. ― 나는 참 똑똑해요. 나는 경험이 많고 아는 게 많아요. 이것은 내부의도가 하는 일이다. 매력 있게 보이기 위해 대다수의 사람들이 바로 이런 식으로 행동한다. 이 틀에서 살짝 빠져나와서 다른 관점을 한 번 취해보자. 당신이 매력적인 대화 상대로 보이기를 목표로 하지 말고, **상대방으로 하여금 자신이 매력적인 대화 상대라는 것을 스스로 실감할 기회를 주는 것을 목표로 삼아보라.** 상대방의 주파수에 동조하고 주의 깊게 귀 기울여 들으면서, 그라는 인물과 대화 주제에 관해 질문을 던지고 관심을 표하라. 주로 그에게 말하게 하면서 몇 시간이고 이렇게 이야기를 나눌 수 있다. 대화가 끝날 때쯤이면 상대방은 자신이 아주 매력 있는, 대단히 특별한 사람을 만났다는 것을 '완전히 확신하게' 될 것이다.

이것이 바로 당신의 외부의도가 작용하는 방식이다. 그것은 상대방의 내부의도를 실현시켜준다. **그 결과로 당신은 스스로 사양했던 것을 얻는다.** 당신은 자신의 인격을 과시하기를 거부하면서 상대방의 인격이 드러나도록 허용했던 것이다. 그렇게 하자마자 그는 당신을 찬양하는 사람이 된다. 당신이 그의 내부의도를 실현되게 해주었기 때문이다. 스타에게서도 그와 같은 것은 결코 얻을 수가 없을 것이다.

그럼 당신을 사귈 상대로 여기지 않는 사람의 흥미를 끌고 싶을 때는 어떻게 해야 할까? 예컨대 사업상 어떤 사람이 당신의 제안을 받아들여줘야 하는데 그가 싫어한다면? 그는 그저 당신의 제안에 관심이 없는 것이다. 이런 경우에는 특히, 자신에 대해서는 완전히 잊어버리고 그에게만 전적으로 주의를 기울여야만 그의 관심을 기대할 수 있다. 그에게 특별히 흥밋거리가 되는 모든 일에 진지한 관심을 기울이라. 그에게 그것에 관한 이야기를 건네라. 그래야만 그도 당신의 문제에 관심을 가지게 될 것이다.

당신은 이렇게 묻고 싶을지도 모른다. ― 내가 왜 남들의 이야기를 듣고 관심을 보이고 주의를 기울이고 사랑하고 존중해줘야 한단 말이야? 그들은 자기밖에는 관심이 없고 내 말은 귓등으로도 들으려 하지 않는데 말이다. 좋다. 그렇다면 그들은 무엇 때문에 당신에게 관심을 주고 당신을 찬양하고 사랑하고 존중해줘야 하는가? '그들에 비하면 나는 이러저러해'라는, 당신이 그리는 모든 자아상은 당신의 내부의도가 꾸며낸 허구다. 그것은 의존적 관계와 중요성이라는 잉여 포텐셜로 온통 뒤덮여 있다. 당신의 내부의도는 당신이 중요한 사람이 되는 것이다. **오로지 당신의 내부의도를 버리고 상대방의 내부의도가 실현되도록 허용할 때에만, 당신은 정말 남들이 보기에 중요한 존재가 된다.** 상대방은 내부의도를 사용하는 반면에 당신은 외부의도를 사용한다는 것이 유리한 점이다. 이 이점을 활용하라.

일반적으로 누군가에게서 뭔가를 받고 싶을 때, 하나의 보편적인 법칙을 활용할 수 있다. 그 법칙은, '받으려는' 당신의 내부의도를 물리치고, 그것을 '주려는' 의도로 바꾸는 것이다. 이것은 아주 쉽게 할 수 있는 일이다.

어떤 사람이 당신을 인정하고 존중해주기를 바라는가? 존중심을 요구하지 말라. 당신 자신이 그를 존중하라. 당신이 그를 중요하게 여기는 것을 그가 느끼게 하라. 공감과 감사를 구하지 말라. 상대방 문제에 진지하게 관심을 기울이고 돌보라. 사람들의 호감을 사고 싶은가? 예뻐 보인다고 해서 호감을 얻을 수는 없다. 당신이 먼저 상대방에게 호감을 보여주라. 그러면 그는 자연히 당신에게 호감을 느끼게 될 것이다. 도움이 필요하다면 당신이 먼저 다른 이들을 도와주라. 그렇게 하면 당신의 중요도가 올라가고, 도움을 받은 사람은 자기의 중요도가 떨어지는 것을 원치 않기 때문에 빚진 채로 가만히 있지 않을 것이다. 마지막으로, 당신은 사이좋게 주고받는 사랑을 원하는가? 소유하려는 마음과 의존적인 관계를 거부하라. 아무것도 보답 받으려 하지 않고 그저 사랑하기만 한다면 당신은 그런 사랑을 갖게 될 것이다. 그런 사랑은 참으로 드물다. 그리고 그런 사랑 앞에서는 아무도 저항할 수 없다. 이 모든 경우에 **당신은 스스로 사양했던 그것을 얻게 된다.**

의문이 또 하나 있다. 사람들이 어떤 일을 하도록 동기를 부여할 수 있는 방법은 무엇일까? 만일 당신이 그만한 힘을 가지고 있다면 내부 의도로서 그렇게 할 수 있을 것이다. 또 그 사람에게 그 일을 꼭 해야 한다는 것을 설득할 수도 있다. 하지만 외부의도야말로 가장 효과적인 방법을 제공한다. ― 사람들이 스스로 당신을 돕고 싶어하도록 만드는 것이다. 그러기 위해서는 반드시 그 일을 그 사람의 열망과 목표에 일치하도록 맞추어야 한다. **스스로 물어보라. 어떻게 하면 내가 원하는 일을 상대방이 필요로 하는 것과 연결시킬 수 있을까?**

먼저 그 사람에게 필요한 것을 알아내라. 그는 무엇을 얻고자 애쓰고 있으며 무엇이 모자라는가? ― 돈, 권력, 타인의 존경, 일의 성공에서 오는 만족감, 자녀, 권위, 지위, 명성 등등. 이 모두가 개인적 중요성이라는 주제의 다양한 변형에 지나지 않는다.

하루해가 저물어갈 때, 세상에서 자신이 무의미하게 느껴지면 사람은 누구나 기분이 우울해진다. 자신이 아무것도 아니라고 느껴질 때, 세상에 자기와 관련된 일이 거의 없다고 생각될 때, 우리는 자기의 개인적인 중요성을 높여보려고 애쓴다. 사람들은 어떤 결과를 성취하고 나면 다시 새로운 과제를 설정한다. 그러면 개인의 중요성이 더 높아진다. 사람은 이런 식으로 자신의 내적 중요성을 추구하면서 평생을 보내게 된다. 거기에 잘못된 것은 아무것도 없다. 중요성을 추구하는 사람들의 열망을 비난할 수는 없다. 사람들은 각자 자기만의 방식으로 노력하여 중요성을 성취한다. 그와 반대로 사람이 발전하기를 멈추고 아무것도 하고 싶어하지 않는다면, 그것은 벌써 좋지 않은 상황이다. 그러나 그런 일은 잘 일어나지 않는다. 누구나 보통은 뭔가를 위해 애쓰기 마련이다. 세상에서 자기가 처한 환경에 대해 마음에 들지 않는 것이 아주 사소한 것뿐이라 하더라도, 언제나 뭔가 추구해야 할 것이 있기 마련이다.

그러니 이제 그 과제를 이루는 것이 어떻게 그의 개인적 '중요성'을 높여줄지를 알아보라. 그런 다음 **그의 중요성을 높여준다는 측면에서 그 과제를 그에게 제시하라.** 그가 자신의 중요성을 높일 수 있도록 해주라. 그러면 그는 스스로 그 일을 원하게 될 것이다. 그가 그·과제를 끝내면 그의 성취를 넉넉히 인정해주라.

이 원리를 따르면 사람들에게 흥미를 가지고 일할 수 있도록 동기를 부여할 수 있다. 내부의도를 쓸 때는 그들이 그 일을 하도록 설득하려고 용을 써야 하지만, 외부의도를 쓰면 당신은 단지 다음과 같은 소망을 표현하고 있는 것이다. ─ 모든 일이 나를 위해 절로 잘 풀려 나가기를. 외부의도를 실현하기 위해서는, 사람들이 자신의 생각과 일에 몰두해 있으면서도 동시에 당신의 이익에 맞게 움직이도록 만들어야 한다. 그렇게 하기 위해서는 단지 의식을 일깨워서 자신의 이해를 떠나 다른 이들의 이익을 고려하기만 하면 된다.

예컨대 당신이 장사를 한다면, 당신은 아마도 고객에게 상품을 어떻게 '팔' 것인지를 고민할 것이다. 하지만 고객은 당신의 상품을 사줌으로써 당신의 기분을 좋게 해줘야겠다는 생각은 꿈에도 하지 않는다. 그는 누군가가 물건을 그에게 잘 팔아치우기를 바라는 게 아니다. 그는 '사고' 싶은 것일 뿐이다. 차이를 알겠는가? 모두가 나에게 뭔가를 떠맡기려고 기회를 노리고 있다. 그러나 나는 그것을 원치 않는다. 나는 내가 스스로 원하는 것을 고르고 싶은 것이다.

당신의 상품을 어떻게 팔지를 고민하지 말라. 고객이 무엇을 갖고 싶어하는지를 생각하라. 팔려고 애쓰는 것은 내부의도다. 외부의도는 완전히 다른 방향 ― '고객이 원하는 것을 찾아내는' 쪽에 맞춰져 있다. 그가 원하는 것이 어떤 상품인지를 반드시 알아내야 할 필요도 없다. 만일 고객이 관절염으로 고생하고 있다면, 그리고 당신이 진지하게 관심을 보이면서 좋은 병원이나 치료법을 권한다면 그는 당신의 물건을 사줄 것이다. 그 물건이 최고라서가 아니라, 당신이 벽돌을 팔면서도 그의 관절염에 관심을 기울여주었기 때문이다. 이것은 단순화된 예이긴 하지만, 그 배경의 원리는 언제나 정확히 작용한다.

당신이 누군가로부터 뭔가 원하는 것을 얻어내야 할 때, 혹은 어떤 일을 하게끔 만들어야 할 때는 반드시 당신의 내부의도는 옆으로 제쳐 놓으라. 그리고 스스로 이렇게 물어보라. 이 사람의 내부의도는 어디에 맞춰져 있을까? 그의 의도를 이루는 데에 기여하는 행동을 하라. 오로지 그의 의도를 실현시키는 것을 돕고 있을 때에만, 당신이 그로부터 얻고자 하는 것을 잠시 생각해보라. 그의 의도를 실현시키는 일에 몰두하면서 거기에 당신의 요구를 은근히 끼워 넣으라. 그러나 어쩌면 당신의 요구를 말할 필요조차 없을 수도 있다. 모든 것이 저절로 이루어질 수도 있다. 이것이 바로 외부의도의 마법적인 힘이다.

사람들을 움직이는 한층 더 효과적인 방법은 그들 마음속에 내부의도를 유도하는 것이다. 좀더 들여다보면 내부의도를 유도하는 것은 상당히 쉽다는 것을 알게 된다. 내부의도는 거의 모든 경우에 내적 중요성에 의해 일어난다. 사람은 누구나 어느 정도까지는 이런 저런 방법으로 자신의 중요성을 지키고 높여서 더 돋보이게 하려고 애쓴다. 다른 사람들로부터 뭔가를 얻어내야 할 때, 당신은 그들의 중요성을 높여줄 수 있는 방법을 하나 생각해내기만 하면 된다. 그 방법을 '도전을 부추기기'라고 부른다.

한 그룹의 사람들에게 이런 식으로 도전을 부추길 수 있다. "어느 분이 잘 하시는지 한 번 볼까요?" 혹은 전문가적인 명예심을 자극할 수도 있다. "우리가 창피를 당할 순 없죠!" 그냥 내적 중요성에 바로 호소하는 것도 가능하다. "우리의 본때를 보여줍시다!" **만일 누군가가 자신의 중요성에 관련된 문제로서 이 도전을 받아들인다면, 그는 자기의 것인 양 당신의 뜻을 실천할 것이다.** 그런 일이 일어나는 것은 오직 당신이 자신의 내부의도를 버리고 그 사람의 내부의도로 주의를 돌렸기 때문이다. **당신의 것이 아닌, 상대방의 내부의도를 쓰라.**

관계의 흐름

당신이나 당신의 회사는 결국 다른 사람들이 소비하게 될 물품을 만들고 있다. 이 상품을 사람들이 사고 싶도록 만들려면 어떻게 해야 할까? 단지 상품이 호화스럽고 멋있어야 사람들이 살 것이라고 생각한다면 그것은 틀린 생각이다. 가장 전형적인 실수는 내부의도의 입장을 취하는 것이다. ― "우리는 명품을 만들고 있어. 그러니 사람들이 안 살 수가 없을걸."

내부의도의 입장에 서면 삼중의 실수를 저지르게 된다. 첫째, "우리는 명품을 만들고 있어"라는 말은 내적 중요성을 부각시킨다. 당신은 자기의 제품이 완벽하다고 여기고, 따라서 그것은 당신에게 중요해진다. 만약 그렇다면 당신은 그것을 객관적으로 평가할 수 없다. 평정심을 잃어버리는 것이다. 둘째, 내부의도는 상품을 다른 이에게 '팔기'를 겨냥한다. 그러나 사람들은 그것을 사려들지 않을 것이다. 그들이 볼 때 그것은 명품이 아니며, 누군가의 상업적 의도는 그들의 관심거리가 아니기 때문이다. 그리고 마지막으로, 가장 중요한 실수는 내부의도의 초점이다. 그 초점은 고객의 요구에 맞춰져 있지 않고 제품에만 맞춰져 있다. 내부의도의 편협한 시각은 결국 당신으로 하여금 아무도 필요로 하지 않는 완벽한 제품을 만들어내게 한다. 실제로 이런 일이 무수히 일어나고 있다.

외부의도의 태도는 사람들이 원하는 것, 그들에게 결핍된 것, 그들에게 필요한 것, 그들에게 동기가 되는 것, 그들의 흥미를 일으키는 것을 알아내는 것이다. 외부의도는 가능태 흐름에 맞춰져 있다. 당신은 마음이 지어낸 '명품' 생산에 매달리면서 흐름을 거슬러 가려고 애쓴다. 마음은 언제나 자신의 능력을 이상화하는 경향이 있다. 마음은 주위를 살피지 않고 그 제작 과정에만 완전히 사로잡혀버린다. 마음은 모든 것을 자신의 통제하에 두려고 애쓴다. 하지만 고객들의 요구는 쉽사리 통제되지 않는 것이어서, 언제나 자기만의 흐름을 타고 흘러가버린다. 고객의 요구의 흐름에 어느 정도 영향을 주려면 광고를 위해 온갖 방법을 동원해야 하지만, 그것도 늘 먹히는 것은 아니다.

마음은 수요의 경향을 예측하지 못한다. 그리고 그것은 사실 필요하지도 않다. 당신에게 필요한 것은 그 흐름을 따라가면서 그 방향의 아주 미세한 변화를 알아차리는 것이 전부다. 수요를 일으킬 물건을 발명해낼 필요는 없다. 시대를 앞선 발명품들은 거의가 다 쓰일 곳을 찾지 못한다. 완전히 새로운 것은 절대로 만들어내지 말라는 뜻이 아니다. 요는, **가능태 흐름보다 앞서는 발명품을 만들어내서 돈을 벌려는 속셈이라면 그것은 십중팔구 실패하고 만다는 것이다.** 물론 당신의 발명품이 정말 천재적인 것이라면 시장에서 폭발적인 반응을 얻을 수도 있다. 그러나 그런 일은 아주 드물다.

현재의 수요를 만족시키는 데에 방향이 맞춰진 사업만이 성공을 보장받는다. 자, 이제 이전의 질문으로 다시 돌아가 보자. 어떻게 하면 사람들이 당신의 상품을 '사고 싶어하게' 만들 수 있을까? 그 대답은 이것이다. — '어떤 방법으로도 안 된다.' 불가능한 건 아니라 하더라도 그것은 대단히 어려운 일이다. 당신은 내부의도를 써서 상품을 사람들에게 들이대려고 한다. **외부의도는 흐름과 함께 움직이면서 사람들이 무엇을 원하는지, 그리고 무엇에 싫증이 났는지를 파악하려고 한다. 수요는 가능태 흐름에 의해 결정된다.** 가능태 흐름에는 이미 모든 해답이 담겨 있으며, 오직 가능태 흐름만이 성공을 보장해줄 수 있다.

근본적인 발견이나 발명들이 많은 경우 서로 모르는 여러 사람들에 의해서 거의 동시에 이루어지는 것은 그만한 이유가 있다. 가능태 공간 속을 움직이는 물질적 실현점은 그런 식으로 현상화하여 드러나는 것이다. 일어나기로 되어 있는 일들은 때가 되면 일어난다. 레오나르도 다빈치는 현대에 와서야 물질적으로 실현된 많은 발명품들을 예견했었다.

아무튼 이 사실은 너무나 명백해 보이지만, 마음은 번번이 그것을 까먹고 흐름에서 빠져나오려고 하고, 흐름을 자기가 통제하려고 애쓴다. 가능태 흐름이 '마음에게 주어진 호사스러운 선물'이라는 것은 이미 말했다. 이것을 항상 명심하고 이 행운을 활용하라. 그러면 많은 문제와 장애물들이 당신을 그냥 지나쳐갈 것이다.

인간관계의 문제들 가운데 많은 부분이 가능태의 흐름을 거스른 결과로 생겨난다. **비판은 이 거스름이 드러난 것 중의 하나다.** 비판은 내부의도의 직접적인 소산이다. 용기를 부추겨주는 것과 사람의 긍정적 자질에 초점을 맞추는 것은 외부의도의 속성이다. 사람을 비판하는 것은 외부세계와 맞싸우는 것과 다르지 않다. 거기서는 어떤 식으로도 이익을 얻을 수가 없다. 악의를 터뜨려서 적을 화나게 하는 것이 유익하다고 생각하지 않는 한 말이다. 그와는 반대로 용기를 북돋아주는 것은 인간관계를 이끌어가는 추진력이 된다. 사람을 비난하고 비판하는 것은 내부의도로써 상대방에게 영향을 미치려고 애쓰는 것이다. 반대로 (그 어떤 경우에도) 상대방의 장점을 부각시켜주는 것은 당신은 아무것도 잃지 않으면서 상황이 당신에게 유리하게 전개되게 하는 것이다.

그 어떤 이유로도 다른 사람을 비난하지 말라. 많은 사람들이 자기 자신을 비난하면서 죄책감을 품는 성향을 가지고 있다. 그러나 다른 사람의 비난을 기꺼이 받겠다는 사람은 '아무도' 없다. 자신을 비난할 때는 어쩌면 마조히즘의 쾌감을 느낄 수도 있지만, 타인들로부터 오는 비난은 당사자에겐 언제나 고통스러운 일이다.

스스로 잘못을 저질러서 비난을 받아 마땅할 때조차도 비난은 언제나 고통스럽다. 하지만 그것이 당신에게는 무슨 도움이 될까? 악의를 터뜨리는 데에? 하지만 그렇게 해봤자 결국은 잉여 포텐셜을 만들어내어 문제만 일으킬 뿐이다. 당신의 목표가 상대방으로 하여금 잘못을 시인하게 하는 것이라면 당신은 이 역시 실패할 수밖에 없다. 비난을 들으면서 자기가 잘못했다는 것을 온전히 받아들이기란 어려운 일이다. 비록 그가 당신에게 동의한다고 말은 하더라도 말이다. 다른 사람을 희생시켜서 자신의 입장을 주장하거나, 누군가를 지배하기 위해서 비난을 이용할 수도 있을 것이다. 그렇게 해서 약간의 결과를 얻을 수는 있겠지만, 그런 경우 당신은 조종자로 전락해버릴 것이다.

이런 것이 당신의 목표가 아니라면 비판과 비난을 던져버리라. 사람들을 비난하고 비판함으로써 당신은 허우적대며 흐름을 거슬러 헤엄치려고 애쓰는 꼴이 된다. 타인들의 결점에 대해서는 신경을 완전히 끄고, 오직 그들의 장점만을 생각하라. 이것이 흐름을 타고 가는 것이며, 그렇게 할 때 당신은 이루 다 헤아릴 수 없는 유익을 얻게 될 것이다.

당신의 지켜보는 자가 잠들어 있지 않다면 그는 언제나 당신을 도와줄 준비가 되어 있을 것이다. 당신이 비난하고 싶어하는 그 사람이 왜 그런 행동을 했는지를 이해할 수 있도록 말이다. 내면의 관찰자로서, 지켜보는 자는 당신이 그 게임에 빠져들어 논쟁이나 싸움을 벌이도록 허락하지 않을 것이다. 구경꾼으로서, 밖에서 게임을 바라보라. 비판은 해만 끼칠 뿐, 아무런 도움도 되지 않음을 '명심하라.' 그리고 흐름과 함께 나아가라.

비난과 비판은 긍정적인 역할을 할 수가 없다. 이 두 가지는 사람을 균형에서 벗어나게 만들어, 따라가고 있던 흐름 밖으로 그를 내동댕이치기 때문이다. 그 흐름은 그를 특별한 목표로 인도하고 있었는데 말이다. 사람들은 결국 각자 자신의 동기와 열망의 인도를 받는다. (그 어떤 경우에도) 상대방의 용기를 북돋아줌으로써 당신은, 그를 자신의 흐름에서 벗어나 자신의 열망을 거스르게 하지 않으면서도 당신에게 유리한 방향으로 그를 인도해줄 수 있다. 그리하여 당신의 소망과 그의 소

65

망이 나란히 함께 갈 수 있는 것이다. 누구의 권리도 침해되지 않고 누구의 자부심도 다치지 않는다. 이제 당신의 이해와 관심은 공동의 것이 된다.

누가 당신을 비판할 때 당신은 기분이 좋은가? 당신은 그 비판을 참지 못하든가, 아니면 그런 비판을 받아 마땅하다고 자신을 달래려고 애쓸 것이다. 두 경우 모두 당신은 그 비판을 받아들이지 않는 것이다. 물론 죄책감 콤플렉스를 키우지 않았다면 말이다. 어느 정도의 비판은 사람을 채찍질하여 '올바르게' 행동하도록 만들 수 있을 것이다. 그러나 당신은 오직 마음에게만 그렇게 하도록 강요할 수 있다. 영혼에게 강요하는 것은 불가능하다. 영혼은 언제나 자신이 원하는 일을 하거나, 아니면 마음이 해야 할 일을 방해한다. **비판은 영혼을 마음의 적으로 만들지만 격려는 영혼을 마음의 동맹군으로 만들어준다.**

격려는 창조적인 힘인 반면, 비판은 파괴적인 힘이다. 바로 그런 이유 때문에 경영자들은 비판적이지 않은 사람들로 장래에 리더가 될 임원들을 선발하는 것이다. 비판은 아무나 쉽게 할 수 있는 일이다. 임원이라면 직원들이 일하고 싶은 열정을 느낄 분위기를 만들 수 있어야 한다. 그런 분위기는 언제 만들어질까? 사람들이 전체를 위해 기여하면서도 각자 자신의 중요성을 느낄 때다.

적을 만들고 싶다면 논쟁을 계속하고 어떤 일이 있어도 자기가 옳다고 우기라. '가능태 흐름'이라는 장에서 우리는 자신의 정당성을 주장하려고 온갖 수단으로 애쓰는 것이 얼마나 백해무익한 것인지를 이미 논했었다. 만일 그 논쟁이 당신에게 가장 중요하고, 이익을 위해서 당신의 입장을 정말 포기할 수가 없다면 논쟁을 밀고 나가라. 그것이 아니라면 상대방에게도 물속에서 허우적거릴 권리를 주라.

논쟁에서 이긴다고 해도 얻을 건 하나도 없다. 단 하나 있다면 적을 한 사람 더 얻는 것이며, 그것은 아주 쉬운 일이다. 누군가가 말도 안 되는 소리로 우길 때 당신이 알아듣게 이야기를 한다고 해도 그는 절대 거기에 수긍하려고 하지 않을 것이다. 그가 자기비판적이고 자책하는 성향을 지녔다면 당신의 말에 동의할지도 모른다. 그러나 그런 사람을 이긴들 무슨 소용인가? 어떤 식으로도 당신의 이익이 침해받지 않는 한, 다른 이들이 당신이 동의하지 않는 것을 주장하더라도 그냥 내버려 두라. 그것이 잉여 포텐셜을 만들어내지 않는 길이며, 흐름을 거스르지 않는 길이다.

논쟁하는 사람들은 보통 그 게임에 푹 빠져 있다. 그들은 깊이 잠들어 있는 것이다. **게임에 말려들지 않으려면 깨어나서 내면의 지켜보는 자를 활동시켜야 한다.** 사람들이 논쟁을 벌이고 있다면 객석으로 내려가서 그 게임을 잠시 지켜보라. 사려 깊은 관객의 입장을 취하면 당신은 큰 특권을 얻을 것이다. 논쟁에 끼어든 사람들이 각자 자신의 관점을 입증하면서 내부의도를 실현시키려고 애쓰는 동안, 당신에게는 그들의 눈에는 보이지 않는 해결책이 떠오를 것이다. 그 해결책을 모두에게 강요하려들지만 말라. 중요한 것은 해결책을 제시하는 것이다. 논쟁은 그들에게 맡기라.

만일 당신이 논쟁에 이겼다면 당신이 진 것으로 생각하라. 상대방이 공식적으로는 당신이 옳았다고 인정한다고 하더라도, 마음속으로는 자기가 옳다는 것을 보여줄 비공식적 증거를 무수히 찾아낼 것이 틀림없다. 어쨌든 간에 논쟁에 진 사람의 중요성은 타격을 입었다. 그 타격은 누가 입힌 것일까? 그것은 바로 자신의 관점을 끝까지 관철시킨 사람이다.

당신이 그의 얼굴에 주먹을 먹이고 싶었던 것은 아닐 것이다. 마찬가지로 **상대방이 느끼고 있는 중요성에 타격을 가하려 해서는 안 된다.** 이런 식으로 사람들이 서로를 다치게 하는 일은 자주 일어난다. 이런 일에는 사람들도 입 다물어버리기 때문에 그 상처는 언제나 감춰진다. 사람들은 자신의 중요성을 강화하고자 하는 욕망이 드러나는 것을 좋아하지 않는다. 누구든지 어딜 가나 그 짓을 하고 있지만, 어쨌든 중요성은 이미 그렇게 존재하고 있기 때문에 아무도 자신이 그것을 차지하려고 발버둥치고 있다는 것을 드러내려고 하지 않는다.

어떤 이가 자신의 중요성에 타격을 받고도 말없이 앉아 있다고 해서 그가 상처를 전혀 받지 않았거나 그것을 받아들였다고 생각하지 말라. 울분은 마음속에 계속 살아 있을 것이다. 의식 속에 없다면 그것은 잠재의식 속에 있다. 당신은 논쟁에서 이겼고, 그로써 자신의 중요성을 드높였다고 믿는다. 그러나 그럴 때 당신의 상대는 희생당하고 그의 중요성은 추락한다. 그 결과는 언제나 감춰진 분노다. 그것이 아무런 유익을 가져다주지 않으리라는 것은 당신도 잘 알 것이다. 게다가 패배한 상대는 당신의 중요성을 결코 인정해주지 않을 것이다.

사람들을 당신의 적으로 만드는 '멋진' 방법이 또 하나 있다. — 당신이 그에 비해서 얼마나 더 훌륭한 사람인지를 깨우쳐주는 것이다. 자신을 스스로 우상으로 만들지도 말고 적으로 만들지도 말라. 이것이 흐름을 타고 가는 인간관계의 좌우명이다. **상대방의 중요성을 해치려는 마음이 일어날 때마다 전염병을 만난 듯이 피하라.** 그것이 특별한 금기사항이 되게 하라. 중요성의 타격에 따르는 문제는 감춰지는 경향이 있어서 왜 그런지 분명하게 보이지는 않더라도, 그렇게 함으로써 당신은 엄청난 문제와 골칫거리로부터 벗어나게 될 것이다.

당신과 논쟁하는 사람은 실제로는 무엇을 하고 있는 것일까? 그는 어떤 식으로든 자신의 중요성을 방어하고 있는 것이다. 그에게 다가가서 그를 만나라. 그가 말하는 것에 동의해주라. 그에게 동의함으로써 당신은 그가 줄곧 얻으려 애써온 것을 주게 된다. 그런 다음 당신은 침착하게 자신의 관점을 논할 수 있다. 뭔가를 강요하거나 입증하려 하지 말고, 그저 단순히 그것에 관해 대화를 나누라. 그럴 때, 당신은 흐름을 타고 갈 뿐만 아니라 또한 외부의도를 사용하고 있는 것이다. 따라서 당신은 가장 멋진 결과를 얻는다. 다른 그 어떤 지적 책략으로도 그런 결과를 얻기란 불가능할 것이다.

대화를 시작할 때 맨 먼저 두 사람이 같은 방향을 바라보도록 당신의 생각을 조율해야 한다. 당신이 말한 것에 대해 그가 첫 반응으로서 "아뇨"라고 한다면, 더 이상 그를 설득해봐야 소용없다. 그는 다른 쪽으로 방향을 돌렸고, 당신과 함께 흐름을 타고 가지는 않을 것이다. 그러므로 처음부터 그가 "예"라고 말하도록 만드는 것이 중요하다. 토론을 시작할 때 절대 날카롭게 각을 세우지 말라. 그가 쉽게 동의할 수 있도록 좀더 편한 이야기부터 시작하라. 그렇게 시작해놓고 나면 차차 더 논쟁의 여지가 많은 주제로 다가갈 수 있다. 이제 당신들은 흐름을 타고 저절로 같은 방향으로 나아가고 있기 때문에 더 많은 기회를 얻을 수 있고, 당신이 방사하는 사념은 상대가 방사하는 사념과 불협화음을 이루지 않는다.

당신이 어딘가에서 실수를 하고 당연한 비난을 예상하고 있다면, 자신을 방어하려고 준비하지 말라. 그냥 **실수를 미리 인정하고 받아들이라.** 당신에게 정의의 분노를 터뜨리려던 그 사람도 아마 즉석에서 너그러운 태도로 돌아설 것이다. 그런 경우에도 '공격이야말로 최선의 방어'라고 말할 수는 없다. 당신이 먼저 나서서 상대방의 관점에 동의할 때, 당신은 그의 내부의도에 청신호를 준 것과 같다. 먼저 나서서 머리를 숙임으로써 당신은 자신을 제자리로 돌려놓고 동시에 자기의 중요성을 높이려는 그의 내부의도를 실현시켜준다. 하지만 당신은 어쩔 수 없는 의무감이 아니라 자유의지로 그렇게 하기 때문에 당신의 중요성은 어떤 식으로도 손상받지 않는다. 그러니까 당신은 돌 하나를 던져 새 두 마리를 잡는 격이다. 상대의 중요성을 높여주어 그가 고마워하게 만들고, 동시에 자기의 중요성도 추락시키지 않는 것이니까 말이다.

실수를 방어하면 그것은 흐름을 거슬러 노를 젓는 꼴이며, 펜듈럼에게 에너지를 내주는 것이 된다. 어떤 형태든 자신을 정당화하려는 욕망은 내적 중요성이 높기 때문에 일어나는 것이다. 그 무거운 짐을 내려놓으라. 자기에게 실수를 할 권리를 선사하고, 실수를 허용하라. **실수를 방어하지 말라. 오히려 그것을 의식적으로 받아들이라.** 그 즉시 삶은 훨씬 더 쉽게 흘러갈 것이다.

다른 사람이 하는 기분 나쁜 말들이 상당히 유용한 것으로 판명될 수도 있다는 것을 이미 말했었다. 처음 들었을 때는 부정하고 싶은 남들의 제안이 결국 무의미한 말이 아니었음을 깨닫게 되는 것이다. 당신이 어딘가에서 내적 중요성을 높여놓았다면 남들이 제안하는 말에도 상처를 받는다. 중요성을 던져버리라. 흐름에 저항하기를 멈추고, 다른 사람들도 옳다는 것을 인정하라. 아니면 적어도 그들의 의견을 한 번쯤은 고려해보라.

상대방이 했던 말이 정말 옳았다고 말해주라. 그러면 결과가 달라질 것이다. 꼭 말로 해줄 필요는 없다. 어떤 식으로든 표현해보라. 그런다고 잃을 것은 없지 않은가. 어리석은 사람도 똑똑한 사람도 실수를 하기는 마찬가지다. 그러나 어리석은 사람과는 달리 현명한 사람은 자기의 실수를 인정한다. 상대방이 그때 옳았음을 인정함으로써 당신은 당장 그의 호의를 얻게 되는 것이다.

사람들은 공격적인 펜듈럼의 세계에서 살고 있다. 사람은 자신의 입장을 고수하면서 매순간 자기를 방어해야 한다. 그리고 당신은 상대방이 그렇게 하도록 허용하고 베풀어준다. 그 순간, 당신에 대항해서 자신의 입장을 지켜야 한다는 그의 문제는 해결되어버린다. 그는 즉시 안도감을 느낀다. 그는 자신의 싸움을 도와준 당신에게 고마움을 느낄 것이다. 당신은 그에게 더 이상 적이 아니고 아군이다. 이 모든 일이 한순간에 상대방의 잠재의식 속에서 일어난다. 당신도 잠들어 있다면 그와 똑같이 생각할 것이다. 그러나 깨어 있기를 실천한다면 '상대방의 옳음을 증언하는 목격자'의 역할이 어렵지 않을 것이며, 오히려 재미있기까지 할 것이다.

누군가가 옳았음이 밝혀졌을 때 다른 사람들은 조용히 입을 다물고 있더라도 당신은 그가 옳았음을 인정해주어야 한다. 만일 이 순간이 그에게 대단히 중요한 의미가 있다면 그는 당신에게 빚을 지게 될 것이다. 어느 경우든 간에 그는 당신에게 고마워할 것이다. 그것도 대부분 무심결에 그렇게 한다.

사람들이 사실 얼마나 살벌한 약육강식의 정글 속에서 살고 있는지를 생각해보라. 그들은 모두를 잠재적인 적으로 보며 항상 자기를 지켜야 한다. 겉으로 보기에는 평화롭게 보이지만 말이다. 모든 사람이 언제나 자기 자신을 돌보고 지킬 준비가 되어 있다. 이는 결코 과장이 아니다. 우리는 오랫동안 이런 상황에 익숙해져왔다.

이런 경쟁적인 환경 속에서 당신은 싸움에 지친 사람들에게 귀한 보물이 되어줄 것이다. 얼마나 많은 동맹군을 얻게 될지를 상상할 수 있겠는가?! 그러기 위해서 당신이 해야 할 일은 이것뿐이다. ― 자신의 중요성을 내려놓고, 타인의 옳음을 인정하기를 게을리 하지 말라. 당신은 의식적으로 행동한다. 그것이 유리한 점이다. 하지만 다른 사람들은 잠들어 있어서 고마워하지도 않을 것이다. 그렇지만 만일 그들이 깨어나서 의식적으로 감사를 표현할 수 있게 된다면 당신은 그들이 이렇게 말하는 것을 들으리라. ― "이 사람은 참 똑똑하군. 정말 마음에 든단 말이야. 난 그가 좋아."

아무도 이런 말을 소리내기는커녕 귓속말로도 말하지 않겠지만, 만일 그들의 잠재의식을 표현한다면 꼭 그런 말이 될 것이다. 사람들은 중요성에 눈이 멀고 어깨가 짓눌려서 중요성 외엔 아무것도 알아차리지 못한다. 당신은 커다란 이점을 가지고 있는 것이다. ― 깨어 있음, 중요성이 없음, 타인에 대한 배려. 이 장점들을 활용하면 다른 사람들에겐 돌멩이만 보이는 곳에서 당신은 언제나 황금 덩어리를 보게 될 것이다.

프레일레와 동조하기

대화를 나눌 때 사람들은 어느 정도는 서로 서로 상대방에게 눈높이를 맞춘다. 상대방의 개성, 기질, 지적 수준, 행동습관 등을 염두에 두는 것이다. 상대의 주파수와 동조가 잘 이루어지지 않으면 상호간의 이해를 얻기가 어렵고, 그 사람과의 교제는 공허한 메아리가 될 것이다. 상대의 주파수에 동조하지 못하므로 서로간의 이해가 일어날 수 없다.

'상대의 주파수에 동조하기'란 말은 순전히 상대적인 특성을 지닌다. 내가 단지 편의상 이렇게 단순화한 모델을 사용하고 있다는 것을 독자 여러분은 분명 이해하시리라. 물질계의 수준에서 주파수 동조가 실제로 어떻게 일어나는지는 우리에게 중요하지 않다. 요는 누구나 자신만의 개성적인 매개변수의 조합을 지니고 있다는 점이다. 그것을 프레일레라고 부른다.

상대방과 가까이 접촉하는 동안에 당신은 '프레일링'을 연습하고 있다. ― 그의 매개변수에 동조해 들어가는 것이다. 그와의 교류에 성공하느냐는 그의 프레일레의 핵심을 얼마나 잘 포착하는가에 달려 있다. 그것은 보기보다는 어렵지 않다. 성공적인 조율을 위해 꼭 필요한 것은, 당신이 말을 걸고 있는 사람에게 주의를 기울이는 것이다. 주의를 기울이지 않는다면 어떠한 조율이나 동조도 불가능하다. 이것은 불 보듯 뻔한 사실인데도, 대화를 할 때 자기 생각에만 완전히 빠져 있는 사람이 대다수다.

어느 대기업가가 이렇게 말한 적이 있다. "모두가 나에게 와서 뭔가를 제안하려고 한다. 그런데 내게 무엇이 필요한지를 묻는 사람은 아무도 없었다." 상대방으로부터 뭔가를 얻어내려는 사람은 자기의 문제만 생각하고, 상대방의 도움으로 그 문제를 풀 방법만을 생각한다. 이것은 순전히 내부의도다. 그 반대로 함으로써, 즉 상대방이 원하는 것을 생각함으로써 당신은 외부의도의 메커니즘을 작동시키게 된다.

당신이 원하는 것을 상대방이 원하는 것과 어떻게 연결시킬 수 있을까? 먼저 의식적으로 그의 관심거리에 주의의 초점을 맞출 필요가 있다. 당신의 내면 시선을 자신에게서 떼어내어 대화 상대에게로 옮기라. 사람은 누구나 자신의 문제와 야망에 관계 있는 질문에만 흥미를 느끼

73

고, 거기에 대답하고 싶어한다. 당신의 생각은 당신이 얻고 싶은 것에 맞추어져 있다. 그러나 상대방은 거기에 전혀 관심이 없다. 당신은 다른 사람이 뭘 원하는지 사실 관심이나 있는가? 그 점에 있어서는 다른 사람들도 똑같다. 상대방이 뭘 원하는지는 아무도 신경 쓰지 않는다. 그러므로 **상호 이해와 공통의 언어를 찾아내는 유일한 방법은 상대방의 관심거리와 관련된 이야기를 나누는 것이다.** 당신은 자신의 문제에 대해서는 이미 충분하고도 남을 만큼 생각해왔지 않은가. 이제는 상대방의 관심거리로 주의를 돌리라. 상대방의 의도가 대화의 밑바탕이 되게 해보라. 그리고 자신의 문제는 그 바탕 위에다 올려놓으라.

예컨대 당신은 8월에 휴가를 떠나고 싶다. 이것은 당신에게 필요한 것이다. 당신은 자기의 관심거리에 대해 생각하고 있다. 그런데 당신의 사장은 무슨 생각을 할까? 그는 회사 일만 생각하지, 당신의 휴가에 대해서는 전혀 신경 쓰지 않는다. 이 문제를 푸는 데는 두 가지 해결책이 있다. 첫째는, 사장에게 가서 문제를 하소연하고 휴가 보내줄 것을 울며불며 사정하는 것이다. 둘째는, 9월에 일이 너무 많을 것 같아서 8월에 휴가를 좀 갔다 와야겠다고 말하는 것이다. 그러면 9월에 모든 것을 제때에 마쳐놓을 수 있다고 말한다. 이 둘 중에서 어떤 방법이 당신에게 휴가를 안겨줄 수 있을까? 어쩌면 사장이 10월에 휴가를 가라고 말할지도 모르겠지만, 당신이 그의 주파수에 맞추어 말하는 것을 들었기 때문에 사장은 십중팔구 당신의 말에 동의할 것이다. 대화를 나눌 때 상대방의 관심사에 맞추어서 말한다면 당신은 그 사람이 방사하는 사념의 주파수에 동조해 들어가고 있는 것이다.

당신이 타고 가는 작은 당나귀가 당신의 말을 전혀 들으려 하지 않거나 당신이 가려는 방향으로 가지 않으려 할 때, 당나귀는 당신이 생각하는 것과 전혀 다른 것을 마음에 품고 있는 것이다. 당나귀는 당근에 마음이 가 있다. 당나귀에게 당근을 보여주라. 그러면 그 녀석은 당신이 원하는 쪽으로 갈 것이다. 당신은 당나귀의 의도의 맥락 위에다 자신의 의도를 올려놓은 것이다. 다른 이의 소원을 들어줌으로써 당나귀는 무엇을 얻게 될까? 누군가가 당신을 위해 뭔가를 해주기를 원할 때마다 이 질문을 자신에게 던져보라. 이 질문에 답을 찾는다면 모든 일이 잘 풀릴 것이다.

대화 상대의 주파수에 동조하기 위해서는 무엇보다도 그가 말하고자 하는 것을 주의 깊게 들어야 한다. 물론 당신의 화제와 관점을 강요하는 것이 목적이 아니라면 말이다. 큰 단체에서는 누구나 뭔가를 말하려고 애쓴다. 하지만 그것은 아무런 의미도 없다. 아무도 다른 사람이 하는 말을 듣지 않기 때문이다. 물론 듣는 척은 할 수 있지만 주의의 90퍼센트는 자기 자신의 문제에 쏠려 있다. 당신이 매력 있는 사람이라는 것을 보여주려면 지성과 재치로 반짝거릴 필요도 없다. 상대방에게 주의 깊게 귀를 기울여주는 것만으로 충분하기 때문이다.

만일 상대방은 당신에게 전혀 흥미를 느끼지 못하지만 당신은 그의 흥미를 끌어들여야 할 상황이라면, **그의 흥미를 끌 만한 것들에 관해 이야기하라.** 잠시 동안 당신의 관심거리는 잊어버리라. 그것은 완전히 다른 주파수다. 상대방의 주파수로 스위치를 돌리라. 당신을 그의 입장에다 세워놓으라. 그렇게 하면 그 사람을 움직이는 것이 무엇인지를 알게 될 것이다. 그가 왜 그렇게 행동하는지를 알게 될 것이며, 그의 관점을 이해하게 될 것이다. 일단 그의 주파수에 동조하고 나면 당신은 점차 자신의 관심거리로 이야기를 옮겨올 수 있다.

상대방 주파수에 맞추기 위한 첫 번째이자 가장 간단한 열쇠는 그의 75

이름이다. 태어나는 순간부터 사람은 자기 이름을 부르는 사람에게 반응한다는 사실을 무시할 수는 없을 것이다. 사람들과 대화할 때 그의 이름을 좀더 자주 불러주라. 그러면 그것은 곧 효과를 발휘한다. 이름을 부르는 것은 당신이 우호적인 의도를 가지고 있으며 그 사람의 중요성을 인정하고 있다는 것을 보여주는 암호처럼 작용한다.

누구나 어느 정도는 자신의 중요성을 보호하기 위해 방어벽을 유지한다. 만일 상대방이 당신을 형식적으로 대하면서 불신의 방어벽을 둘러친다면 그의 주파수에 동조해갈 수가 없을 것이다. 때로는 이 방어벽이 자발적으로 해제되게 할 수 있다. 당신이 자신의 중요성에 방어벽을 둘러치지 않고 그를 공격할 의사가 전혀 없음을 보여준다면, 상대방 또한 자기의 방어벽을 낮추게 된다. 하지만 모든 방어벽을 제거하는 가장 효과적인 방법은 **상대방에 대한 당신의 진정어린 호감을 보여주는 것이다.**

우리는 왜 애완동물을 좋아할까? 그들은 우리를 만날 때 언제나 정말 반가워하는 모습을 보여주기 때문이다. 그들은 꼬리를 흔들고 그르렁거리고 깽깽거리고 뛰어오르며 온갖 방법으로 기쁨을 표현한다. 금붕어와 같이 덜 사교적인 동물들도 있다. 그러나 그런 종류들은 사랑을 불러일으키지는 않는다. 그들은 마치 식물이나 인테리어 디자인의 일부처럼 보인다. 우리가 사랑하는 애완동물들은 마치 이렇게 말하는 듯하다. "나는 당신에게서 아무것도 바라지 않아요. 당신을 만나 마냥 행복할 뿐이에요." 이것이 바로 우리가 애완동물을 사랑하는 중요한 이유 가운데 하나다.

사람들과 사귈 때 호감을 얻고 싶다면 **당신이 그들을 만나 행복하다는 것을 그들에게 보여주라.** 애완견처럼 기쁨을 표현할 필요는 없다. 미소를 짓고 열정적으로 인사하며, 그들의 이름을 불러주고, 그들의 말에 귀를 기울이는 것만으로 충분하다. 그러나 당신이 금붕어처럼 행동한다면, 그들과의 관계는 금붕어와 사람 간의 관계처럼 될 것이다.

이것의 배후에 있는 메커니즘은 단순하다. 잠재의식 차원에서 상대방은 이렇게 생각할 것이다. "나는 오늘 나를 만난 것을 행복해하는 사람을 만났어. 그러니까 나는 별 볼 일 없는 사람이 아니란 거군. 나도 세상에서 의미 있는 존재야. 이 사람이 바로 그 증거지. 참 멋지고 사랑스런 사람이란 말이야!"

당신의 주의와 관심은 진실해야 한다. **단지 예의로서 관심을 보이는 것보다 더 저속한 것은 없다.** 사람들은 마치 연극의 소도구처럼 얼굴에 미소를 짓는다. 그것은 더 이상 미소가 아니라 한갓 넥타이와 다를 바 없는 것이다. 그들은 습관적으로 서로 묻는다. "안녕하시죠?" 그리고 틀에 박힌 빤한 답을 기다린다. 그리고 예상하지 못한 다른 답이 돌아오면 이상하게 여긴다. 아무도 다른 사람의 문제에 신경 쓰지 않는다. 그런데도 왜 그렇게 물어보는가?

대화를 할 때 상대방의 특징적인 주파수로 에너지를 방사함으로써 당신은 그와 공명을 이룰 수 있다. 우리는 각자 자신의 공명주파수를 가지고 있다. ― 자기가 좋아하는 취미, 곧 가장 흥미를 느끼는 것, 자랑스러워하는 것 말이다. 이것은 공명주파수에서 울리는 현악기의 현과도 같다. 상대방이 삶에서 열광하는 것이 무엇인지를 알아냈다면 그것에 관해 이야기를 꺼내라. 당신의 도움으로 그가 자신의 속마음을 털어놓을 수 있게 하라. 이것이 바로 가장 효과적으로 관계를 여는 방법이다. 이 가느다란 현을 붙잡고 당신은 이제 그의 속마음으로 쉽게 들어갈 수 있는 것이다.

어려움을 극복할 수 있도록 도와달라고 하거나 작은 부탁을 들어달라고 요청함으로써, 당신은 쉽사리 상대방의 호의를 얻을 수 있다. 그에게 어떤 것을 부탁함으로써 당신은 자신의 중요성을 버리고 그의 중요성을 높여주기 때문이다. 당신에게 그의 도움이 필요하다는 것을 알려주고, 그에게 자신의 능력을 발휘하고 중요성을 높일 기회를 제공한다면 그는 자신을 더욱 중요하게 느낄 것이다.

요청받은 일을 하고 나면 그는 당신이 근처에 있을 때는 자신이 '필요한' 사람임을 느끼게 된다. 그 때문에 당신은 틀림없이 그의 마음에 들게 될 것이다. 자기가 의미 있는 사람이라고 느끼는 것은 아주 값비싼 느낌이다. 당신이 누군가에게 그런 느낌을 느끼도록 해주었다면, 그는 평생 동안 그 고마움을 잊지 않을 것이다. 당신의 장점을 높이 평가해준 사람들을 당신은 아직도 고마움을 느끼며 기억하고 있지 않은가?

어쩌면 당신은 내가 중요성의 느낌을 너무 과장하고 있다고 생각할 수도 있을 것이다. 프레일링을 제삼자의 입장에서 바라본다면 모두가 다 공작새처럼 뽐내며 잘난 체하는 듯 보이는 게 사실이다. 그럼에도 불구하고 중요성은 사람들의 행동과 그 동기의 형성에 실제로 중요한 역할을 한다. 어떤 행동이 사람의 마음을 가장 크게 다치게 한다고 생각하는가? 무시하고, 모욕을 주고, 구타하고, 신체적 손상을 입힐 때일까? 아니다. '멸시할 때' 가장 심각한 손상을 입히게 되는 것이다.

목숨을 제외한다면 사람에게 자신의 중요성보다 더 중요한 것은 없다. 육체적인 배고픔 다음으로 가장 큰 배고픔은 권력에 대한 굶주림이다. 물론 그것은 중요성을 얻기 위한 싸움에서 가장 높고 가장 나중에 오는 단계다. 중요성을 위한 투쟁이 권력에 대한 굶주림에까지 도달한 사람들은 많지 않다. 그러나 사람이 모든 것을 다 갖고 나면 추구할 것은 권력뿐이라는 데는 동의할 수밖에 없다. 권력만큼 흥미로운 것은 없다. 그러니 당신은 이제 인간 행동과 동기의 형성에 중요성의 느낌이 어떤 역할을 하는지에 대해 스스로 결론을 내릴 수 있을 것이다.

모든 비판은 사람들의 중요성에 타격을 준다. 그것은 일종의 반反 프레일링이다. **절대로 대놓고 누구를 틀렸다고 말하지 말라.** 당신이 옳다는 것을 확신한다고 하더라도 중립을 유지하는 것이 언제나 더 유용하다. 그러면 그 사람의 중요성에 타격을 주지 않게 된다. 그리고 동시에 균형력의 작용으로부터 자신을 보호할 수 있다.

사람에게 심각하게 손상을 입히는 또 다른 방법은 그의 부정적인 슬라이드를 건드리는 것이다. 그 슬라이드는 중요성이라는 영화 필름에 속해 있는 것이라서, 그것을 건드리는 것은 그의 급소를 찌르는 것이 된다. 부정적 슬라이드는 자기 자신에 대해 뭔가를 좋아하지 않을 때 생긴다. 아시다시피 부정적 슬라이드를 가진 사람은 자기 자신으로부터는 그것을 숨기려 하고 대신 그것을 다른 사람들에게 투사하려고 한다. 하지만 한 번 시험 삼아 그것을 비난해보라. 얼마나 난폭한 반응이 돌아오는지를 알게 될 것이다. 그는 결코 누구든 다른 사람이 옳다는 것을 받아들이지 않을 것이며, 당신을 가장 큰 적으로 삼을 것이다. 그러니 남의 부정적 슬라이드는 건드리지 말고 가만 놔두는 게 좋다. 그리고 그의 머릿속에 슬라이드가 들어 있다고 설명하려 들어서는 절대 안 된다.

상대방의 프레일레에 가장 정확히 동조하는 방법은 물론 사랑하기다. 그것이 어떻게, 왜 그렇게 되는지를 설명하기는 불가능하지는 않더라도 지극히 어렵다. 사랑이란 주제는 이미 무수히 논해졌다. 상호간의 사랑을 성취하기 위해서는 소유하려는 마음을 거부해야 한다. 그리고

79

보답을 기대하지 말고 순수하게 사랑해야 한다. 사랑을 의존적인 관계로 전락시키지 않는다면 당신은 사랑을 지켜낼 수 있다. 하지만 사랑에 빠지기 위해서는 당신이 할 수 있는 일은 아무것도 없다. 이것이 사랑이란 주제에 내가 덧붙일 수 있는 말의 전부다.

지금까지 프레일링 기법을 구성하는 주요 원리를 대략적으로 설명했다. 짐작하셨듯이 인간관계를 의도에 의한 관계와 흐름을 타는 관계로 구분하는 것은 순전히 상대적인 것이다. 흐름을 타고 관계를 맺는 것을 의도의 관점에서 바라볼 수도 있고, 그 반대의 경우도 가능한 것이다. 그러나 결국 그 모두가 프레일링이다. 당신은 상대방과 같은 방향을 향하고 그가 관심을 두는 방향으로 행동하기 때문에 그의 주파수에 동조해 들어가고 있는 것이다. 그 결과 당신은 내부의도의 상투적인 방법으로는 결코 이룰 수 없는 것을 그로부터 얻게 된다.

관계의 에너지

앞서 우호적인 심상화에 대해 이야기한 적이 있다. 그것을 한 번 더 살펴보기로 하자. 누군가가 당신에게 문제를 일으키고 당신을 공격하여 화를 돋운다고 가정해보자. 혹은 반대로, 당신이 누군가에게서 뭔가를 얻어내야 한다고 가정해보라. 그런 경우 당신은 그가 걱정하고 골치를 썩이고 있는 것은 무엇인지, 필요한 것은 무엇인지를 대충 파악해야 한다. 그에게 필요한 것은 건강일까, 자기 확신일까, 아니면 영혼의 평안일까? 그가 당신에게 문제를 일으키거나 반대로 당신이 그에게 문제를 안겨주고 있다면, 그를 괴롭히고 있는 뭔가가 틀림없이 있는 것이다.

아무리 작은 것이라도 누구나 그런 것을 가지고 있다고 봐도 좋다. 이 제 그가 자기에게 필요한 것을 얻는 상황을 상상해보라.

예를 들자면, 그가 가장 좋아하는 일을 하는 모습을 상상하라. 그는 그 일을 할 때면 기분이 좋아지고 만족감을 느끼며 편안하고 즐겁다. 마음에 드는 시나리오를 떠올리려고 시간을 오래 끌 필요가 없다. 어떤 것이든 그냥 마음에 떠오르는 모습을 심상화하라. 예컨대 그가 난롯가의 안락의자에 앉아서 맥주 한 잔을 즐기고 있는 광경을 떠올려본다. 아니면 멋진 해변에서 휴가를 즐기거나 꽃이 만발한 계곡을 따라 산책하는 모습, 자전거 여행을 즐기는 모습, 기뻐서 펄쩍펄쩍 뛰는 모습 등을 그려본다. 당신이 심상 속에서 그를 '즐거워하게' 만들 수 있다면, 그는 뚜렷한 이유도 없이 당신을 좋아하기 시작할 것이다. 그는 당신의 부탁을 모두 들어주거나 경직된 상황을 누그러뜨려줄 것이다.

무슨 일이 일어난 것일까? 좋은 영화를 봤을 때와 거의 똑같은 일이 벌어진다. 여기서 말하는 좋은 영화란, 삶을 기뻐하고 축하하는 느낌을 가진 영화다. 그런 영화를 보면 가슴이 가벼워지고 영혼이 잔치를 벌이는 듯한 기분이 든다. 그래서 그런 영화는 정신과 감정의 차원에서 영혼의 잔치를 열어준다. 한편 우호적인 심상화는 에너지 차원에서 이런 잔치를 열어준다. 당신이 상대방의 프레일레에 동조하여 그에게 필요한 것을 찾아내는 데 성공하면 그는 평안의 물결을 느끼게 될 것이다.

정신적 차원의 잔치와 에너지적 차원의 잔치의 차이는 이렇다. 에너지의 잔칫상을 받을 때, 그 선물을 받는 사람은 편안함을 느끼면서도 무엇이 그렇게 만드는지를 알아차리지는 못한다. 그러나 그건 중요한 일이 아니다. 요는 그의 기분이 편안하다는 것이고, 특히 당신이 곁에 있을 때 그렇다. 그래서 그는 당신을 좋아하게 되는 것이다. 우호적인 심상화는 반드시 영혼과 마음의 열망을 하나로 합쳐서 진실하고 진지하게 해야 한다는 점을 강조하고 싶다. 타인의 행복을 진실하게 바랄 때 그 효과는 더 확실해진다.

아시다시피 사람을 매력과 카리스마가 넘치는 사람으로 만드는 것은 그에게서 흘러넘치는 자유에너지다. 사람들은 자기도 모르게 그런 사람에게서 강력한 생명력을 느끼게 된다. 그가 방사하는 에너지가 부드러운가 강한가에 따라 그의 에너지 특성은 매력적일 수도 있고 강인하게 느껴질 수도 있다. 어떤 경우든 **방사되는 기운은 자유에너지의 양, 그리고 영혼과 마음의 일치도에 비례한다.** 남아도는 자유에너지는 샘물처럼 주변으로 흘러넘치며, 주변의 사람들은 그것을 느낀다. 자유에너지는 사람의 사념에 의해 변조된다. 영혼과 마음의 열망이 서로 가까울수록 변조된 에너지도 더 순수하다. 힘 있는 사람들이 내면이 온전하고 진실한 인상을 주는 것은 다 이유가 있는 것이다.

위에서 말했듯이, **매력이란 영혼과 마음 사이의 사랑에 관련된 것이다.** 영혼이 갇혀 있던 상자에서 풀려날 때 그의 개성은 매력을 띤다. 매력, 곧 사람을 끄는 힘이란 사실 힘에 관련된 문제가 아니라 영혼과 마음의 일치에 관련된 문제다. 사람들에게 필요한 것은 바로 이것이다. 그래서 사람들은 불을 향해 달려드는 나방처럼 매력 있는 사람에게 끌려드는 것이다. 에너지 차원에서 보자면, 매력은 영혼과 마음의 일치로부터 방사되는 순수한 에너지로서 나타난다. 만일 거기다가 그 에너지 샘물의 힘이 충분히 강력하다면 그 사람은 말 그대로 비범한 매력을 발산한다. 매력적인 사람들은 영혼과 마음의 조화 속에서 산다. 즉, 자기의 신조에 따라 산다. 그의 영혼은 잔치를 벌이고 있고, 그는 삶을 즐기고 나르시시즘에 빠지지 않으면서도 자기 사랑에 흠뻑 젖어 있다. 주변 사람들이 느끼는 것은 바로 이 잔치의 분위기인 것이다.

　이런 사람은 아주 드물지만, 당신도 이런 사람이 될 수 있다. 그러려면 당신은 영혼에게 주의를 돌리고 자기를 사랑하고 자기만의 목표를 향한 길을 나서야 한다. 그러면 당신은 인격뿐만 아니라 신체도 더욱 매력을 띠게 되어, 매혹적인 미소를 가진 멋진 얼굴을 갖게 될 것이다. 당신의 목표를 향해 가는 인생트랙에서 그 섹터의 무대장치인 당신의 외모는 자신에게 만족하는 에너지 매개변수와 일치할 것이다. 이것은 믿기가 어렵겠지만 분명한 사실이다. 내 말이 믿어지지 않는다면 어두운 시절에 찍었던 자신의 사진들을 한 번 살펴보라.

　에너지 통로를 단련하고 생명력의 수준을 높임으로써 당신은 다른 사람들에게 영향을 주고 그들이 당신을 좋아하게 만드는 특별한 능력을 기르게 된다. 한 사회의 영혼과 같은 존재가 되기 위해서는 중요성을 거부하고 에너지 샘물을 활성화할 필요가 있고, 그것만으로 충분하다. 자유에너지가 넘치는 사람은 언제나 재미있고 사람을 끌어당기는 매력이 있다. 특히 그 자유에너지의 주파수가 주변 사람들의 주파수와 공명을 이룰 때 그런 현상은 두드러진다.

　당신이 동료들과 어떤 주제를 놓고 토론하고 있다고 가정하자. 당신과 대화하고 있는 사람들이 방사하는 사념의 주파수는 다소간 동일한 대상에 동조되어 있고, 그래서 말하자면 모두가 하나가 되어서 흔들리고 있는 것과 같다. 당신의 샘물을 작동시켜 당신의 에너지가 그들 위로 흘러넘치게 하라. 당신의 에너지 보호막을 인식하고, 그것이 점점 확장되어 그곳에 있는 모두를 감싸는 것을 느껴라. 그러면 당신의 말에는 상당한 비중이 실리게 될 것이다. 사람들은 당신의 생각에서 파워를 느낄 것이다.

상대방과 일대일로 대화할 때는 그에게 우호적인 심상을 마음속에 그리면 된다. 그와 동시에 당신의 에너지 샘물도 가동된다면 당신은 가장 긍정적인 인상을 심어줄 수 있을 것이다. 이 기법은 개인적인 매력과 힘이 필요할 때 아주 유용하다. 당신은 사업 협상, 면접시험, 인터뷰, 그리고 그 밖의 모든 인간관계를 성공적으로 유지할 수 있을 것이다.

우호적인 심상화는 가장 효과적이고 믿음직한 방법으로 당신을 상대방의 주파수에 동조시켜 준다. 에너지 뱀파이어는 당신의 아픈 현을 건드리거나 당신의 영혼 안으로 기어 들어와서 당신의 프레일레에 동조한다. 그에 비해 당신은 프레일레를 낚아채려고 달려들지도 않고 상대방의 에너지를 빼앗지도 않는다. 그와 반대로 당신은 상대방에게 에너지를 불어넣어준다. 그 사람은 분명히 그것을 느끼고, 당신에게 무척 고마워할 것이다.

사면장

자신에게 목표를 성취하는데 걸림돌이 되는 결점들이 있음을 안다면, 그리고 목표를 성취하는 데 필요한 지식과 기술이 없다고 느낀다면 그것을 그냥 받아들이라. 있는 그대로 당신 자신을 받아들이라. **결점을 가지는, 그리고 필요한 장점을 갖추지 않는 사치를 자신에게 허락하라.** 이것은 당신에게 큰 도움이 되며, 또한 안도감과 평정심을 가져다준다. 만일 결점과 싸우고 부족한 지식과 기술을 채우려고 애쓴다면 그것들은 결정적인 시험의 순간에 그 모습을 드러낼 것이다.

있는 그대로의 자신을 받아들이지 않으면 목표를 향해 가는 길에서 그 모습이 장애물이 되어 나타난다. 당신이 스스로 장애물을 만드는 격이다. 첫째, 죄책감과 자신이 부적합하다는 느낌은 잉여 포텐셜을 만들어낸다. 그러면 균형력이 그 상황을 더욱 악화시켜놓을 것이다. 둘째, 외부의도는 어김없이 당신의 두려움을 인식한다. 그리하여 당신이 막으려고 애쓰는 그것이 시나리오의 일부가 되어버린다. 예컨대 면접관은 꼭 당신이 두려워하는 그것을 질문할 것이다. 혹은 당신이 할 줄 모르는 것을 해보라고 요구할 것이다. 그러나 가장 중요한 것은, 당신은 결정적인 순간에 얼어붙거나 정신을 못 차린다는 사실이다.

당신의 자유에너지는 어디로 가버린 것일까? 그것은 중요성의 잉여 포텐셜을 유지하고 균형력과 싸우며 혼란 속으로 빠져들고 있는 상황을 통제하는 데 소모된다. 당신이 결점에 중요성을 많이 부여할수록 균형력의 저항은 더 거세질 것이다. 당신이 통제의 손아귀를 더 힘주어 쥘수록 멈출 줄 모르는 가능태 흐름의 압력은 더 강해질 것이다. 결국 의도 에너지는 모두 고갈되고 만다. 그런 상태에서 당신이 무슨 일을 할 수 있겠는가?

어디를 가든지 항상 새끼돼지를 한 마리 끌고 다녀야 한다고 상상해보라. 그 녀석은 틈만 나면 다른 데로 가려고 기를 쓰며 덤비고 꽥꽥거린다. 당신은 그놈이 도망을 못 가도록 붙잡고 계속 달래야 한다. 그런데 그러다가 그 녀석을 그냥 놔줘버린다고 해보자. 당신은 즉각 가벼움과 해방감을 느낄 것이다. 새끼돼지를 붙잡는데 소모되던 에너지를 이제는 완전히 당신 마음대로 쓸 수 있고, 다른 목표들 쪽으로 돌릴 수 있다.

새끼돼지의 비유는 언뜻 느껴지듯이 그렇게 엉뚱한 것은 아니다. 자신의 결점을 감추는 일도 이만큼이나 어렵다. 차라리 자신의 장점에 주목하는 편이 더 낫다. 자신의 최선의 모습을 보여주어야 할 어떤 일을 앞두고 감추고 싶은 결점들을 드러내놓고 받아들여보면 그것이 얼마나 자유롭고 편한 느낌이 드는지를 스스로 깨닫게 될 것이다. 그런 일의 예로는 면접시험이나 인터뷰, 공연, 콘테스트, 그리고 마지막으로 또 한 가지, 이성과의 만남이 있다. 내적 중요성을 내려놓으라. 자신의 결점에 대해 스스로 사면장을 주라. 그러면 마치 무거운 짐이 어깨에서 사라지는 듯한 느낌을 느낄 것이다. 잉여 포텐셜이 사라진다. 그리고 의도 에너지가 풀려난다.

결점과 싸우는 것은 내부의도의 무의미한 행위다. 이것은 유리창에 몸을 부딪는 파리나 하는 짓이다. 잉여 포텐셜을 제거하고 에너지를 풀어놓으면 당신은 큰 이득을 얻을 것이다.

"눈은 겁내고 있지만 손은 일하고 있다"는 속담이 괜히 있는 것이 아니다. 어느 편이 나을까? 의심의 제물이 되는 것? 콤플렉스 속에서 몸부림치는 것? 욕망 속에서 뒹굴면서 입맛만 다시는 것? 필사적으로 결점을 숨기는 것? 아니면 이 쓰레기들을 몽땅 벗어던지고 그저 순수한 의도로써 일하는 것? 중요성을 내려놓을 수가 없다면 상황을 통제하려는 손아귀를 풀어놓고, 걱정에 빠져 있는 대신 구체적인 행동을 취하는 쪽으로 스위치를 전환해야 한다. 그냥 뭐든 행동에 옮기기 시작하라. 어떻게 하는지는 문제가 되지 않는다. 효과적인 행동이든 별로 효과적이지 않은 것이든 아무 거나 하라. 서툴기 짝이 없는 행동을 해도 되도록 자신을 허용하라. 그렇게 행동하는 중에 중요성의 포텐셜은 흩어져버릴 것이다. 의도 에너지가 해방되고 당신의 모든 일은 잘 풀려나갈 것이다.

직업 찾기

이 장을 마무리하면서 모든 사람이 관심을 가지고 있는 실질적 문제를 하나 가지고서 프레일링을 포함한 트랜서핑의 원리를 시범으로 보여주고 싶다. 아마도 당신은 이력서를 쓰고 면접을 보는 법에 대해 다양한 정보를 접해봤을 것이다. 다음을 읽어보면 당신은 아마도 새롭고 유용한 결론을 쉽게 도출할 수 있으리라.

먼저 당신은 당신의 직업을 정해야 한다. 여기서는 자신의 목표와 문을 선택하는 방법에 전적으로 의지할 수 있으므로 그것을 반복하지는 않겠다. 단지 당신에게는 선택의 권리가 있다는 엄연한 사실만 명심하도록 하라. 당신의 잠재력은 오로지 당신 자신의 의도와, 당신이 거기에 부여한 중요성의 정도에 의해서만 제한된다. 당신의 직업을 찾을 때, 그것의 명성이나 그것을 얻는 방법이나 당신의 결점에 대해서는 생각하지 말라. 오로지 그 직업이 당신에게 정말 필요한지 아닌지 그것만을 생각하라.

당신이 선택한 직장에 당신의 자리가 없을지도 모른다고 의심하기 시작한다면, 펜듈럼이 걱정과 실망과 심지어 좌절을 위해서도 필요한 모든 환경을 마련해줄 것이다. 그것을 조심해야 한다. **당신은 선택의 권리가 있으며, 무엇이든 주문을 하면 그것은 조만간에 이루어진다는 것을 자신에게 다시금 일러줘야 한다.**

꿈에서는 의도가 즉석에서 작용하지만 물질계는 마치 타르처럼 불활성이 있으므로 그 실현에는 시간이 필요하고, 자신에게 선택의 권리가 있다는 사실에 대한 확고한 믿음과 인내가 필요하다. 음식이 늦게 나오는 레스토랑에서는 웨이터가 요리를 가져올 때까지 한참 동안 기

87

다려야 한다. 하지만 당신은 주문한 요리가 틀림없이 나올 것을 언제나 확신한다. 그래서 나는 당신에게 다음과 같은 슬라이드를 사용해보기를 권한다. ─ **당신이 선택을 내리고 있다. 무슨 직업을 가질지 결정하는 사람은 당신이다. 그러나 그것이 어디서 나타날 것인지는 당신이 고민할 문제가 아니다.** 가능태 공간에는 모든 것이 존재한다! 펜듈럼은 당신의 마음이 이와 반대로 믿게 만들려고 애쓴다. 당신이 해야 할 일은 선택하는 것뿐이다. 그런 다음엔 당신이 주문한 것을 받겠다는 확고한 의도를 가지라.

물론 기다리는 것이 불가능하다면 지금 이 순간에 주어진 것으로 만족해야만 한다. 이 점을 명확히 이해하기 바란다. 그러나 최저생계비라도 지급하는 직장을 얻었다면, 가장 좋은 것을 주문해놓고 그것이 실현되기를 가만히 기다릴 수 있을 것이다.

직업은 마음에 드는데도 뭔가 압박감과 같은 불편함이 느껴진다면, 그 일을 아주 잘 하고 있는 모습과 그 일이 커다란 만족감과 기쁨을 주는 장면의 슬라이드를 지니고 다니라. **만일 압박감이 시간이 지나도 사라지지 않는다면 그것은 영혼이 느끼는 불편한 기분이다.** 그런 경우에는 다른 선택을 시도해볼 필요가 있다.

일단 원하는 직업을 찾아냈다면 머릿속에서 '목표가 이미 이루어져 있는' 슬라이드를 상영하기 시작하라. 물론 팔짱을 끼고 가만 앉아 있지만 말고 그와 함께 요구되는 일을 하는 것이 필요하다. 그러나 이력서를 작성하고 면접을 준비하기 전에 올바른 방향으로 의도를 모을 필요가 있다.

직장에 '고용되는 것'을 목표로 하여 초점을 맞추는 것은 잘못된 것이다. 목표는 당신이 '이미 고용되어 있고 모든 상황이 완료되어 있는'

슬라이드로서 당신의 생각 속에 자리 잡고 있어야 한다. 고용될 것인가 말 것인가를 생각하기 시작하면 당신은 패배의 시나리오를 만들어낼 수밖에 없을 것이다. **전이사슬을 상기하라.** 첫째 고리는 이력서를 작성하는 것이다. 이것은 내부의도를 집중시킬 필요가 있는 일이다.

직장에 지원하기 위해 이력서를 작성할 때 당신이 할 수 있는 모든 일을 빠짐없이 적으라. 그러나 **지원하는 직무는 하나만을 지명하라.** 이렇게 해야 하는 분명한 이유가 있다. 첫째, 이것저것 아무 일이나 다 할 각오가 되어 있다고 하는 것은 자신에 대한 확신이 없음을 드러내는 꼴이 되고, 미래의 고용자가 당신을 불신하게 될 위험을 불러온다. 그는 당신을 고용해주기만 하면 아무 일에나 다 만족할 것으로 생각할 것이다. 둘째, 동시에 여러 개의 목표를 세워놓으면 당신은 자신을 얇게 펴놓은 꼴이 되어 당신의 의도는 노른자가 아니라 흰자가 되어버릴 것이다. 셋째, 스스로 너무 많은 것을 취하려고 하면 당신 주변에 잉여 포텐셜이 쌓이게 되고, 결국은 아무것도 이루지 못하게 되고 말 것이다. 당신은 선택할 수 있다. 그러나 한 번에 한 가지만 고를 수 있다. 당신도 장난감을 고를 때 인형과 보드 게임과 총기류의 특성이 결합된 것이어야 한다고 고집하지는 않는다.

당신이 어떤 사람이 되고 싶은지, 어떤 직위가 가장 어울릴지를 결정하라. 망설이지 말라. 어쨌든 자신을 위해서 일자리를 고르는 것이니까. 당신의 자리를 차지하기 위해 싸울 필요가 없다는 것을 기억하라. 당신은 선택할 권리가 있다. 당신이 선택한 직책을 지목하라. 그런 직책이 흔치 않아서 구하기 어려울 것이라는 따위의 걱정일랑 하지 말라. **가지도록 자신을 허용하기만 하면 당신은 원하는 그것을 갖게 될 것이다.** 그것이 어떻게 실현될지는 당신이 걱정할 일이 아니다. 그것은 외부의도에게 맡겨놓으라.

이력서를 작성할 때, **내부의도는 당신이 얼마나 훌륭한 전문가인지를 보여주는 데 초점을 맞추지만, 외부의도는 고용인의 요구에 초점을 맞춘다.** 차이가 느껴지는가? 물론 훌륭한 전문가는 누구나 필요로 한다. 하지만 당신이 초보 구직자라면, 고용자가 당신 같은 대단한 전문가보다 평범한 장점을 가진 사람을 선호할 때 정말 혼란을 느낄 것이다.

당신의 경쟁자는 그의 매개변수가 그 직위에 대한 고용자의 생각에 가장 잘 맞아떨어졌다는 이유만으로 당신을 물리칠 것이다. 당신도 잘 맞았다. 오히려 그보다 더 잘 맞았다! 그것이 문제다. '그보다 더 잘' 맞는 것은 '더 좋은' 것이 '좋은' 것의 적이 되는 상황을 만들어낸다. 고용자는 자기가 정해놓은 특정 매개변수에 일치하는 전문가를 뽑으려는 내부의도에 완전히 몰두해 있다. 그래서 그는 당신과 같은 열린 창문을 보지 못하고 유리창에 몸을 부딪고 있는 것이다.

당신의 마음은 고용자의 요구사항을 예측하지 못한다. 마음은 자기 생각만으로 당신을 '명품'으로 소개하지만, 시장은 다른 종류의 기준을 제시한다. 당신은 물론 과장하지는 않으면서 자신의 최선을 보여주려고 노력할 수 있으며, 또 그래야 한다. 그러나 그렇게 하는 동안 당신의 모든 생각과 동기를 고용자의 문제에다 맞추어야 한다. 자신에게 계속 물어보라. **그는 당신으로부터 무엇을 얻으려 하는가? 그에게 필요한 것은 무엇인가?** 당신이 그의 입장이 되어보라.

이것은 아주 쉽게 할 수 있다. 당신의 프로필의 공란에다가 가상 합격자의 모든 임무와 요구되는 자질을 적어본다. 그것은 많은 면에서 반복된다는 것을 알 수 있을 것이다. 이 전체적인 모둠 가운데서 당신에게 해당되는 것을 모두 고르라. 그러면 당신은 고용자가 당신의 이력서에서 보고 싶어하는 내용을 얻게 될 것이다. 그러면 당신은 이력서에 고용자가 후보자에게서 원하는 모든 것을 그대로 '베껴 적을' 수 있을 것이다. 자신에 대해 윤색할 때 **당신이 만든 문구로 자신을 표현하지 말고 실제 고용자가 사용하는 언어로 표현하라.**

자신을 지원자가 아니라 완벽한 직원의 이력서를 만들고 있는 고용자라고 상상하라. 그러면 이력서는 당신의 기준이 아닌 고용자의 기준에 부합하게 된다. 그러나 그러기 위해서는 많은 구직광고를 살펴보고, 그 광고를 올린 사람들의 입장이 되어볼 필요가 있을 것이다. 당신은 자신이 알고 있고 할 수 있는 모든 것을 적을 수 있고, 또 그래야 한다. 하지만 **고용자가 실제로 요구하는 사항들을 부각시키고 강조해야 한다.** 당신의 이력서는 고용자의 요구사항과 정확하게 화음을 이뤄야 하는 것이다.

인터넷 등에 이력서를 올리기 전에, **고용자의 입장이 되어서 당신의 프로필과 일치하는 전문가들의 이력서를 살펴보라.** 당신은 틀림없이 적지 않은 발견을 하고 큰 소득을 얻을 것이다. 직장을 구하는 대다수의 사람들은 오로지 자신의 내부의도에 이끌려 눈에 띄는 일자리에 대뜸 달려들어 이력서를 제출한다. 우선 당신이 고른 직업 분야에서 전문가라고 할 수 있는 사람들의 이력서를 찾아보라. 당신이 그 후보자들을 선택하는 사람이라고 상상하라. 그러면 당신은 당신의 경쟁자들의 장점과 단점이 모두 눈에 보이게 될 것이다. 고용자가 당신이 읽고 있는 바로 그 이력서를 읽을 때 무슨 느낌이 들지를 알 수 있다. 그리고 당신의 이력서에서 무엇을 고쳐야 할지를 알게 될 것이다.

이력서가 완성되면 그것을 여러 회사에 보낼 수 있다. 문을 쾅쾅 두드리지 말라. 문이 스스로 열리도록 허락하라. 다른 말로 바꿔서, 자신

91

을 주장하지 말고 그저 제시해야 한다. **그들이 당신을 선택하게 하라.** 예컨대 다양한 대중매체의 수단을 활용해 이력서를 널리 알리라. 당신의 욕망과 야망을 세상에다 밀어붙이지 말라. **일자리 찾기에서 벗어나 노동시장에 당신의 존재를 알리는 것으로 주의의 초점을 옮기라. 일자리가 당신을 찾을 수 있도록 최대한 허용하라.** 똑같은 이력서를 여러 곳에 보내지 말라. 당신은 자신을 존중하고 자신의 가치를 알아야 한다. 당신이 뛰어난 전문가라면 취업중개업체들에 낚시를 던져놓고 조용히 물기를 기다리라.

즉각적인 응답을 기대하지 말라. 당신이 주문한 것이 올 때까지는 오래 기다려야 할 수도 있다. 모든 것은 의도의 순수성에 달려 있다. 당신의 욕망이 활활 타오르고 있으면 균형력이 온갖 수단을 동원해서 당신의 발걸음을 방해할 것이다. 모든 희망이 사라졌을 때에야 주문한 것이 도착하는 경우가 많다. **자신이 주문한 것에 무관심할수록 그것은 더 빨리 이루어진다.** 욕망이 없으면 자유가 주어진다. 그러면 당신은 실패할까봐 걱정하는 대신 행동하고자 하는 의도에 초점을 맞출 수 있게 된다.

마침내 당신은 면접에 불려 간다. 이제 당신은 특히 당신의 의도의 방향을 면밀하게 지켜보아야 한다. 이 회사에서 일하면 당신이 무엇을 얻게 될지를 궁리하는 것은 좁은 마음의 내부의도다. **당신이 이 회사에 무엇을 해줄지에 생각의 초점을 맞추는 것은 외부의도다.** 지금은 당신의 목표 슬라이드를 벗어버릴 때다. 자기 자신으로부터 주의를 돌려 고용인의 요구에 완전히 집중해야 한다. **이제 전적으로 고용인의 내부의도에만 관심을 두어야 한다.**

홍보자료를 보고 그 회사에 관해 가능한 한 많은 것을 알아내라. 그

회사가 특별히 자부하는 것은 무엇인지, 다른 경쟁사에 비해 어떤 점을 부각시키는지를 찾아내라. 이것을 정말 확실히 파악하라. 면접 때에 이런 측면을 반드시 언급해야 한다. 다른 어떤 펜듈럼과도 마찬가지로 모든 회사는 자기만의 공명주파수가 있다. 이 주파수는 다양한 매개변수들로 특징을 띠고 있다. 이 회사의 정신을 알아내라. 그 기업 윤리는 어떤가? ― 엄정한가 아니면 자유로운가? 상하관계나 교류방식은 어떤가? ― 사무적인가 아니면 친밀한가? 인정받는 업무태도는 어떤 것인가? ― 열정과 솔선수범인가 아니면 규율과 의무감인가? 집단중심인가 아니면 개인의 창의성인가 등등. 이 모든 것들이 피고용자들을 제한하고 그들의 행동패턴을 결정하며 그들을 그 집단의 구성원으로 만들어준다. **그 회사의 정신으로 자신을 고취시킬 수 있다면 면접을 볼 때 당신은 이미 그 회사의 일원으로 여겨질 것이다.**

면접 전에 당신의 결점과 모자라는 점에 대해 스스로 사면장을 주라. 그 직장을 얻는 데 방해가 되는 결점이 있다는 것을 안다면, 어떤 중요한 기술과 지식이 부족함을 안다면 ― **그것을 그냥 받아들이라.** 있는 그대로 자신을 받아들이라. 자신에 대해 숨기고 싶어했던 모든 것을 받아들이고 평온하게 면접장소로 가라. 이상적인 고용자가 없듯이 이상적인 후보자도 없다. 그러니 내적, 외적 중요성은 버려도 된다. 자신이나 다른 누구 앞에서 당신의 행동을 정당화할 필요가 없다. 물론 이 모든 말은 결점을 개선할 필요가 전혀 없다는 뜻이 아니다. 그러나 면접을 하는 동안에는 자신의 결점을 허용해주는 것이 절대적으로 긴요하다.

면접 볼 때 긴장하는 것이 좋지 않다는 것은 누구나 다 알고 있다. 많은 사람들이 내부의도의 힘으로 긴장과 싸우려 한다. 그렇지만 고요하고 침착하다고 속으로 아무리 되뇌어도, 긴장하지 말라고 아무리 타일러도 모두 소용이 없다. 원인을 제거하지 않고서는 흥분과 긴장을 막을 방법이 없다. 긴장과 싸우다보면 마음이 마비되어서 이집트 파라오의 미라처럼 행동하게 될 수도 있다. **불안과 초조를 해소할 수 있는 유일한 방법은 미리 패배를 받아들이는 것이다.**

일자리를 얻고자 하는 욕망은 잉여 포텐셜을 만들어낸다. 성공적인 결과에 중요성을 부여하면 할수록, 그 일자리를 구하는 것이 중요하면 할수록, 가능성은 줄어들 것이다. **의도에서 욕망을 반드시 씻어내야 한다.** 당신은 '고용되기' 위해서가 아니라 '면접을 하기' 위해서 면접장에 간다. 면접을 마치기 위해서가 아니라 면접을 하기 위해서다. **목표를 향해 애쓰지 말고, 과정 자체에 집중하라.** 면접 과정을 즐겨라. 아무도 잡아먹지 않을 것이다. 당신은 잃을 게 하나도 없다. 그렇다면 긴장을 풀고 면접 과정을 즐기지 못할 이유가 없다. 그렇게 마음을 먹으라. 면접이란 당신의 모습을 최대한 보여줄 수 있는 멋진 기회가 아닌가. 그러니 그런 지극한 축복을 자신에게 베풀어주는 게 어떨까? 망칠지도 모른다는 생각은 모두 던져버려도 된다. 미리 패배를 받아들이고 나면 더 이상 잃을 것이 없다.

면접할 때 구직자의 모든 생각은 자기의 최상의 모습을 보여주는 데 집중되어 있다. 이것은 내부의도다. 어떻게 하면 자신을 가장 적합한 후보로 보여줄 수 있을까? **외부의도는 고용자의 문제에 진심어린 관심을 쏟는다.** 오직 고용자의 문제에 관심을 가질 때만 당신은 최적의 후보가 될 수 있다.

질문에 대답할 때 당신이 해야 할 일은 언제나 대화의 요지를 고용

자의 관심사의 맥락 위에다 가져오는 것이다. 그와 동시에 **질문에 대하**

여 주제를 벗어나 장황하게 말하지 말고 **명확하게 대답해야 한다.** 질문에 대해 구체적인 대답을 하지 않고 장황한 설명을 늘어놓으면 고용자는 짜증을 내게 된다. 하지만 기회만 잡히면 회사가 하고 있는 일, 회사가 자부하는 것, 회사가 직면한 문제 등의 이슈를 건드리라. 이 줄거리 위에서 이야기가 진행되게 해야 한다. **당신의 장점은 이 회사의 문제에 비추어서 보여져야 한다.** 고용자에게 그의 문제를 거론하고 당신의 전문가적 자질로써 이 문제의 해결을 어떻게 도울 수 있을지를 말하라. 그러면 이것은 외부의도가 될 것이다. **대화를 고용인의 문제 흐름 속으로 이끌어갈 수 있었다면 당신은 그 게임이 이미 당신의 시나리오를 따라 펼쳐지고 있다고 생각해도 좋다.**

마지막으로, 만일 그 직장을 구하는 데 성공하지 못한다면 그 직장은 당신의 것이 아니라는 뜻이다. 당신은 나중에 골칫거리가 될 그곳을 운 좋게 쉽게 피해왔는지도 모른다. 마음을 고요히 가라앉히고 당신의 일자리가 나타나기를 기다리라. 그러면 얻게 될 것이다. 그러나 만일 당신이 '다른 누군가의 일자리'를 얻었다면 문제가 기다리고 있을 것이다. 그러니 자기 자신의 일자리를 찾는 편이 더 낫다. 어떻게 찾는지는 당신이 이미 알고 있다. 직장에 대한 생각들이 당신의 영혼에 조금이라도 불편을 주어서는 안 된다. 휴가를 가듯 일터로 나가라.

요약

- 당신의 목표를 성취하기 위해 다른 이들의 내부의도를 이용하라.
- 내부의도의 밑바닥에는 개인의 중요성의 느낌이 깔려 있다.
- 상대방을 변화시키려들지 말라.

  하지만 당신 자신 또한 바꾸려들지 말아야 한다.
- 격의 없이 자연스럽게 행동하려면 당신의 주의를 상대방에게로 돌리라.
- 상대방의 중요성을 높여주는 게임을 하라.
- 주의를 끌려면 주변 사람들에게 관심을 보이는 것만으로 충분하다.
- 대인교제에서 사람들은 당신이 얼마나 흥미로운 사람인가보다는

  자신의 중요성을 실현시키기에 당신이 얼마나 적합한가를 더 높이 산다.
- 사람들에게 관심을 보일 때, 진실하게 하라.
- 외부의도는 상대방의 내부의도를 실현시켜준다.
- 받고자 하는 의도를 거부하고 그것을 주고자 하는 의도로 바꾸라.
- 그 결과로 당신은 스스로 사양했던 것을 얻는다.
- 논쟁과 비판 — 그것은 가능태의 흐름을 거슬러 싸우는 마음이다.
- 타인의 중요성에 타격을 주는 행위를 멈추라.
- 대화를 시작할 때, 상대방의 흐름과 같은 방향을 향하도록

  당신의 방향을 맞추라.
- 자신의 결점을 방어하지 말고 의식적으로 받아들이라.
- 다른 이의 옳음을 증언하는 목격자의 역할을 맡으라.

- 진정한 호감의 표현은 상대방의 보호 장막을 벗겨낸다.
- 작은 호의를 부탁하는 것은 그 사람이 당신을 좋아하게 만들어준다.
- 우호적인 심상화는 상대에게 에너지 차원의 위로를 준다.
- 개인의 영향력은 자유에너지의 양에 비례한다.
- 매력이란 그 사람의 영혼과 마음 간의 사랑이다.
- 결점을 가지는, 그리고 필요한 장점을 갖추지 않는 사치를
  자신에게 허락하라.
- 내적 중요성의 잉여 포텐셜은 행동하는 가운데 흩어진다.

제3장 조율

목표를 이루기 위해서 자기를 과신하고 강해져야 할 필요는 전혀 없다. 그보다 훨씬 더 효과적인 다른 방법이 있다. 조율은 당신으로 하여금 언제나 행운의 편에 있게 해주는 간단한 사고방식이요 행동방식이다. 그것은 자전거타기를 배우는 것과 같다. 그 방법을 터득하기만 하면 삶은 즐거운 놀이로 바뀔 것이다.

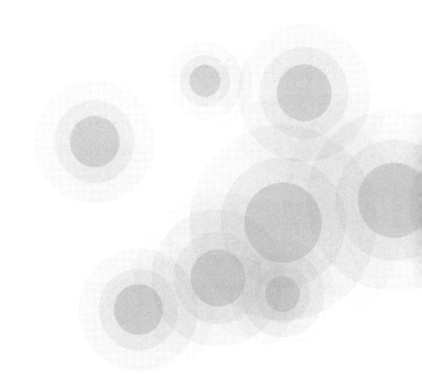

나는 원하지도, 기대하지도 않고, 다만 의도한다

불안의 미궁

올바른 문을 통해 자신의 목표를 향해 가고 있다면 당신 자신 외에는
아무도, 아무것도 그 길을 가로막지 못한다. 좀더 구체적으로 말해서,
당신의 목표가 이루어지지 못하게 가로막는 유일한 것은 믿음의 부족
과 불안이다. 이 둘은 같은 성질을 갖고 있다. 그것은 내부의도가 효율
을 발휘하지 못하게 만들거나 외부의도가 작동하지 못하게 만든다.

불안할 때는 무슨 짓을 해도 모두 엉망이 된다. 잘 하려는 욕망이 주
는 스트레스가 높아질수록 결과는 더욱 엉망이 된다. 자신의 능력에 대
한 믿음 부족에다 과대평가된 외부 문제의 심각성까지 더해지면 경직
내지는 멍한 상태에 빠지게 된다. 자신을 온통 압박하여 쥐어짜는 것이
멍한 상태를 불러온다. 목표에 부여된 외적 중요성은 그것을 이루고자
하는 불만에 찬 욕망을 일으킨다. 내적 중요성은 자신의 능력을 스스로
의심하게 만든다. 이 모든 것이 합쳐져서 불안으로 귀결된다.

불안해지면 사람은 목표를 이루려는 노력으로서 내부의도의 손아귀

를 안간힘으로 움켜쥔다. 균형력의 작용은 제쳐놓더라도, 그런 안간힘의 결과는 의도했던 바와는 정반대의 것으로 나타나고 만다. 에너지는 여러 가지의 잉여 포텐셜을 동시에 유지하는 데에 모두 소모되어버린다. 얼마나 많은지 보자. ― 내적, 외적 중요성, 불만에 찬 욕망, 자신과 상황을 통제하려는 몸부림. 이 모든 것을 유지하기에는 자유에너지가 턱없이 모자란다. 그래서 당신은 무엇에 압박받는 것처럼 소극적인 기분에 빠져서 바보처럼 어설프게 행동한다.

이것이 꼼짝도 못하고 그럴 듯한 말 한 마디도 못하는 멍한 상태에 빠지게 되는 경위다. 마치 의도가 바이스 같은 것에 꽉 물려서 꼼짝 못하는 것처럼 느껴지기도 한다. 그러나 그 실상은, 의도가 아예 존재하지도 않는다는 것이다. 의도의 모든 에너지는 잉여 포텐셜을 유지하는 데로 빠져버렸다. 초조와 경계심의 형태를 띤 불안은 그대로 펜듈럼의 밥이 된다. 경계심은 다음 형태의 증세에 의해 생겨난다. ― "만약 ……면 어쩌지?" 불안에 빠져 있을 때의 증세는 대개 비관적인 종류다. 그러면 곧장 에너지는 머릿속의 부정적 시나리오를 상영하고, 그 때문에 근심하는 일에 모두 보내진다. 의도 에너지도 여기에 소모된다. 하지만 여기서 의도 에너지가 헛되이 소모된다는 사실 자체보다는 그것이 쓰이는 용처가 더 끔찍하다. ― 근심, 경계심, 두려움. 이것들은 최악의 두려움을 만들어내는 강력한 발전기다. 그리고 아시다시피, 가장 두려워하는 것은 그대로 이루어진다.

불안을 번성시키는 또 다른 근원은 죄책감이다. 이것은 열등감, 부족감, 단점과 함께 어울려서 꽃을 활짝 피운다. 이런 지경에서 무슨 자신감이 있을 수 있겠는가! 죄책감과, 그와 관련된 모든 것은 에너지 통로를 좁아지게 만든다. 그러면 건성으로, 비효율적으로 쓸모없이 행동할 의도 에너지밖에는 남지 않는다. 게다가 죄책감에 잘 빠지면 당신을 조종하려는 자들이 마치 전깃불 주위의 나방처럼 무수히 당신 주위에 꼬여든다. 당신의 약점을 냄새 맡은 그들은 당신의 비용으로 자신을 내세우면서 무방비상태인 당신의 에너지를 좋아라고 빨아댈 것이다. 그들은 끊임없이 당신의 죄책감을 가지고 놀고, 당신은 자신을 합리화하느라 하염없이 설명하고 둘러대지만 결국은 불안감만 더욱 가중될 뿐이다.

불안은 악순환을 만들어낸다. 중요성과 욕망이 커질수록 불안도 더 커진다. 자신을 통제하려 들면 들수록 점점 더 경직된다. 초조와 경계심이 커질수록 그것은 더 빨리 현실로 보장된다. 죄책감은 결국 한 사람의 삶을 가엾고 비참한 패배자로 전락시킨다.

이 미궁에서 빠져나오기 위해 그는 온갖 수단을 다 써서 자신감을 얻으려고 발버둥 친다. 그중 한 방법은 세상에 정면으로 공격을 가하는 것이다. 공격을 하는 동안 그는 자신의 힘을 보여주는 한편 불안은 의도된 조작으로써 감추려고 한다. 그는 결단과 밀어붙이기로 세상에 힘을 미침으로써 자신감의 벽을 세우려고 하고 있다. 이것은 매우 많은 에너지가 소요되는 방법임에도 불구하고 자신감의 벽은 계속 허물어질 것이다. 강력한 영향력의 에너지는 잉여 포텐셜을 만들어내고 가능태의 흐름을 거스르는 데에 쓰인다. 어쨌든 그는 조만간에 패배를 겪고 다시금 자신감의 벽을 세우기 위해 싸워야 할 것이다.

자신감을 기르는 다른 방법은 자신감을 세우기 위한 토대를 구축하지 않고, 모든 것을 위태로운 상태로 내버려두는 것이다. 자기 과신은 단지 내면으로 방향을 바꾼 소심함일 뿐이다. 아무것도 없는 허공에 뭔가가 있는 것처럼 보인다. 아무런 근거도 없이 자신감만 가지고 있으면 잉여 포텐셜이 일어난다. 그러나 그것은 단지 포텐셜의 문제만이 아니다. 자기를 과신하는 행위는 타인의 이익을 해친다는 사실도 문제다. 상상해보라. — 한 사람이 사막 한가운데에 서서 외친다. "온 세상이 나의 발아래 있도다." 그에게는 좋은 일이다. 그가 아무리 그렇게 외쳐도 그것은 아무에게도 괴로움을 끼치지 않으므로 균형력도 그를 거들떠보지 않는다. 그러나 근거 없는 자신감이 타인의 포텐셜과 비교되기에 이르면 당신은 의존관계에 얽혀들게 된다. 자신을 타인과 비교하는 데서 오는 자신감은 아주 전형적인 잉여 포텐셜이다. 특히 그 자신감이 다른 사람들을 향한 경멸이나 오만한 태도에서 나오는 것이라면 말이다. 이런 종류의 그릇된 자신감은 조만간에 큰 봉변을 당하는 벌을 받게 될 것이다.

의기양양한 자신감도 있다. 이것은 소심하던 사람이 갑자기 자신감을 얻어서 흥분한 상태에서 나온다. 이것 또한 일시적인 감정적 고양에서 비롯되는 그릇된 자신감으로서, 결코 오래 가지 않는다.

어떻게 하면 진정한 자신감을 얻을 수 있을까? 불안과 싸우는 것이 부질없는 짓임은 당신도 알고 있다. 그것은 거짓 용기의 가면 뒤에 감춰둘 수가 없다. 아무리 애써도 그것은 감출 수가 없고 오히려 용기를 지어내는 데에 쓰인 에너지는 당신에게 해롭게만 작용해올 것이다. 자신감을 가지도록 자신을 닦달하는 것도 부질없는 짓이다. 실제로 그런 성질이 없으면서 자신을 용기 있고 결단성 있는 사람으로 만들려는 것은 전혀 의미 없는 일이다. 억지로 자신을 만회하려는 것도 가능한 일이 아니다. 아시다시피, 의도 에너지는 속박되어 있는 것이 아니라 통제의 손아귀를 움켜쥐는 데에 소모되고 있는 것일 뿐이다. 그래서 당신이 행동할 수 있게 해줄 에너지가 남아 있지 않은 것이다.

다른 방법으로 자신감을 기르려고 애쓰는 것도 헛수고다. 자신감은 단호한 행동을 통해 길러지는 것처럼 보일 수도 있다. 사실 사람이 싸우기를 멈추고 행동하기 시작하면 의도 에너지는 쥐었던 손을 놓고 잉여 포텐셜로부터 행동을 실현하는 데로 옮겨간다. 그래서 결국 당신은 '악마가 그림처럼 시커멓지는 않다' 는 사실을 깨닫는다. 왜냐하면 행동을 개시하기만 하면 상황은 처음에 느꼈던 것만큼 위협적이지 않기 때문이다. 그러나 **자신감은 행동에 의해 길러지는 것이 아니다. ― 자신감이란 해방된 의도 에너지다.** 자신감은 기를 수 있는 것이 아니다. 그것은 에너지와 같아서 있으면 있고 없으면 없는 것이다.

자기암시로써는 믿음을 얻을 수 없는 것과 마찬가지로 자신감도 얻을 수 없다. 자신감이 생긴다는 확언을 계속 반복하다가는 결국 제풀에 지쳐버리고 말 것이다. 그것은 순진하고도 부질없는 짓이다. 그것은 병의 원인은 제거하지 않고 증상만 붙들고 씨름하는 것과도 같다. 불안을 붙들고 무슨 짓을 하더라도 그것은 어디로 가지 않을 것이다. 자신감을 얻으려고 아무리 애써도 얻지 못할 것이다. 늘 자신감의 물결을 타고 있게끔 그런 사념을 전송하는 것도 소용없을 것이다. 아침마다 자신에게 이렇게 말할 수도 있다. "그래, 난 자신 있어. 아무것도 나의 자신감을 흔들지 못해. 난 바위처럼 단단하니까." 한 번 해보라. 어떻게 되는지를 스스로 확인하게 될 것이다. 잠시 동안 당신은 실제로 자신감을 느낀다. 그리고 그것은 당신을 더욱 자신감 있고 행복해지게 한다. 하지만 곧 펜듈럼이 끼어들어 비열한 도발을 가해오면 당신은 자기도 모르는 사이에 자신감의 물결로부터 곤두박질쳐 떨어질 것이다. 당신은 또다시 짜증나고 우울해진다. 다시 당신을 괴롭히는 문제가 생기고, 당신은 또다시 치를 떨며 두려워한다. 터널 끝의 빛을 보았나, 했는데 어느새 또다시 막다른 골목에 서 있다.

그러면 이 복잡한 미궁을 어떻게 빠져나올 수 있을까? 빠져나올 수 없다. 이 미로에는 탈출구가 없다. **이 미궁의 비밀은, 탈출구 찾기를 멈추고 중요성을 거부하기만 하면 그 벽이 무너져 내린다는 데에 있다.** 불안을 일으키는 원인은 두 가지 그룹으로 나눌 수 있다. 첫째는 내부적 원인으로서, 그중 하나는 자신의 성질에 지나치게 집착하는 것이다. 자신이 어떤 결점을 가졌고 어떤 덕목이 모자란다는 이유로 자신에 불만족하는 것과 같은 감정, 다른 사람에 비해 열등감을 느끼는 것, 부끄러워하는 것, 패배하거나 웃음거리가 될까봐 두려워하는 것 등등 말이다. 두 번째 그룹은 외부적 원인으로서, 외적 요인들을 지나치게 과대평가하는 것과 관련된다. 그 결과 내적으로 느끼는 부족함과 외부로부터 오는 수준 높은 요구 사이의 불일치, 외부적인 요인들 앞에서·느끼는 두려움, 대도시 한복판에 선 소인小人이 된 것 같은 위축감, 그리고 마지막으로, 주변 현실 앞에서 느끼는 평소의 두려움 등에 대한 근거 없는 걱정이 생겨난다.

역설은 여기에 있다. ― **자신감을 얻으려면 그것을 거부해야 한다.** 미궁의 벽은 중요성으로 이루어져 있다. 당신은 불안을 없애고 자신감을 얻으려고 미궁 속을 돌아다닌다. 그러나 자신감은 가공의 것이다. 그것 또한 펜듈럼의 발명품으로, 중요성을 노리는 함정, 가짜 신기루다. 자신감은 펜듈럼의 게임이다. 그 게임에서는 언제나 펜듈럼이 이긴다. 믿음이 있는 곳에는 언제나 의심의 자리도 있다. 자신감이 있는 곳에는 우유부단함과 망설임이 있는 것과 마찬가지로 말이다. 자신감은 성공에 대한 일종의 믿음이다. 모든 시나리오는 그것의 부정적 변형판을 포함하고 있을 수 있어서, 그 약간의 변형도 자신감의 벽을 하루아침에 무너뜨려 놓을 수 있다.

자신감이라는 개념은 잉여 포텐셜과 의존관계로부터 비롯된다. 자신감이라는 주제와 관련된 모든 것은 이런 식이다. — "나는 결단을 내렸다. 난 절벽처럼 확고하고 결연하다. 나는 매사에 누구보다도 더 낫다. 아무도 날 막지 못한다. 나는 모든 장애물을 극복해낸다. 나는 다른 사람들보다 더 강하고 용감하다." 등등.

자신감은 일시적인 잉여 포텐셜에 지나지 않는다. 이것이 그것의 실상이다. 아무리 그럴 듯하게 포장해봐도 자신감은 여전히 한갓 잉여 포텐셜에 지나지 않는다. 자제심조차도 한갓 일시적인 긴장의 집중에 지나지 않는다. 사실 자신감은 반대 극성을 띠고 있는 불안이다. 양쪽의 포텐셜이 모두 에너지를 필요로 한다. 그리고 첫 번째 포텐셜은 균형력에 의해 불가피하게 파괴될 것이다. 그러므로 자신감을 쫓아다니는 것은 미래의 언젠가에 있는 것처럼 보이는 환영 속의 행복을 좇는 것만큼이나 소용없는 짓이다.

이리하여 우리는 방금 또 하나의 그릇된 고정관념을 파괴했다. 하지만 자신감이 없으면 어떻게 살아가란 말인가? 트랜서핑은 그 대신 또 하나의 대안 — '조율'을 제공한다. 조율이 무엇인지는 다음에서 알게 될 것이다.

중요성의 조율

자신감은 대체 왜 필요한 것일까? 그것은 당신이 세상에서 자신의 자리를 과감하게 차지하게 하기 위해서 필요하다. 펜듈럼은 우리에게 한

가지 흔들리지 않는 가정을 강요했다. ─ "쉽게 얻을 수 있는 것은 없다." 당신의 방식으로 무엇을 갖고자 한다면 싸우고 고집하고 요구하고 경쟁자를 물리치고 길을 헤치며 나가야 한다. 그리고 과감하게 행동하려면 자신감이 있어야 한다.

아시다시피, 싸움과 경쟁의 길만이 유일한 길이 아니다. 펜듈럼의 시나리오를 거부하면 당신의 것을 주장할 필요도 없이 조용히 가질 수 있다. 싸울 필요도 전혀 없다. 가지겠다는 결정만 있으면 된다. 당신의 선택의 자유는 펜듈럼에게는 치명적인 일격이다. 모든 사람이 자신의 것을 싸우지도 않고 그저 가져간다면, 다시 말해서 장애물을 만들어내고, 그것을 극복하느라고 에너지를 소비하지도 않는다면 펜듈럼에게는 남는 것이 없다. 펜듈럼이 없는 우리의 세계란 상상하기도 힘들지만, 펜듈럼이 강요하는 거짓 고정관념들은 예컨대 운동의 법칙처럼 확고하지 않다. **깨어 있는 의식과 의도를 지니고 있으면 펜듈럼의 게임을 무시해버리고 싸우지도 않고 당신의 것을 가질 수 있다. 그리고 자유를 얻어 싸울 필요가 없게 되면 자신감은 쓸 데가 없다.**

자신감의 근원은 중요성, 이 하나뿐이다. 자신감은 극성만 반대인 불안의 포텐셜이다. 양쪽 포텐셜이 모두 같은 뿌리를 가지고 있다. ─ '외부요인과 환경에 대한 의존' 말이다. 그러니 우리는 다음 그림을 얻는다. 한 펜듈럼이 한 사람을 줄에다 묶어서 꼭두각시 인형처럼 자신의 길로 끌고 가고 있다. 사람은 자기가 자신의 길을 선택할 수도 없을 뿐만 아니라 혼자서 움직일 수도 없다고 생각한다. 줄이 안정되어 있으면 그는 엄마 손을 잡고 가는 아이처럼 자신 있게 걷는다. 그러나 줄이 약해져서 불안하게 삐거덕거리면 그는 금방 불안해져서 줄을 팽팽히 당기려고 한다.

그를 붙들고 있는 것은 펜듈럼이 아니다. 그것은 중요성의 줄을 놓지 않으려는 그 자신이다. **그는 줄을 놓기를 겁낸다. 왜냐하면 그는 자신감과 지지받는 느낌이라는 환영을 만들어내는 '의존의 주술'에 사로잡혀 있기 때문이다.** 아이는 결국 어머니의 손을 놓고 혼자서 걷기 시작한다. 어머니는 그에게 그렇게 하도록 용기를 부추겨준다. 이와는 반대로 펜듈럼은 그가 혼자서는 자신의 길을 선택하지도 못하고 줄이 없이는 혼자서 움직일 수도 없다고 믿게 만들려고 갖은 수를 다 쓴다. 그럼에도 착각을 떨쳐내고 중요성의 줄을 놓으면, 그는 가고 싶은 곳은 어디든 갈 수 있고 자신의 목표를 쟁취하지 않고 그저 '선택'할 수 있게 될 것이다.

자유를 얻은 사람에게는 더 이상 자신감의 도움이라는 환상이 필요 없다. 그에게 필요한 것은 오직 떨어지지 않게 해주는 조율뿐이다. 펜듈럼의 손아귀 안에 있는 인간은 줄을 잡고 있을 때 느끼는 안정감과 지지받는 느낌에 익숙해져 있다. 그러나 이렇게 함으로써 그는 이 가짜 안전망 속에 무력하게 매달린 채 계속 균형을 잃음으로써 펜듈럼에게 에너지를 바치고 있다. 줄을 놓아버리고 나면 균형을 유지하기 위해 그가 해야 할 일은 오직 중요성으로써 새로운 잉여 포텐셜을 만들어내지 않도록 하는 것뿐이다.

자신감의 도움은 더 이상 필요 없다. 왜냐하면 중요성이 없으니 지키거나 정복해야 할 것도 없기 때문이다. 나는 두려워하거나 근심해야 할 것이 아무것도 없다. 나에게 중요한 것이 아무것도 없으면 내 세계의 층은 잉여 포텐셜 때문에 왜곡되지 않는다. 나는 싸우기를 거부하고 흐름을 따라 움직여간다. 그러니 나에게는 갈고리를 걸 만한 데가 없다. 하지만 그것은 내가 허공에 붕 떠 있다는 뜻이 아니다. 이제는 원하기만 한다면 선택의 자유를 누릴 수 있다. 나는 싸울 필요가 없다. 나는 그저 고요히 가서 내 것을 가진다. 이것은 더 이상 불확실한 자신감이 아니라 침착하고 의식적인 '조율'이다.

고요한 마음은 어디서 올까? 내적 중요성이 없으면 무엇을 누구에게 증명할 필요가 없어지므로 마음의 고요를 느끼게 되는 것이다. 자신이 중요한 사람이라고 느끼면 그것을 사람들 앞에 보여주고 싶은 욕망이 일어난다. 그래서 잉여 포텐셜이 만들어진다. 그러면 그 중요성의 신화를 파괴하기 위해 균형력이 나설 것이고, 당신의 자신감을 시험하는 사건들이 끊임없이 일어나게 될 것이다.

자신이 부족하다는 느낌이 조금이라도 있으면 그 또한 그로 하여금 중요성을 키우고 내세우려고 몸부림치게끔 부추긴다. 자신에게나 남들에게 뭔가를 보여주고자 하는 욕망을 거부하고 부족한 느낌을 그저 하나의 사실로서 받아들이라. 자신의 개인적 중요성을 위해 싸우기로 선택한다면 당신은 평생을 거기에 바치게 될 것이다. 반면에 싸움을 거부하면 그 즉시 당신은 자신의 의미를 찾을 것이다.

불안은 무엇보다도 자기 비하와 관련된 것이다. 어떻게 하면 자신을 높이 평가받을 수 있을까? 내가 당신으로 하여금 자신이 생각보다 훨씬 더 훌륭한 존재임을 믿으라고 부추길 것 같은가? 많은 심리학자들이 깊이 생각해보지도 않고 바로 이런 짓을 한다. 그것은 사실이긴 하다. 다른 사람들이 생각하는 당신은 당신이 스스로 생각하는 자신에 정확히 비례한다. 당신의 자신에 대한 견해를 스스로 의심하지 않는 한은 말이다. 자신을 속이지 않고 자신의 높은 의미를 받아들이면 그 즉시 다른 사람들도 그에 동의할 것이다. 단지 한 가지 문제가 있다. ─ 자신을 확신시키는 것이 그리 쉬운 일은 아니라는 점이다. 당신도 직접 해볼 수 있다. 당신이 자신을 비하하고 있다면 자신이 훌륭한 사람이라고 믿게 만들 수는 없을 것이다. 자신을 아무리 설득해도 결코 자신이 실제로 그처럼 훌륭하다고 확신하게 되지는 않는다. 훌륭한 품성은 어디 있단 말인가? 하지만 결점은? ― 가는 데마다 늘 있다.

그러니 나는 당신에게 자신의 훌륭한 품성을 믿고 자신을 높이 평가하라고 부추기는 것이 아니다. 그렇게 하면 당신은 결국 자신감을 얻든가, 아니면 더욱 낙심할 것이다. **나는 자신의 의미를 높이기 위한 싸움을 거부하기를 권한다.** 자신을 믿을 필요도, 설득할 필요도 없다. 그저 싸우기를 거부하고, 그러면 어떻게 되는지를 보라. 그러면 이렇게 된다. ― 주변사람들이 당신을 더 존경심을 가지고 대하게 된다. 그들의 눈에는 당신의 의미가 더욱 커져 보이거나 하는 듯이 말이다. 이 사실을 깨닫는 즉시 자신을 믿거나 설득할 필요는 전혀 없어져 버린다. 당신은 그저 '알게' 될 것이다.

이 역설은 어김없이 작용한다. 의미를 찾기 위한 몸부림은 당신에게서 자유에너지를 뺏어가서, 그것을 가능태의 흐름을 거스르고 잉여 포텐셜을 만들어내는 데에 소모되게 한다. 그러면 그것이 균형력의 바람을 일으킨다. 이 모든 것이 합쳐져서 얽힌 실타래를 더욱 꼬이게 만들어 온갖 불상사를 초래한다. 당신은 그것을 풀어내지 못할 것이다. 그저 자신의 의미를 높이기 위한 몸부림을 멈추라. 그러면 남는 일이란 오직 그 결과에 놀라고 행복해할 일뿐이다. 그럴 때 당신은 눈앞에서 당신의 의미가 저절로 커지는 것을 목격할 것이다. 자기 평가가 높아지고 다른 모든 사람들도 그에 동의할 것이다.

자기 평가를 억지로 높이려고 애쓰는 것만큼이나, 죄책감을 쫓아내려고 애쓰는 것도 부질없는 일이다. 당신이 죄책감을 잘 느끼는 편이라면 그것을 쫓아내거나 무마하는 것은 절대 불가능할 것이다. 어떻게 해야 할까? 자기 비하에 대해서 했던 것과 똑같이 하면 된다. — **더 이상 사람들 앞에서 자신을 정당화하려고 애쓰지 말라.** 정말 자신의 행동을 설명할 필요가 있는 최악의 경우에만 자신을 변호해야 한다. 당신이 상대방에게 해를 끼치지 않은 한 어느 누구도 당신의 행위를 심판할 권리가 없다는 점을 기억하라. 사람들 앞에서 자신을 단죄하지도 말고 방어하지도 말라. 조종자가 허공 속으로 헛발질하게 하라. 흥분하지 말고 조용히 재판정을 떠나라. 그곳에 모인 자들은 남들의 죄책감으로부터 이득을 얻어내는 데 익숙해 있는 자들이다. 그들을 빈손으로 돌려보내라. 만일 당신이 매우 심각한 죄책감을 지고 사는 사람이라면 심지어 양심을 약간 억눌러도 괜찮다. **당신의 의미를 남들의 판단에 맡기지 말라.** 오직 이렇게 함으로써만, 그리고 내면의 몸부림을 그침으로써만 죄책감을 없앨 수 있다. 죄책감이 연기처럼 저절로 사라져버리는 것을 직접 목격할 수 있을 것이다.

그리하여 자신의 의미를 높이려고도, 자신을 정당화하려고도 몸부림치지 않음으로써 당신은 내적 중요성의 상당 부분을 감쇄시킬 것이다. 자신의 의미 높이기와 죄책감에 빠지는 것이 내적 중요성이 보여주는 주요 증상이다. 다른 모든 잉여 포텐셜은 이 두 가지로부터 파생된다. 지킬 것이 남아 있지 않으므로 당신은 더 이상 지킬 필요가 없다. 기선을 제압하기 위해 상대방을 공격할 필요도 없다. 멋진 속담이 있다. — "상대방을 위협하지 않는 한 나도 겁낼 것이 없다."

마찬가지로 외부 대상들의 중요성을 떨어뜨리면 그것들도 더 이상 그 의미로써 당신을 좌지우지하지 못할 것이다. 두 가지의 가장 강력한 외적 중요성이 있다. — 문제의 어려움과 불확실성이 그것이다. 이 두

가지가 다 걱정과 초조의 강력한 포텐셜을 일으킨다. 사람은 늘 뭔가를 걱정하고 있다. 불안한 사람은 문제의 무게 앞에 굴복하여 어떻게든 그 짐을 끌고 다니는 편을 택한다. 강한 사람은 어려움을 힘과 결단력으로 극복하려고 애쓴다. 그들은 자신감의 잉여 포텐셜로써 어려움의 벽을 부수고 요새를 공략한다.

불안과 자신감은 둘 다 에너지를 많이 소모한다. 전자의 경우, 에너지는 대부분 걱정하면서 초조해하는 데에 소모된다. 그리고 후자의 경우에는 힘으로 장애물을 극복하는 데에 소모된다. 이 두 가지가 가장 널리 애용되는 외부세계와의 작용 방식이다. 하지만 그보다 훨씬 더 쉬운 방법이 있다. **외적 중요성을 내려놓고 가능태의 흐름과 싸우기를 그만두기만 하면 장애물은 저절로 제거된다.** 이럴진대 자신감이 무슨 소용이 있겠는가? 이제 당신은 시나리오 자체를 통제하려드는 대신 중요성의 수위를 의식적으로 제어하면서 흐름을 타고 가기 위해 조율만 잘하면 된다. 온갖 잉여 포텐셜을 유지하는 데 소모되었던 에너지가 이제는 단지 균형을 유지하며 흐름 위에서 순수한 의도의 노 젓기를 조금 보태는 데에만 쓰인다.

물론 아무리 그래도 단칼에 중요성을 완전히 거부해버릴 수는 없을 것이다. 중요성과 싸울 필요는 없다. 그저 손아귀에서 힘을 빼고 근심의 에너지를 행동의 에너지로 전환시키라. **자신을 강요하거나 주장하려 들지 말고 할 수 있는 어떤 방법으로든 행동하기 시작하라.** 잉여 포텐셜의 에너지는 당신의 행위 속에서 녹아 없어질 것이다. 의도 에너지가 풀려나서 어려운 문제들이 간단한 해결책으로 바뀔 것이다.

미지에 대한 두려움은 자기암시나 맹신이나 거짓 자신감으로써 다룰 수가 없다. 목표를 이룰 방법에 대해서는 고민하지 말라고 누누이 강조해온 것을 기억할 것이다. 완벽한 성공을 상상하기가 힘들듯이 이루기 힘든 목표가 이루어진 것을 상상할 수도 없다. 이런 헛된 노력을 그만두라. 믿음으로는 아무것도 이루지 못한다. 일시적으로 얻은 자신감도 이내 사라질 것이다.

믿음도 자신감도 필요 없다. 그 대신 필요한 것은 '조율'이다. **조율이란 마치 목표가 이미 이루어진 양 목표를 생각하는 데서 기쁨을 얻는 것이다. 시나리오를 통제하려는 힘을 빼고 가능태의 흐름을 타고 가면서 순수한 의도의 노가 슬슬 저어지도록 하는 것이다.** 이런 태도는 성공에 대한 믿음 따위와는 아무런 관계도 없다. 맹신을 포함해서 믿음이 있는 곳에는 언제나 의심의 여지가 있다. 당신의 눈을 멀게 하는 것은 지나치게 강요된 중요성의 포텐셜이다. **흐름을 따라서 의식적으로 움직여 가면 별다른 노력 없이도 만사가 제자리에 착착 들어맞는다.**

조율의 원리에 따라 행동하면 이전에 믿으려고 애쓰다 실패한 것, 불확실성으로써 당신을 위협하던 것들이 곧 저쪽 모퉁이에서 모습을 드러낼 것이다. 사실을 대면하면 마음에는 의심이 사라진다. 그러면 믿음은 앎으로 변하고 미지에 대한 두려움은 자신의 힘을 느끼는 기쁨으로 변한다. 중요한 것은 중요성을 떨어뜨리고 시나리오를 통제하려는 힘을 빼는 것이다. 어떤 문제가 얼마나 어려울지를 결정하는 것은 당신이라는 사실을 깨닫는 것이 중요하다. 그러면 시나리오의 변화는 당신에게 유리하게 전개될 것이다. 당신이 그렇게 되도록 허락하기만 한다면 말이다.

그리고 영혼과 마음이 일치하면 마침내 완전한 조율이 이루어질 것이다. 의식 차원에서는 자신감을 느끼지만 잠재의식 차원에는 의기소침한 의심의 바이러스가 도사리고 있다면 조율은 흐트러진다. **영혼과**

마음의 일치를 이루려면 가슴의 소망에 귀를 기울이면서 자신의 신조대로 살기만 하면 된다. 영혼의 목소리에 왜 귀를 기울여야 하는지, 그리고 어떻게 하는지에 대해서는 이미 충분히 설명했다. 자기의 신조대로 산다는 것은 나 자신을 사랑하고, 있는 그대로의 나 자신을 받아들이며 죄책감에 시달리지 않고 마음과 가슴의 소망에 따라 거침없이 행동하는 것을 뜻한다.

자신을 스스로 낮게 평가하고 영혼과 마음이 일치하지 않으면 신조가 흐려진다. 자신의 신조대로 산다는 것은 멋진 일이다. 당신도 그것을 안다. 하지만 그보다도 더 멋진 일은, 그것을 만들어 내거나 바꾸려고 몸부림칠 필요가 없다는 사실이다. 물론 많은 사람들이 실제로 이렇게 하려고 애쓴다. ― 대리석을 쪼아 조각상을 드러내듯이 자신의 신조를 조각해내려고 말이다. 이것은 쓸데없는 자기 분석과 정신적 고문과 흔들림 외에는 아무것도 가져다주지 못한다. 신조는 만들어내어지지 않는다. 신조는 강력한 의지에 의한 행위나 몸부림의 산물이 아니다. 당신은 이미 신조를 지니고 있다. 단지 그것은 영혼과 마찬가지로 중요성의 상자 속에 갇혀 있다. 내적, 외적 중요성을 내려놓으면 그 즉시 당신의 신조는 풀려나고 당신도 그것을 즉석에서 느낄 수 있다. 중요성이 완전히 사라지면 당신은 지킬 것도, 정복할 것도 없어진다. 당신은 그저 자신의 신조대로 살며 조용히, 주장하지 않고 자신의 것을 갖는다.

자신의 의미를 찾기 위해 몸부림치기를 그만두면, 자신을 다른 사람들의 심판에 맡기기를 그치면, 그리고 중요성을 내려놓으면 당신은 '진정한' 자신감을 얻는다. 이것은 잉여 포텐셜 위에 쌓아올린 덧없는 자신감이 아니라 고요한 내면의 힘 ― 조율 상태다.

진실로 고요한 조율 상태는 외부적인 그 무엇과도 상응하지 않아서 확인이나 증명 따위가 필요 없다. 의심할 수 없는 자신감을 지닌 사람들을 당신도 직접, 혹은 영화에서 본 적이 있을 것이다. 자신에 대한 진정하고 고요한 믿음은 오로지 내적인 자족감과 온전함에서 비롯된다. 그것은 자신을 다른 누구와도 비교하지 않는다는 뜻이다. 당신은 그저 자신의 영혼과 완벽한 균형을 이루고 있다. 그러한 균형 상태는 영혼과 마음이 일치되어 하나가 될 때, 죄책감, 의존감, 우월감, 의무감, 두려움도 근심걱정도 느끼지 않을 때 성취된다. 달리 말해서, 외부세계나 자신과의 균형 상태를 흩트리지 않을 때 말이다. **당신은 주변 세계와, 그리고 자신과 조화롭게 산다.** 물론 이것은 이상이지만 당신은 이것을 향해 노력해야 한다. 이것이야말로 진정한 자신감, 곧 조율을 이루는 유일한 길이기 때문이다. 이 밖의 모든 방법으로 얻은 자신감은 거짓된 것이다.

조율은 펜듈럼으로부터의 자유를 가져다주어서, 원하는 곳은 어디든 독자적으로 움직일 수 있게 하고 가지고 싶은 것은 무엇이든 가질 수 있게 한다. 이런 시기에 의무적인 일을 해야만 하게 된다면 자신을 빌려주라. 당신이 영화 속의 어떤 역할을 맡았다고 상상하라. 최소한 이 막이 내려올 때까지만은, 당신의 문을 통과할 때까지만은 자신의 배역을 해야만 하니, 인내심을 발휘하라. 당신의 목표의 슬라이드를 계속 상영하되 그것을 이룰 방법에 대해서는 고민하지 말라. 그리고 외부의 도가 당신의 문을 열어줄 때를 기다리라.

흙인형과의 싸움

우리는 드디어 잉여 포텐셜의 불필요한 짐을 벗어던졌다. 이제 내게는 내적, 외적 중요성이 더 이상 없다. 나의 우월감을 드러내거나 열등감을 감출 필요가 없어졌다. 현재나 미래에 대한 두려움도 없다. 지킬 것도, 정복할 것도 없다. 나는 마침내 펜듈럼의 영향력으로부터 해방됐고 나 자신을 스스로 돌볼 수 있게 됐다. 어떤가, 이것이 꿈이 아니라면…….

펜듈럼은 매우 큰 힘을 갖고 있다. 사람들이 펜듈럼에 대해 무지하기 때문에 더욱 더 그렇다. 펜듈럼을 인류를 멸망시키려는 음모를 꾸미는 외계인의 비밀조직 같은 것으로 치부해서는 안 된다. 펜듈럼은 우리의 세계를 구성하고 있는 일부분이다. 그것들은 에너지-정보적 차원의 영향력을 뻗쳐서 인간을 지배한다. 그 영향력은 정신과 감정과 에너지의 세 가지 차원에서 나타난다. 펜듈럼은 중요성의 줄을 이용하여 사람들의 자유에너지를 빨아먹는다. 이것이 지금까지 해온 방식이다. 그러나 최근에 와서는 순전히 정보적인 차원의 영향력이 급격히 커지기 시작하고 있다.

문명의 역사는 수천 년에 달하지만 최근의 몇십 년 동안에 정보 분야의 발달로 인해 문명의 전경은 정말 극적으로 바뀌었다. 온갖 다양한 매체에 저장되는 데이터의 양은 기하급수적으로 늘어나고 있다. 그러나 위협은 데이터의 양에 있는 것이 아니라 그것이 배포되는 방법과 수단에 있다. 사람은 사방으로부터 원격통신망의 덫에 에워싸여 있고, 그 통신망은 날이 갈수록 더욱 위험한 것이 되어가고 있다. 당신은 이 위험을 감지하지 못한다. 정보산업의 발달은 새로운 오락과 위안거리라

116

는 달콤한 마취상태 속에서 진행되기 때문이다.

펜듈럼의 목표가, 지지자들을 즐겁게 해주는 것이 아니라 그들을 자신의 지배하에 두려는 것임은 너무나 분명하다. 정보망의 확장과 그 복잡한 시스템의 완성은 펜듈럼으로 하여금 믿기지 않을 정도로 무수한 지지자를 단번에 포획할 수 있게 만들어준다. 예컨대, 더 많은 사람들이 똑같은 텔레비전 쇼를 시청할수록 펜듈럼은 더 많은 에너지를 수확할 수 있다. 그리고 펜듈럼이 강해지면 강해질수록 그 영향력도 강해지고 그 지지자들을 "내가 하는 대로 따라 하라"는 룰에 복종시키는 것도 쉬워진다.

펜듈럼의 룰은 잘 먹혀들어서 사람들을 그들의 진정한 목표로부터 멀리 떼놓는다. 하지만 이제 이 과정도 인간이 선택의 자유를 영원히 상실하게 될 마지막 고비에 다가가고 있다. 어느 날 인간은 괴물같은 에너지-정보 매트릭스의 한 부속물이 된 상황에 처해 있는 자신의 모습을 깨닫게 될 것이다. 인간은 조건의 상자에 갇혀서 이 기계의 한 작은 부품으로 전락해 있을 것이다. 매트릭스의 배양기가 그 부품이 어떻게 행동해야 할지, 무엇을 원해야 할지를 결정해준다. 아시다시피, 공상과학은 어느 정도 시간이 지나면 현실로 실현되는 경향이 있다.

이것은 이미 진행되고 있는 과정이다. 그 진척은 눈에 띄지 않지만 꾸준하다. 이에 대해서 아무도 어떻게 해볼 방도가 없다. 인간을 복종시키는 데는 물리적인 힘이 필요 없다. **인간에게 자신의 자유에 대해서는 생각조차 할 필요가 없는 그런 세계관을 형성시켜주기만 하면 그것으로 충분하다.** 이것이 바로 지금 진행되고 있는 일이다. 그러한 조건 속에서 자유를 지킨다는 것은 매우 어려운 일이다. 그래서 우리는 펜듈럼으로부터 자신을 방어하는 방법의 몇 가지 측면을 다시 한 번 살펴볼 것이다.

아시다시피, 펜듈럼이 인간을 낚아챌 수 있게 하는 유일한 고리는 중요성이다. 중요성의 문제로 말하자면 펜듈럼은 당신이 중요성을 제로로 유지해야 한다는 데에 큰 의미를 부여한다는 사실조차 고리로 이용하여 당신을 낚아챌 수 있다. 펜듈럼에 관해 이야기한 내용들은 모두가 지극히 심각한 것들이다. 하지만 여기에 역설이 있다. — 지금 당신이 당신의 모든 심각성을 총동원하여 펜듈럼에 선전포고를 한다면 당신은 이미 지도록 정해진 것이다. **펜듈럼과 싸우는 으뜸가는 전략은 싸우기를 거부하는 것이다.**

당신은 그것이 실제로 적과의 싸움이 아니라 흙인형과의 전쟁놀이임을 이해해야 한다. 더 구체적으로 말해서, 이 싸움이 무엇이 될지는 당신이 정하기에 달려 있다. 당신이 그것을 싸움으로 보면 당신은 그 싸움에서 질 위험에 처해 있다. 싸움에서 펜듈럼을 이길 자는 없다. 당신이 흙인형에게 이렇게 시비를 걸었다고 해보자. — "난 이제 네가 흙인형에 지나지 않는다는 것을 알아. 그것을 보여주겠어!" 그러면 그걸로 끝이다. 질 것을 각오하라. 그러나 그것을 게임으로 바라본다면 최악의 경우에도 그것은 싸움이 아니라 게임에서 질 위험에 놓이는 것일 뿐이다.

당신이 펜듈럼 게임의 본질을 알아차리고 그 룰에 복종하기를 거부하는 한 펜듈럼은 한갓 흙인형일 뿐이다. 펜듈럼은 당신이 자신을 과신할 때마다 먹이를 낚아채려고 노리고 있을 것이다. 각오하라. 그들은 온갖 수를 다 써서 당신이 균형을 잃게 만들 것이다. 이것이 게임의 본질이다. 미끼를 삼키는 순간 당신은 균형을 잃고 흥분하여 자신의 에너지를 펜듈럼에게 갖다 바친다.

이제 당신은 고요하고 균형 잡힌 채 행복하다. 그러나 그것도 오래 가지 못한다. 곧 펜듈럼이 도발해올 것이기 때문이다. 예컨대, 당신은 원치 않는 상황에 걸려들거나 나쁜 소식을 접한다. 펜듈럼의 시나리오에 의하면 당신은 근심걱정에 빠지고 두려워하고 낙심하고 의기소침해져서 불만과 짜증을 드러내야 한다. **당신이 할 일은 오직 제때에 깨어서 이것이 어떤 종류의 게임인지를 알아차리고 즉시 중요성을 내려놓는 것이다.** 깨어서 의식적으로 이렇게 하면 펜듈럼은 허공 속을 헛발질만 하고 말 것이다.

눈뜬 채로 잠들어 있지만 않다면 당신은 게임의 룰을 깰 수 있다. 꿈임을 자각하지 못하는 꿈속에서 사람은 언제나 환경의 희생자다. 꿈은 당신에게 '일어나는' 무엇이고, 당신은 그것에 대해 할 수 있는 일이 아무것도 없다. 사실 모든 사람은 부정적 영향력에 대해 정해진 자동적 반응을 보이는 습관에 젖어 있다. 그러면 어떻게 되는지는 설명할 필요도 없다. 하지만 당신은 조개가 아니지 않은가! 게다가 당신은 얼마든지 '엉뚱한' 반응을 보여줄 능력이 있다. 의도적으로 그렇게 하라. 그러면 펜듈럼의 계획은 엉망이 돼버릴 것이다. 당신은 단지 제때에 '정신을 차리고' 게임의 룰을 깨기만 하면 된다.

펜듈럼이 온갖 꾀를 짜내어 당신을 집적거리며 덤벼들어도 그 속셈을 알아차리고 넘어가지 않을 때, 그게 얼마나 통쾌한 게임인지를 직접 경험해보라. 그 멋진 기분은 당신도 강력한 사람이라는 자부심에서 나오는 것만은 아니다. 중요한 것은, 펜듈럼에게 에너지를 갖다 바칠 때 당신은 약해진다는 것이다. **펜듈럼이 집적거려도 넘어가지 않고 있으면 당신을 집적거리는 데 사용된 펜듈럼의 에너지가 당신에게로 온다.** 그래서 당신은 강력해진다. 여기서 덤으로 생기는 그 힘이 멋진 기분으로 느껴지는 것이다. 이제 당신도 펜듈럼이 당신에게서 에너지를 **빼앗을** 때 얼마나 멋진 기분이었는지를 알 수 있게 된 것이다. 그놈에게 그런 기회를 주지 말라. 펜듈럼은 당신을 계속 집적거릴 테지만 넘어가지 말라. 펜듈럼이 당신에게 에너지를 뺏기게 하라.

룰을 깨는 이 게임을 하는 동안 게임 자체에 대해 분통을 터뜨리고 싶은 유혹에 굴복하지 말라. 의식적으로, 그러나 재미있고 가벼운 태도로 게임을 하면 당신과 흙인형은 서로 솜사탕을 던지며 노는 것이다. 흙인형이 당신에게 할 수 있는 짓은 아무것도 없다. 당신이 게임의 룰을 깨면서 자신의 균형감각만 잘 유지하면 흙인형은 나가떨어진다. 하지만 당신이 성질을 가누지 못하는 순간 펜듈럼의 솜사탕은 위험한 칼날로 변할 것이다. 그러면 게임은 금방 전투로 변하여 당신을 유도전이에 빠뜨려놓을 수도 있다.

집적거림에 대한 당신의 반응과 싸우지 말라. 그것을 무심하게 바라보라. 감정은 결과물일 뿐이다. 감정의 원인은 태도다. 부정적 요소에 대한 당신의 반응을 의식적으로 선택해야 한다. 당신은 그것이 하나의 게임일 뿐임을 알고 있으므로 엉뚱한 태도를 보여주는 것은 어렵지 않다. 어릿광대가 맘대로 뛰놀게 하라. 그것은 마치 거울밖에 없는 방에서 보이지 않는 적과 싸우고 있는 것과도 같다. 펜듈럼이 여기, 바로 근처에 있는 것처럼 보인다. 그러나 사실은 펜듈럼은커녕 그 그림자도 보이지 않는다. 거울 속에 비치는 것은 다름 아닌 당신의 중요성이다. 뭔가가 당신에게 지나치게 중요한 의미를 가질 때 적이 생기는 것이다. 그리고 그는 거울 속에서 끊임없이 출몰한다. 그러나 중요성이 완전히 없어지면 두려워할 것도, 방어할 것도, 공격할 대상도 없어진다. 중요성의 거울은 산산조각 나고 흙인형은 해체되어버린다.

펜듈럼과의 싸움에서는 강하고 단단한 것도 소용없다. 그보다 텅 빈 상태가 훨씬 더 효과적이다. '난공불락, 강철신경, 무쇠 같은 의지, 불굴의 인내, 집요한 끈기, 자기통제력' 등의 말은 방어와 긴장과 공격태세를 시사한다. 이 같은 보호장保護場을 유지하려면 엄청난 에너지가 소모된다. 아시다시피 이 모든 에너지는 고스란히 펜듈럼의 먹이가 된다. 그러나 내가 텅 비어 있다면 보호장을 둘러칠 필요가 없다. 에너지가 소모되지 않을뿐더러 흙인형은 허공으로 나가떨어져 부서진다. 당신이 할 일이란 게임의 룰을 늘 유념하면서 중요성을 의식적으로 떨어뜨리는 것뿐이다.

중요성을 완전히 떨어뜨려야 한다는 생각이 어떤 공격에도 반응할 전투 준비태세로 변하게 해서는 안 된다. 이렇게 되면 당신은 게임 자체에 지나친 의미를 부여하고 있는 것이다. 마음을 풀고 때로는 지기도 하도록 자신을 놓아주라. 그 어떤 경우에도 승리자가 되려고 기를 써서는 안 된다. 손아귀에 힘을 주고 있는 한 펜듈럼이 당신을 조종할 수 있다. 펜듈럼은 작대기를 물고 놓지 않으려는 개를 쥐어 흔들 듯이 당신을 마구 흔들 것이다. 게임이 당신에게 흥미가 없다면 최대한의 무관심으로 미련 없이 져버리라.

펜듈럼이 이번에는 이기더라도 뻣뻣하게 굴지 말고 이 게임은 졌음을 시인하라. 당신은 균형감각과 성질을 놓쳐버렸다. 그리고 그것은 특별할 게 하나도 없다. 그러니 자신을 탓하지 말라. 다음 게임을 이기면 된다. 이것이 마지막이라고 스스로 다짐하지 말라. 최후의 선언으로 스스로 덫을 놓지 말라. 그것은 당신을 위한 것이 아니라 펜듈럼을 위한 것이 된다. 펜듈럼이 노리는 것이 바로 그것이다. 최후의 선언은 강력한 방어벽일 뿐이다. 방어벽을 세움으로써 당신은 게임을 전투로 바꿔놓고, 결국은 꼼짝없이 패하고 만다.

펜듈럼이 살금살금 부드럽게 집적거려올 때를 경계하라. 무거운 문제에 짓눌린 많은 사람들이 담배나 술이나 마약에서 위안을 얻는다. "이번이 마지막이야." 나쁜 습관을 끊으려고 다시 해보려는데 이렇게 말하고 있다면 그것은 당신의 말이 아니다. 생각을 그야말로 들씌울 수 있을 정도로 당신의 사념에너지를 휘어잡고 있는 펜듈럼의 속삭임이다. "마지막으로 딱 한 번만 할 거야. 그러곤 끝이야." 자신을 설득하려고 애쓰면서 이렇게 약속할 때마다 잠에서 깨어나서 착각을 떨쳐내라. 이것도 펜듈럼의 말이다. 이 사실을 알아차리는 것이 나쁜 습관을 무심히 '버려버릴' 수 있도록 도와준다. 단호하게가 아니라 무심하게 말이다.

펜듈럼은 지지자를 유혹하기 위해서는 수단과 방법을 가리지 않는다. 뭐든 좋다. 펜듈럼은 도덕률에서부터 종교에 이르기까지 신성한 모든 것에서 그 알짜를 완전히 거세해버렸다. 우주는 '여럿' 속에 있는 '하나'의 결정結晶이요, 하나인 영靈의 나눔이다. 살아 있는 모든 것과 모든 무생물 속에 신성의 본질이 스며 있다. 신은 우리 각자 안에 있다. 우리는 인간의 영혼을 대양의 물방울에 비유했을 때 이런 이야기를 했었다. 신이 자신의 창조계를 통해 인간 앞에 자신의 존재를 선언하자마자 펜듈럼이 얼른 종교를 접수해버렸다. 원래의 십계명을 보면 당신도 직접 그것을 확인할 수 있다.

첫 번째 계명의 분분한 해석은 결국 다음으로 귀결된다. "나는 유일한 신이니, 너희는 다른 신을 섬기지 말라."* 이 말은 사람에게 모든 창

* 출애굽기 20장 2-17절

조물을 다스리는 유일한 신의 존재를 믿을 것을 요구한다. 사람들은 당장 이 계명을 깨고 온갖 종교를 만들어냈다. — 펜듈럼 말이다. 더 구체적으로 말하자면, 사람들은 자신을 종교 펜듈럼에 복종하게 했다. 이 펜듈럼들은 주(Lord)의 이름 뒤에 자신을 숨기고 있다. 사실 신앙의 전파자들은 주의 말씀과 역사役事를 세상에 널리 전하고자 하는 진지한 열망을 품고 있다. 하지만 펜듈럼의 지지자인 그들은 펜듈럼의 지배하에 있다. 그러니 그들이 마음대로 할 수 있는 것은 거의 없다. 생각해보라, 종교전쟁과 갈등이 신을 기쁘게 하는가?

둘째 계명 — "하늘이나 땅 위나 물속에 있는 그 어떤 것의 형상으로도 너희 우상을 삼지 말라. 그것에게 절하거나 예배하지 말라." 이 또한 펜듈럼에 관한 말이다. 펜듈럼은 그 지지자들을 자신의 의지에 복종시켜 어떤 상황에서도 펜듈럼의 이익을 위해 행동하게 만든다. 아무리 선한 의도를 표방해도 그 밑에는 이 모든 것이 감춰져 있다.

하지만 모든 계명은 근본적으로 다음 두 가지로 귀결된다. "스승이시여, 율법 중에서 무엇이 가장 위대한 계명입니까?" 하고 제자가 묻자 예수가 이렇게 대답했다. "'네 온 가슴과 온 영혼과 온 마음을 다하여 주 하나님을 사랑하라.' 이것이 가장 중요하고 으뜸가는 계명이다. 두 번째도 이와 비슷하다. '네 이웃을 네 자신처럼 사랑하라.' 모든 율법과 예언서가 이 두 계명에 근거해 있다."* 펜듈럼을 숭배하지 말고 네 자신과 이웃 안에 있는 신을 사랑하라. — 이것이 계명이 당신에게 촉구하는 모든 것이다.

대중매체가 인간의 마음에 미치는 영향의 문제에 관해서 말하자면,

가장 중요한 것은 '깨어 있는 의식'이다. 부정적인 정보에는 귀가 먹은 것처럼 하라. 가는 데마다 펜듈럼은 뭔가로 당신의 흥미를 끌어 유혹하여 뭔가를 주입시키려 한다. 사람들이 그룹을 이루고 있는 곳에는 반드시 그 배후에 펜듈럼이 있다. 펜듈럼의 장단에 따라 놀고 있는 지지자들은 펜듈럼이 감추고 있는 진정한 목적이 무엇인지를 모르고 있기가 십상이다. 자신에게 늘 이렇게 물어보라. ─ 누가, 왜 이것을 필요로 하는가? 나는 정말 이것이 필요한가? 동시에 당신의 목표에 관한 정보를 적극적으로 계속 찾아내고, 그것을 당신 안으로 들여보내라. "알아, 알아. 다 알고 있단 말이야." ─ 당신의 마음은 참을성 없이 짜증을 낸다. 뭘 알고 있단 말인가? 당신의 마음은 모든 것을 안단다. 하지만 정작 펜듈럼이 게임을 벌일 때마다 마음은 번번이 세상모르고 잠에 떨어진다. 펜듈럼이 당신의 손을 잡아끌고 가도록 놔두지 말라.

전반적으로, 당신의 할 일은 게임의 룰을 의식적으로 깨는 것으로 귀착된다. 그것은 두 가지 다른 방법으로 할 수 있다. 중요성을 놓아버림으로써 펜듈럼으로 하여금 당신의 텅 빈 무심 속으로 헛발질을 하게 하거나, 아니면 엉뚱한 반응을 보임으로써 펜듈럼을 꺼버리는 것이다. 중요성을 놓아버리는 방법이 잘 되지 않는다면 두 번째 방법을 애용하라. 펜듈럼의 집적거림에 어떤 종류든 엉뚱한 반응을 보이는 것은 게임의 룰을 완전히 무시하는 것이다.

싸움 그만두기

선택의 자유는 믿기 힘들 정도로 단순한 하나의 사실에 근거한다. **목표**

를 이루기 위해 싸울 필요가 없다. 필요한 것은 오직 가지겠다는 결정뿐이다. 자신에게 가지도록 허락하는 순간, 당신은 목표를 향해 조용히 발을 옮기기 시작할 수 있다. 펜듈럼은 이와는 완전히 다른 시나리오를 당신에게 강요하고 있다. 펜듈럼은 목표를 이루려면 '싸우라'고 강요한다. 당신은 자신과 세상을 향해 선전포고를 해야 한다. 펜듈럼은 우선 자신과의 싸움부터 시작하라고 부추긴다. 펜듈럼은 당신이 완전하지 못하며, 그래서 자신을 바꾸지 않으면 목표를 이룰 수 없으리라고 믿게 만든다. 자신을 바꾸고 나서는 세상에서 좋은 자리를 차지하기 위한 싸움에 착수해야 한다. 이 모든 시나리오는 오직 하나의 목표를 추구한다. ― 제물인 당신의 에너지를 강탈하는 것 말이다. 자신과 싸움으로써 당신은 펜듈럼에게 에너지를 갖다 바친다. 세상과 싸우는 것도 마찬가지다.

싸움은 끊임없는 긴장과 몸부림과 단련을 뜻한다. 언제나 싸울 태세가 되어 있어야 한다. 그것이 전사, 이 세상 어딘가에 '자유'가 있다는 생각은 꿈에도 해보지 않는 자들의 행동이다. 그러나 그들의 오류는 자유를 얻기 위해서는 싸워야 한다고 믿는 데에 있다. 그들은 평생 투쟁의 상태에 있다. 그러나 진짜 중요한 싸움은 늘 나중으로 미룬다. 전사들에게는 그저 가서 자신의 자유를 갖는다는 것이 말도 안 돼 보인다. 그들은 이 일이 극도로 지난한 일이라서 오랜 세월 고통을 감수하면서 노력하고 몸부림쳐야 하는 것이라고 자신과 다른 사람들에게 확신시킨다.

트랜서핑을 하는 구도자들은 자유를 얻기 위한 싸움에 끼어들지 않는다. 왜냐하면 그는 이미 자신의 자유를 가지고 있음을 알기 때문이다. 아무도 당신이 싸우게 만들 수 없다. 그러나 당신이 내적, 외적 중요성으로 가득하다면 달리 선택의 여지가 없다. 트랜서핑에서 우리가 해야 할 유일한 싸움은 흠잡을 데 없이 행동하려는 의도다. 그러나 그러기 위해서 전투태세나 엄한 훈련이 필요한 것은 아니다. 필요한 것은 오직 깨어 있는 의식이다.

그저 가서 가지도록 자신을 허락할 수가 없다면 그것을 나중으로 미뤄둘 수도 있다. 하지만 언제까지 그럴 텐가? 뒤로 미루는 이 지루한 일이 당신의 평생을 집어삼킬지도 모른다. 다음 기회로 미루는 짓은 삶의 모든 순간을 보다 나은 미래를 위한 준비로 바라보게 만들어놓는다. 인간은 현재에 결코 만족하지 못하고, 그것이 곧 나아지리라는 환상을 가지고 있다. 그런 태도로는 바라는 미래가 결코 오지 않는다. 그것은 언제나 당신 앞의 허공에 떠 있다. 그것은 지는 해를 잡으려는 짓이나 마찬가지다.

아직도 시간은 많이 있다는 생각은 환상 외에 아무것도 아니다. 일이 좀더 나아지겠지 하고 기다리는 동안에 평생이 지나가버린다. 그래서 이런 속담이 있다. ― "순간처럼 변함없는 것은 없다." 사실 기다릴 시간은 없다. 그러니 미래를 기다리지 말고 현재의 순간으로 그것을 가져오라. 바로 여기서, 지금 당장 그것을 가지도록 자신을 허락하라. 당신의 목표가 지금 당장 이뤄지리라는 말이 아니다. **나는 자신과의 끊임없는 싸움이 아니라 결정, 곧 가지겠다는 의도에 대해 말하고 있다.** 가지겠다는 결정은 행동하겠다는 결정보다 훨씬 더 큰 힘을 담고 있다.

당신은 세상에서 좋은 자리를 차지하려는 싸움을 평생 동안 하고 있다. 그 싸움에서 많은 것을 얻었는가? 예컨대 지금 당신은 마치 고된 노역을 하러 가는 것처럼 지루하고 지긋지긋한 일터로, 혹은 학교로 자신을 끌고 가야만 하는가? 당신이 그러는 동안에도 누군가는 스키장에서 놀고 있거나 따뜻한 해변에서 일광욕을 즐기고 있다. 아마도 그들은 마침내 싸움에서 이겨서 이제 삶을 즐기고 있는 걸까?

싸움의 참가자들은 대부분 그 모든 노력에도 불구하고 평생을 스키장에 갈 돈도 저축하지 못한다. 당신이 일 년에 며칠이라도 놀러 갈 돈을 저축할 수 있다면 그것만으로도 좋다. 하지만 그렇게 놀러 갔는데 날씨가 형편없거나 리프트가 고장 나거나 나쁜 일이 생긴다. 모든 것이 너무나 멋지더라도 당신의 머릿속에서는 아직도 못하는 것이 많고 돈을 더 많이 벌어야 한다는 생각이 끊이지 않는다. 이 며칠간의 잔치를 준비하는 데도 얼마나 어렵게 돈을 벌어야 했는데 그 돈이 벌써 바닥이 나고 있다는 생각이 당신을 괴롭히기 시작한다. 기본적으로는 만족하지만 당신은 또다시 우울한 현실의 일상 속으로 돌아가서 뼈 빠지게 일해야만 한다.

당신은 싸움에서 이겼고 그래서 마땅히 휴일을 즐긴다. 그럼에도 수시로 우울한 그림자가 머릿속을 스쳐 지나간다. 왜 그런지 아는가? 짧은 즐거움을 위해 얼마나 오래 일해야만 했는지를 너무나 잘 알고 있기 때문이다. 당신은 자신이 '가지도록 허락할' 준비가 제대로 되어 있지 않다.

자신에게 가지도록 허락하는 사람들은 싸움에 끼어들지 않는다. 그들에게는 더 나은 할 일이 있다. 예컨대 지난주에 한 행복한 부부는 스위스의 스키장에서 놀고 있었다. 그것은 잔치였다. 모든 잔치에는 끝이 있다. 하지만 사람에 따라 끝내는 방식이 다르다. 이제 이 부부는 다음에는 어디로 놀러갈지를 가지고 다투고 있다. 남자는 오스트리아 쪽 알프스로 가자고 하고 여자는 프랑스 쪽 알프스로 가자고 한다. 당신은 이것을 실없는 코미디처럼 생각할지도 모르지만 그들에게는 이것이 진지한 문제다. 이것은 가지려는 준비가 어느 정도로 되어 있느냐 하는 데서 오는 차이다. 당신은 당신의 잔치를 위해서 일 년을 또 죽어지내야 하지만 그들은 일주일 후면 새로운 잔치를 열 것이다.

합리적인 마음이 흥분한다. — "웃기지 마. 사실 그들은 부잣집에 태어났고 나는 돈을 벌어야 하잖아! 그러지 않으면 돈이 어디서 나온단 말이야?" 내가 얼마나 여러 번 말했는가? — 돈에 대해서는 고민하지 말라. **싸움을 멈추고 가지도록 자신을 허락하면 외부의도가 원하는 것을 얻을 길을 찾아준다.** 지금 당장 내가 그것을 증명해줄 방법은 없다. 당신이 직접 시험해보라. 시도하지 말고 하라. 내일 말고 지금. 지금 이 순간부터 '가지도록' 자신을 허락하라. — 주저하지 말고 무조건, 가끔이 아니라 언제나 말이다. 즉석의 결과를 기다리고만 있지 말고 가지도록 자신을 허락하기를 계속하다 보면 어느 멋진 날, 사람들이 기적이라 부르는 일이 일어날 것이다.

부잣집에 태어난 사람들은 이미 가질 준비가 되어 있다. 그들은 그런 것을 생각할 필요도 없다. 하지만 당신은 슬라이드를 가지고 작업해야 한다. 당신의 마음은 현실을 걱정하고 목표를 이룰 방법을 놓고 고민한다. 그러나 그것은 싸움의 길이다. 그것은 당신을 아무 데도 데려다주지 못한다. 그 길에 있는 동안에는 충분한 돈을 벌지 못할 것이고 늘 쪼들릴 것이다. **돈이 아니라, 가지겠다는 결정을 벌어라.**

목표가 이미 이루어진 듯이 거기에 주의를 모으면 당신의 문이 열릴 것이다. 목표에 이르는 방법은 스스로 나타날 것이다. 이 자유가 당신의 머리를 돌아가게 만들어준다. 이 자유를 받아들이지 않으면 당신은 또 한 번의 선택을 하고 있는 것이다. 이건 말도 안 되는 소리야, 하고 계속해서 평생 자신을 고문하는 것보다 쉬운 일은 없다. 모든 사람이 자신의 선택을 내리고 가질 준비가 된 것만을 가진다. **당신의 선택 — 이것은 불변의 법칙이다. 당신의 현실은 당신이 스스로 지어낸다.**

가능태 공간에서 선택의 과정은 다음과 같이 일어난다. 사람들이 백화점에 온다. 점원이 묻는다. "무엇을 원하시죠?" 한 고객이 말한다. "난 스타가 되고 싶어요." 점원이 대답한다. "문제없습니다. 여기 당신만을 위해 맞춰놓은 것이 있습니다. 세계적 명성과 부와 휘황찬란함! 가져가시겠습니까?" 고객은 놀란다. "글쎄 어떻게 말해야 할까……. 사실 이건 결코 쉬운 게 아닌데. 오직 소수의 사람들만이 성공할 수 있어요. 이 선택받은 사람들은 고유한 재능을 가지고 있지만 난 그저 보통사람인걸요." 점원이 어깨를 으쓱한다. "당신의 재능이 이것과 무슨 상관이 있습니까? 이건 당신의 물건입니다. 가져가세요. 당신의 것이니까요!" 고객이 말한다. "사실 연예계는 진출하기가 힘들어요. 거긴 정글과 같은 곳이니까. 거긴 믿기지 않는 거물들이 있어요……." 점원이 말한다. "그거요? 여기 당신을 밀어줄 거물이 있어요. 가져가세요. 후회하지 않을 겁니다!" 고객이 말한다. "이 모든 스타들은 호화주택에다 비싼 자동차를 굴리면서 최상류층 사교클럽엘 다니지요……. 이런 일들이 정말 나에게도 일어날 수 있을까요? 믿기가 좀 어려운데……." 점원이 대답한다. "글쎄요, 안됐군요. 그것은 저희도 도와드릴 수가 없습니다." 그는 물건을 도로 집어넣는다.

똑같은 식으로 한 사람이 어떤 사람에게 조심스럽게 물어본다. "비행기를 어떻게 타는지 아세요?" 그가 대답한다. "물론이죠, 자리에 앉아서 안전벨트를 매고 있으면 비행기가 뜬답니다." 목표를 이루는 것은 단지 당신 선택의 문제일 뿐이라는 사실을 받아들이기만 하라. 가능태 공간의 백화점에서 고객이 품는 두려움이 얼마나 터무니없는 것인지는 당신도 '느낄' 테니 말이다. 그것은 가질 준비가 되었느냐 말았느냐의 문제일 뿐이다. 그것이 문제의 전부다.

가지겠다는 결정을 내리기 위해서는 또 자신과 싸워야만 한다는 유혹에 넘어갈 수도 있다. **가지도록 자신을 허락하라고 자신을 결코 강요하지 말라.** 목표의 슬라이드를 억지로 상영하지 말라. 힘들게 애쓸 필요는 없다. 힘으로 밀어붙이지 말라. 그러면 그것은 또다시 싸움이 되어버린다! **그저 즐거운 생각을 하면서 즐기라.** 중요성을 거부하고 싸우기를 멈추라. 몸부림치고 싸우는 것으로는 아무것도 이룰 수 없다. 당신이 계속 싸우는 이유는 당신 주변의 모든 것들이 너무나 중요하기 때문이다. 세상에서 좋은 자리를 차지하려고 맹렬히 싸우는 동안에는 가지도록 자신을 허락할 수가 없을 것이다.

당신이 자신의 것을 가지겠다는 각오와 확신으로 똘똘 뭉쳐 있다고 가정해보자. 당신은 선택은 자신의 것이라는 것을 단호하게 힘주어 확신하고 있다. 일을 밀어붙인다는 것은 곧 잉여 포텐셜을 만들어내는 것을 뜻한다. **당신에게 필요한 것은 결단성이 아니라 한가롭고 태연한 결정이다.** 이완하라. 꽉 쥔 손아귀에서 힘을 빼고 그저 당신의 것을 가진다는 생각만을 품고 있으라. 가판대에 신문을 사러 가는 데에 결단성과 힘이 필요한 것은 아니다. 그 가판대에 신문이 없더라도 당신은 흥분하지 않는다. 다른 데 가서 사면 그만이다. 죽을힘으로 손아귀를 쥐고 있지 말라.

손아귀에서 힘을 빼려고 '애쓰는' 것은 힘을 더 주게 할 뿐이다. 열심히 노력하는 것은 잉여 포텐셜을 부풀린다. 당신으로 하여금 애를 쓰게 하고 쥔 손을 떨리게 만드는 것은 중요성이다. 중요성과 싸우기 시작하면 손에서 힘을 뺄 수가 없다. 중요성을 거부하라. 그러면 손이 저절로 풀릴 것이다.

중요성이 낮아지면 의도의 방향을 가리키는 화살이 내부의도의 영역으로부터 외부의도의 영역으로 돌아간다. 모든 강제력에는 중요성이 따라다닌다. 어떤 일을 추구할 때, 당신은 내부의도로써 일하고 있다. 장애물을 극복해야 할 때 의지력이 요구된다. 하지만 아시다시피, 장애물은 중요성의 바탕 위에 나타난다. 중요성을 낮추는 즉시 장애물은 해체되어 그것을 극복하기 위한 의지력조차 소용없게 된다. 중요성이 사라지면 '이루겠다'는 결정은 '가지겠다'는 결정으로 바뀌고 외부의도가 작용을 개시한다.

당신은 선택의 권리를 이미 가지고 있다. 그 권리를 '얻기' 위해 싸울 필요가 없다. 선택의 권리를 '얻어내려고' 단단히 결심하고 있다면 좌절을 각오하라. 단단히 결심한다는 것은 결정이 아니라 결단이다. 당신은 또다시 주먹을 쥐고 있다. 균형력이 나서서 당신의 열정을 금방 식혀줄 것이다. 펜듈럼은 당신의 중요성을 냄새 맡고 즉시 도발을 준비할 것이다. 이런 일들이 얼마나 정확히 일어날지는 당신이 직접 목격하게 될 것이다.

침착하게 결정내리는 것이 잘 안 된다고 해서 걱정하거나 흥분하지 않도록 하라. 사람들은 자신의 에너지를 자신의 목표를 위해서가 아니라 펜듈럼의 먹이로 갖다 바치는 데에 익숙해져 있다. 결국은 당신도 결단과 결정을 구별하는 법을 터득할 것이다. 기본적으로, 가지겠다는 결정은 당연히 당신의 것인 그것을 가지겠다는 태연하고 자연스러운 의도다. "우편함에서 편지를 가져오기로 단단히 결심했다."고 말한다면 우습지 않은가? 그저 평온하게, 주장할 것 없이 당신의 선택할 권리를 행사해야 하지 않겠는가?

사람은 살기 위해서 언제나 시험과 경연과 경쟁과 온갖 선별과정을 거쳐야 한다. 그러나 가지겠다는 결정은 오로지 당신에게만 달려 있는 문제다. 당신 자신이 심사원이다. 모든 평가는 결국 어떤 사람이 자신은 재능이 없고 가치가 없다고 믿게 만들거나, 아니면 목표가 범접할 수 없는 것이라고 결론짓게 만든다. 이런 일이 정해놓은 듯이 일어난다. 왜냐하면 모든 사람들이 거기에 익숙해져 있기 때문이다. 당신에게 필요한 것은 오로지 그럼에도 불구하고, 어떤 일이 있어도 가지도록 자신을 허락하는 것이다. 당신은 결코 타성에 물들어 있지 않다. 아무튼 간에, 과감하게 가지도록 자신을 허락하지 못할 이유가 뭔가? 뉴턴과 모든 사람들의 사과는 땅으로 떨어지게 하고, 누가 뭐라 하든 당신의 사과만은 하늘로 떨어지게 하라.

가지겠다는 결정을 얻기를 필사적으로 바라는가? 그 욕망을 거부하라. 욕망은 이제 됐다. 아무튼 간에 당신은 필요한 것을 얻을 것이다. 당신의 것을 가지는 것만을 늘 생각하라. 요구하지도, 주장하지도 말고 조용히 가지는 것이다. **어쨌든 나는 그것을 원한다. 문제가 있는가? 난 그걸 가질 것이다.**

해방

가지겠다는 결정은 의도의 자유에너지에 의해 형성된다. 가지지 못하도록 당신을 방해하는 것들이 두 가지 있다. 그 첫째는 영혼과 마음의 불일치다. 둘째는 자유에너지를 빼앗아가는 내적, 외적 중요성의 잉여 포텐셜이다. 가지겠다는 결정을 그저 '나는 원한다' 는 식의 보통 생각 정도로 간주하는 것은 잘못이다. 이런 결정은 의도의 에너지로 충만해야 한다. 그렇지 않다면 그것은 그저 평범한 마음의 중얼거림에 지나지 않을 것이다. 당신의 생각은 영혼과 마음의 일치로부터 솟아나야 한다. 그렇지 않을 경우, 변조된 의도 에너지는 순수하지 못할 것이다. **자유 에너지의 상당 부분을 잉여 포텐셜이 차지하고 있다면 의도는 아무런 힘도 지니지 못할 것이다.**

가지겠다는 결정을 내리려고 할 때 부딪히는 어려움은 자전거 핸들을 처음 잡았을 때 주저되는 느낌과 비슷하다. 당신은 자전거를 타고 달리는 것이 가능하다는 것은 알지만 동시에 지금 당장 그럴 수는 없다는 것도 알고 있다. 자신의 능력을 의심하고 있으면서도 배우고자 하는 욕망만은 가득하다. 마음은 배우는 과정이 마음먹은 대로 되기를 바라고 애쓰지만, 어떻게 해야 할지 감을 잡지 못한다. 의심과 욕망과 통제의 세 가지 잉여 포텐셜이 동시에 일어나서 의도 에너지를 빼앗아간다.

마음은 이런 저런 방법으로 균형을 유지하려고 애쓰고 있지만 노력한 보람은 없다. 영혼과 마음은 일치를 이루지 못하고 자유에너지도 없다. 그런데 그러다가 어떤 시점에서 마음의 통제력이 약해지면서 영혼과 마음의 일치가 일어난다. 거기서 균형이 유지되어야 한다. 그러면 모든 일이 잘 풀려나간다. 마음은 그런 일이 대체 어떻게 일어났는지를 결코 이해하지 못한다. 하지만 바로 그게 핵심이다! 마음은 언제나 방법을, 어떻게 행동해야 할지를 궁리한다. 마음은 통제력을 뻗쳐 여러 가지 방법을 시도해본다. 그러나 영혼은 생각하지 않는다. **영혼은 그저 아무런 의심도 없이 가질 준비가 되어 있다.** 마음도 가질 준비를 하고 있다. 다만 한 가지 조건이 있다. — 그것이 이해할 수 있고 이치에 맞아야 한다는 것이다. 영혼과 마음 사이의 불일치는 오로지 목표가 실제로 이룰 수 있는 것인가에 대한 마음의 의심 때문에 일어난다. **통제력이 느슨해지면 마음의 제약적인 조건들이 사라지고, 바로 그때 영혼과 마음의 일치가 일어난다.**

마음은 자신의 통제가 아무런 쓸모도 없다는 놀라운 사실을 대면한다. 만사는 저절로 일어난다. 그러나 그것이 어떻게 돌아가는지를 전혀 이해하지 못하더라도 마음에게는 그런 실제적인 사실의 존재만으로 충분하다. 균형은 그냥 유지된다. 바로 그거다. 그러니 마음은 그것을 받아들이는 수밖에 없다. 통제가 필요 없다는 것을 안 마음은 더 이상 통제하려들지 않을 것이다. 연습을 조금만 하면 다른 잉여 포텐셜들도 사라질 것이다. 의도 에너지는 해방되고 자전거 배우기는 골칫거리에서 즐거움으로 바뀐다.

그러니 가지겠다는 결정을 얻기 위해서는 영혼과 마음의 일치를 이루고 잉여 포텐셜로부터 의도 에너지를 해방시켜야 한다. 영혼과 마음의 일치는 올바른 문을 통해 당신의 목표를 향해 가는 길에서 이뤄진다. 남은 것은 오직 당신의 진정한 열망을 찾아내고 그 길을 나서는 것이다. 쓸데없는 내적, 외적 중요성의 짐을 어깨에서 내려놓으면 가능태 공간 속에서 전이를 일으키는 힘인 의도 에너지가 해방된다. 하지만 내적, 외적 중요성을 지키고 있으면 당신은 자신의 에너지의 99퍼센트를 잉여 포텐셜을 유지시키는 데에 소모하게 된다. 잉여 포텐셜에 모든 에너지를 쏟아 부으면 어떻게 자유에너지가 남아 있을 수 있겠는가?

중요성을 떨어뜨리기 위해서는 의식적으로 행동해야 하고, 자신이 지나치게 의미를 부여하고 있는 것이 무엇인지, 그리고 그 결과는 어떠할지를 알아야 한다. 유감스러운 일이지만 정신적인 차원에서 중요성을 거부하는 일이 늘 성공을 거두지만은 못한다. 그럴 경우 남아 있는 유일한 대책은 몸으로 행동하는 것이다. 잉여 포텐셜의 에너지는 행동 속에서 녹아버린다. **마음속에서 목표의 슬라이드를 계속 상영하라. 과 정을 계속 심상화하고 목표를 향해 조용히 걸음을 옮겨놓으라. 이것이 당신의 행동이 될 것이다.**

두려움을 극복하려면 어떻게 해야 할까? - 안전망을 찾으라. 가장 극복하기 힘든 잉여 포텐셜이 두려움이다. 예컨대 당신의 목숨, 집, 일 자리처럼 어떤 것이 부인할 수 없을 정도로 중요하다면, 그리고 그것이 위협을 받고 있다면 잉여 포텐셜을 떨어뜨리는 유일한 방법은 피난처, 제2안, 우회로를 찾는 일일 것이다.

불안과 근심에 빠지지 않으려면 어떻게 해야 할까? - 행동하라. 불 안과 근심의 잉여 포텐셜은 행동 속에서 사라져버린다. 적극적으로 행 동에 나서기 전에는 부질없는 근심만이 당신의 주위를 맴돌고 있을 것이 다. 당신의 행동이 근심의 대상과는 전혀 상관 없는 엉뚱한 것이어도 괜찮다. 뭔가를 하기 시작하는 것만으로도 충분하다. 그러면 근심이 얼 마나 쉽게 사라져버리는지를 금방 느낄 수 있을 것이다.

욕망하지 않으려면 어떻게 해야 할까? — 실패의 가능성을 받아들이 고 행동하라. 이 포텐셜은 제거하기가 어렵다. 욕망을 완전히 거부한다 는 것은 거의 불가능하기 때문이다. 하지만 미리 실패를 받아들이고 대 안을 찾는다면 욕망의 포텐셜에 균형이 잡힌다. 어떤 경우든, 욕망은 행동으로 바꿔놓을 수 있다. 아시다시피, 욕망은 의도 이전에 나오는 것이다. 욕망을 행동하려는 의도로 옮겨놓으면 포텐셜 에너지는 녹아 없어진다. 욕망의 에너지가 의도를 일으키는 데에 사용되어버리기 때 문이다.

기대하지 않으려면 어떻게 해야 할까? - 행동하라. 이 포텐셜은 행

135

동 속에서 흩어져버리게 되어 있다. 욕망과 기대를 행동 속에서 녹여 없애라.

자신의 가치를 거부하려면 어떻게 해야 할까? — 당신이 모든 것을 제대로 이해하고 있다면 이 질문이 당혹스러울 것이다. 물론 **트랜서핑은 당신이 무가치하다는 생각을 받아들이라고 하지 않는다. 오히려 당신의 가치를 하나의 선물로서 받아들이라고 한다.** 유일한 문제는, 마음은 주변사람들이 당신을 그에 걸맞게 대접해줄 때만 자신의 가치를 인식한다는 것이다. 이 점을 고려한다면 자신의 가치를 높이는 비결은 간단하고도 확실하다. 곧, **자신의 가치를 높이려는 모든 행위를 거부하기만 하면 된다.**

자신을 잘 살펴보라. 자신의 가치를 지키려고 할 때 당신은 어떤 행동을 하는가? 당신은 사람들에게 존중심과 관심을 요구하고, 자신의 권리를 과시하고, 상대방을 공격하고, 자신을 방어하고, 정당화하고, 다툼에 끼어들고, 오만한 모습을 보이고, 꼭대기에 올라서려고 하고, 상대방을 비웃고 결점을 부각시켜 그의 존엄성에 상처를 주고 자신의 잘난 점을 내보인다. 자신의 가치를 높이려는 이 모든 노력이 완전히 사라질 때까지 조금씩 줄여가면 주변사람들은 그것을 무의식중에 감지할 것이다. 자신의 가치를 방어하지 않으므로 그것은 곧 당신의 가치가 이미 높은 수준에 닿아 있음을 뜻한다. 사람들은 곧 당신을 이전과는 달리 대하기 시작할 것이다. 사람들이 더 큰 존경심을 가지고 당신을 대한다는 것을 감지하면 당신의 마음도 덩달아 자신의 가치를 인정하게 될 것이다. **자신의 높은 가치를 스스로 인정하면 주변사람들도 즉시 당신과 공감한다.** — 이것은 절대적으로 분명한 사실이다. 그러므로 당신은 자신이 거부했던 것을 얻게 될 것이다.

흥분하고 성내지 않으려면 어떻게 해야 할까? — 펜듈럼 게임의 룰을 깨면서 펜듈럼을 데리고 놀라. 나쁜 소식에 부정적으로 반응하는 습관을 깨는 유일한 방법이 이것이다. 어떻게 하는 것인지는 당신도 이미 알고 있다. 그것이 하나의 게임일 뿐이라는 사실을 제때에 기억하고 그 룰을 가볍게 깨어버리는 것이다. 말하자면, 엉뚱한 반응을 보여주는 것이다. 한편 좋은 소식을 접할 때는 미적지근한 반응이 아니라 즐겁고 열띤 반응을 보이라. 그러면 당신은 행운의 물결과 공명되는 주파수의 에너지를 전송하고 있는 것이다. 펜듈럼은 말썽거리를 만들어내서 당신이 균형을 잃게 만듦으로써 거기서 부정적인 에너지를 얻어낸다. 하지만 당신이 거기에 엉뚱한 반응을 보여주면 펜듈럼은 리듬을 잃어버리고 결국은 빈손으로 처량하게 돌아간다. 이 게임을 한 번 해보라. 재미가 아주 그만이다.

죄책감을 없애려면 어떻게 해야 할까? — 자신을 정당화하려는 짓을 그만두라. 이미 말했듯이, 당신을 자꾸만 재판정에 세우는 것은 당신 자신이다. 원고와 변호사와 피고의 역할을 하고 있는 것도 당신이다. 당신은 조종자들에게 이용당하고 있는 것이다. 재판정을 떠나라. 아무도 당신을 막을 수 없다. 습관적으로 나와서 재판 과정을 방청하고 있는 사람들은 피고가 없으면 잠시 앉아 있다가는 가버린다. 이것이 서서히 당신의 '사건'을 종결시켜가는 방법이다. 죄책감을 없앨 다른 방법은 없다.

원망과 노여움은 어떻게 다뤄야 할까? 죄책감을 없애고 당신의 가치를 받아들이면 그런 것들을 더 이상 느끼지 않을 것이다. **싸움을 그치고 흐름을 타고 가라.** 그러나 흐름을 타고 가는데 누군가가 당신을 붙잡아 흐름을 거슬러 가도록 잡아당기는 일이 생길 수 있다. 이럴 때는 어떻게 해야 할까?

예를 들어, 당신이 어떤 일을 할 줄 안다면 해결책을 찾아낼 능력도 있다. 그러나 오로지 문제밖에는 찾아낼 줄 모르는 사람들도 있다. 그들은 문제를 발견하면 회심의 미소를 지으며 그것을 대단한 성과처럼 내민다. 이들은 상대방은 오직 그에 대한 해결책을 내놔야만 한다고 철석같이 믿고 있다. 그러니 당신이 해결책을 찾기 시작하면 당신 주위에는 이런 게으름뱅이들이 몰려들 것이다. 어떤 자는 비판하고 어떤 자는 새로운 문제를 찾아내고 또 어떤 자는 충고를 하고 또 어떤 자는 주문하고 요구한다. 당신이 흐름을 타려고 아무리 노력해도 사람들이 계속 훼방을 놓는다. 물론 이것은 원망과 노여움을 자극한다.

그리하여, 원망과 노여움을 다루지 못한다면 어떻게 해야 할까? — 그러한 약점을 그저 허용하고 수용해야 한다. 중요성을 제로로 유지해야만 한다는 점에 지나친 의미를 부여하기 시작하면 그것은 더욱 더 악화될 것이다. 당신은 누구를 위해서 일하는가? '그 누군가'를 위해서? 그렇다면 당신은 불가피하게 원망과 노여움을 계속 경험해야만 할 것이다. 당신의 목표를 향한 길로 나서라. 그러면 언젠가는 일을 하더라도 자신만을 위한 일을 하게 될 것이다. 하지만 그때까지는 가끔씩 잉여 포텐셜을 지어내어 손해를 봐도 괜찮다고 자신을 허용하라. **항상 이겨야만 한다고 자신을 밀어붙이지 말라.**

그러니 잉여 포텐셜과 싸우지 말고 **순수한 의도 안에서 행동해야 한다. 그리고 의도는** 움직여가는 과정에서 순수해진다. 아시다시피, 가지겠다는 결정은 생각에 의해서가 아니라 구체적인 행동에 의해 내려지는 것이다. **당신이 할 수 있는 그 어떤 방법으로든지, 최소한 목표를 향해 걸음이라도 떼놓기 시작하라.** 움직여가는 과정에서 그 행동은 효율성을 갖추게 될 것이다.

가지겠다는 결정은 세 단계를 거친다.

첫 단계: 상황의 생소함에서 오는 조심스러움. ─"이게 정말 다 나를 위한 것이란 말이야?" 머릿속에서 목표의 슬라이드를 상영할 때, 당신은 그것이 가능하리라는 생각에 온전히 익숙해지지 않는다.

두 번째 단계: 기쁨. 이것은 짓누르던 무게가 사라진 느낌에 가깝다. 당신은 조심스럽고 거북하던 느낌이 문득 사라진 것을 느낄 것이다. 목표를 안락지대 안으로 받아들인 것이다. 그리고 갑자기 목표가 사뭇 현실적인 느낌으로 생생하게 다가오기 때문에 기쁨을 느끼는 것이다. 무게가 사라진 느낌을 느끼는 데는 매우 실제적인 이유가 있다. 그것은 잉여 포텐셜로부터 의도 에너지가 해방된 느낌이다. 당신이 감지하고 있는 것은 바로 그 에너지인 것이다.

그리고 마지막으로, 가지겠다는 결정은 시간이 지나면 세 번째 단계, 곧 예사로운 느낌으로 진행된다. 당신은 마음속에서 목표의 슬라이드를 계속 상영하면서 그것에 익숙해져가고 있다. 그리고 점차 슬라이드 속에 있는 모든 것들이 당신에게는 그저 예사로운 것이 된다. 슬라이드는 중요성이라는 필름 위에 유지되어온 것이다. 당신이 목표를 이룰 방법을 찾아 고민하고 있는 한, 가지겠다는 결정이 서 있는 토대는 불안정하다. 중요성이 사라지는 순간 결정은 힘을 얻는다. 그렇다면 중요한 것은 가지겠다는 결정을, 즉 목표를 향해 발걸음을 떼놓으려는 의도를 잃지 않는 것이다. 이 세 가지 단계를 다 거쳤다면 당신은 올바른 트랙 위에 서 있는 것이다.

그럼 마지막으로, 문제의 무게에 짓눌리지 않으려면 어떻게 해야 할까? 어떤 상황에서든지 다소간에 우리를 무겁게 짓누르는 것이 있다.

중요성을 거부하는 것 자체가 매우 힘들다. 이런 경우에 트랜서핑의 매우 강력하고 흥미로운 방법이 하나 있다. ― 의도의 조율이다.

의도의 조율

인간은 자신을 지배하고 있는 환경의 힘을 느낀다. 그는 자신의 손에 맡겨져 있는 것은 거의 없다고 믿는다. 그러던 중에 어쩌다가 그는 운좋게 행운의 물결 위를 잠시 미끄러져 다니기도 한다. 때로는 운이란 제 손에 달려 있는 것이어서 단호하게 행동할 필요가 있다고 생각하게 되기까지도 한다. 그래서 그는 맹렬하게 싸우기 시작한다. 하지만 그의 모든 노력에도 불구하고 승리의 뒤에는 종종 패배가 끈질기게 뒤를 밟고 따라온다.

사람들은 마치 깊은 구덩이와 가파른 언덕배기로 점철된 길을 걸어가고 있는 것만 같다. 자신만만하고 단호한 사람들은 무슨 이유인지 평탄한 길을 계속 벗어나 산을 오르기 시작한다. 산 위에는 펜듈럼이 놓아둔, 눈부신 광채로써 사람을 유혹하는 상賞이 있다. 어떤 사람들은 간혹 믿기지 않는 노력의 결과로 그 상을 얻어낸다. 하지만 많은 사람들이 실패를 맛본다. 아무튼 산 위에 오르고 나면 그는 균형력의 바람에 떠밀려 다시 아래로 곤두박질친다. 그러면 인간은 무력함을 느끼고 자신의 손에 맡겨진 것은 거의 없음을 다시 실감한다.

이와는 다른 종류의 사람들로는 비관주의자들이 있다. 그들은 자신이 마음대로 할 수 있는 것은 아무것도 없다고 믿고 극심한 두려움의 구렁텅이 속에서 나약하게 허우적대기만 한다. 비관주의자들은 단순히 무력감에 시달리는 정도가 아니라 어리석게도 자신의 운명을 낯선 자의 손에 넘겨주고는 '신이시여 뜻대로 하소서' 라고 말한다. 그들은 가능태의 흐름을 따라가지도, 거스르지도 않는다. 다만 불만을 토하여 주변의 에너지장을 해치면서 그저 허우적대기만 한다. 그들이 잘 하는 유일한 짓이란 자신의 극심한 두려움을 알아차리는 것이다. 비관주의자들이 최악의 경우를 두려워하는 데서 즐거움을 찾는 것은 이 때문이다. 최소한 그것에서만은 자신이 옳다는 것을 보여줄 수 있기 때문이다. 그들이 완벽하게 해낼 수 있는 유일한 일은 자신의 비관적 태도를 뒷받침해줄 증거를 찾아내는 일이다.

이런 사람들은 비관 속에서 모종의 가학피학증적 즐거움을 느낀다. 그들은 아주 사소한 일을 가지고도 한 편의 비극을 빚어낼 수 있다. 그들의 구호는 "인생은 비참하다. 인생은 갈수록 더욱 비참해지고 있다"는 것이다. 그것은 그들의 선택이다. 비관주의자들은 모든 일에서 그것을 증명해줄 증거를 찾아낸다. 그들은 수난자다. 그들은 끊임없이 비난받고 벌 받는다. 그것이 이 순교자들의 쓰디쓴 운명이다. 그들은 말 그대로 비관 속을 헤엄치고 있고 그 속에서 만족해한다. 왜 그런지 아는가? 그것은 오로지 비관만이 세상이 그들과 공감해주는 유일한 것이고 거기서만 세상이 그들을 맞아주기 때문이다. 그들은 자신이 가장 두려워하는 것이 실현되리라는 사실에서 지지와 자신감을 얻는 것이다.

때로는 비관주의자도 우연히 행운의 물결을 타게 된다. 그는 그것을 잠시 기뻐하고 즐긴다. 하지만 그것은 지속되지 않는다. 왜냐하면 그는 곧 고개를 돌려 주변을 두리번거리며 자신에게 익숙한 어둠을 찾기 시작하기 때문이다. 아니나 다를까, 모든 호사는 어느새 다 지나가버린다. 왜냐하면 성공이란 비정상적인 것이기 때문이다. 그것은 자연스러운 것이 아니다! 비관주의자는 어둠을 찾아낼 구멍이 없는지 열심히 두리번거린다. 비참하기 이를 데 없지만 최소한 예측 가능한 그 구렁텅이 속으로 들어가기 위해서 말이다. 그는 자신의 불만을 어디에다 뒤집어씌울지를 궁리하면서 나쁜 소식에 귀를 쫑긋대며 불평하고 비난하고 요구한다. 요구할 거리를 찾지 못하면 그는 모든 사람이 나서서 위로하고 진정시켜줄 희생자의 역할 속으로 기어들어간다.

비관주의자로 하여금 자기 고문에서 즐거움을 찾는 습관을 떼도록 만드는 것은 매우 힘든 일이다. 이 경우는 다루기가 어렵다. 문제는, 그가 자신의 삶만을 비참하게 만드는 것이 아니란 점이다. 그는 세계의 층이 서로 교차하는 주변의 가까운 사람들을 자신의 작은 지옥으로 끌어들인다. 하지만 이 역설적인 광경을 보라. 비관주의자는 무력해 보이지만 대단한 힘을 가지고 있고, 그 힘을 최대한 발휘하고 있다. 그의 힘은, 삶이란 끔찍한 것이고 그것은 나날이 더욱 더 끔찍해지고 있다는 확고한 믿음 속에 있다. 이 굳센 믿음은 다름 아니라, 가지겠다는 결정이다. 비관주의자의 선택이 현실화되는 이유는 여기에 있는 것이다. **비관주의자는 실제로 선택을 하고 있고, 세상은 실제로 그를 마중 나와서 맞이한다.**

따지고 보면 인간은 결코 무력하지 않으며 많은 것들이 그의 손에 달려 있다는 것이 드러난다. 비관주의자가 가장 두려워하는 것이 현실화된다는 것이 누구나 사건의 경과에 영향을 미칠 능력을 가지고 있다는 사실을 확인해준다. 모든 사람은 꿈속에서뿐만 아니라 현실에서도 시나리오를 골라잡을 능력을 가지고 있다. "인생은 멋지다. 인생은 날마다 더욱 좋아진다." 하지만 이런 구호를 택하는 사람은 구름 속으로 길을 나서는 것이다. 한 순간이라도 의심을 품고 두려운 마음으로 발밑

142

을 내려다보면 그 즉시 그는 구름을 뚫고 아래로 떨어질 것이다.

비관적인 기분이 끈질기게 오래가는 것도 이 때문이다. 인간은 태어난 이래로 자신을 대하는 세상의 적대적인 태도를 익히 보아왔기 때문이다. 태어나자마자 이 작은 인간에게는 크나큰 힘의 공격적 기운이 덮쳐온다. 그는 자궁 속에 홀로 누워 있다. 그곳은 아늑하고 따뜻하고 평화롭다. 그런데 갑자기 무언가가 이 작은 인간을 안락한 곳으로부터 붙잡아 끌어낸다. 그는 어머니의 비명소리를 듣는다. 그리고 아마도 이 작은 인간은 그녀에게 고통을 준 것이 바로 자신이라는 것을 깨달았으리라. 그리하여 죄책감의 기초가 깔린다. 눈부신 빛이 그의 눈에 부딪혀온다. 그는 눈을 꽉 감고 아무것도 보지 않으려고 한다. 촉촉하고 따뜻하던 느낌은 가혹하게 건조하고 차가운 느낌으로 바뀐다. 그는 몸을 웅크려 이 모든 끔찍한 것들로부터 자신을 차단시키려고 한다. 하지만 이곳에서는 사람들이 다짜고짜 덤벼들어 탯줄을 끊고 생명의 근원과 이어진 유일한 연결선을 무례히 파괴한다. 작은 인간은 이미 죽음의 충격 속에 놓인다. 그는 숨이 막힌다. 그는 아직 숨을 쉬어야 한다는 사실조차 모른다. 그들은 그의 엉덩이에 평생의 상처가 될 일격을 가한다. 면도날처럼 날카로운 공기가 그의 폐를 뚫고 들어온다. 숨 쉬는 것은 고통스럽다. 하지만 달리 방도가 없다. 주어진 조건은 가혹하다. 생명을 위해 몸부림치든가, 아니면 죽어야 한다. 순진무구하고 순수한 마음은 최초의 교훈을 얻는다. ─ 생존을 위한 몸부림이야말로 이 세상의 필수불가결한 일부라는 것 말이다. 작은 인간은 상처 입고 겁에 질려 있다. 하지만 이곳에서는 이 모든 만행조차 모자란다는 듯, 그를 어머니로부터 떼어내서 단단한 상자 속에 넣어버린다. 기진한 그는 이 세상을 피하여 꿈속으로 자신을 숨기려고 애쓴다.

이것이 인간이 세상을 처음으로 대면할 때 일어나는 일이다. ─ 두려움, 외로움, 절망, 분노, 흥분, 그리고 지독한 무력감. 이것이 마음의 백지 위에 가차 없이 선명하게 새겨지는 최초의 교훈이다. 펜듈럼이 바라는 일이 그대로 개시되었다. 바로 오늘날까지도 이토록 어처구니없는 출산법이 문명화된 방식인 양 널리 선전되고 시행되는 데에도 다 이유가 있는 것이다. 이런 식의 출산이 인간의 잠재의식 속에 일생의 깊은 상처를 남겨놓는 끔찍하기 그지없는 폭력이라고 생각하는 사람조차도 거의 없다. 동물세계의 그 어떤 생물도 세상에 나올 때 이 같은 일을 겪지는 않는다. 오직 지극히 소수의 비싼 병원에서만 '인간적으로' 태어날 수가 있다.

펜듈럼 세계의 최초의 가혹한 교훈은 단단히 학습되고, 그것은 이어지는 삶을 거치는 동안 더욱 더 공고히 다져진다. 어느 날, 작은 인간은 어머니의 품 안을 나와서 순진한 용기로 가득 찬 채 즐겁게 삶을 향해 달려간다. 그러나 펜듈럼의 세계는 삶이란 결코 만만한 것이 아니라는 본때를 보기 좋게 보여주고, 작은 인간은 쓰러진다. 그의 어머니는 아이가 차에 치일까봐 벌써 걱정이 태산이다. 나는 인간의 내면에 이런 '비관적 성향'이 얼마나 뿌리깊이 자리 잡고 있는지를 보여주기 위해 이 모든 이야기를 하고 있는 것이다. 반면에 낙관주의의 선한 의도는 종종 구름 위를 날면서 하늘에 성을 쌓는 사람이나 땅 위의 모든 요새를 날려버릴 힘을 모으는 사람으로 귀결되고 만다.

그렇다면 조율을 지키기 위해서는, 구덩이에 빠지지 않고 장애물을 기어오르지도 않고 순조로운 길만 따라가기 위해서는 어떻게 해야 할까? 중요성을 내려놓고 의식적으로 흐름을 따라가라는 거겠지? 그렇다. 그것이 정확히 해야 할 그것이다. 하지만 그것은 좀 어려운 과업이다. 왜냐하면 자신을 중요성에서 완전히 해방시킨다는 것은 불가능한 일이고, 불안한 마음은 흐름을 따라가지 못하도록 가로막기 때문이다. 마음은 눈뜬 채 잠들어 있는 주제에 어떻게든 흐름을 통제해보려고 기를 쓴다.

하지만 이 상황을 빠져나갈 길은 있다. 그리고 그것은, 기발한 발명품들이 그렇듯이, 간단하다. 모든 것을 통제하려드는 마음의 습관을 이용해서, 마음에게 새로운 게임을 권하면 된다. 그 게임의 개요는 이렇다. ― 나쁜 일이 일어나면 의식을 일깨워서 일어나고 있는 일의 중요성을 의식적으로 따져보라. 그리고 당신의 태도를 바꾸라. 당신의 마음이 이 게임을 좋아하리라는 것은 직접 해보면 안다. 우리는 이 게임의 원리를 이미 설명한 적이 있다. ― 흙인형과의 재미있는 싸움 말이다. 하지만 그게 다는 아니다. 이제 당신은 조율의 기본 원리를 알게 될 것이다. 이 원리를 따르면 비관주의자들이 가장 두려워하는 것을 성취해내듯이, 낙관적인 일에도 똑같은 성공을 거둘 수 있게 될 것이다. 그 원리는 바로 이렇다. ― **시나리오에서, 비관적으로 보이는 변화를 낙관적인 것으로 바라보기를 의도하면 그것이 그대로 이루어진다.**

이것은 터무니없지는 않더라도 정말 믿음을 주지는 않는다. 그렇지 않은가? 명백한 패배에 그 무슨 낙관적인 것이 있을 수 있으며 불운이 좋을 것이 무엇이 있단 말인가? 하지만 그럼에도 불구하고 이 원리는 신기하게도 잘 듣는다. 물론 다시 말하지만, 믿으라고 강요하는 것은 아니다. 그저 직접 한 번 시험해보라. 마음이 문제라면 마음을 위한 설명도 있다.

아시다시피, 온 우주는 이원성의 원리 위에 지어져 있다. ― 모든 것은 반대 극성을 가지고 있다. 빛이 있는가 하면 어둠이 있고 검은 것이

145

있는가 하면 흰 것이 있다. 긍정이 있으면 부정이 있고 꽉 찬 상태가 있으면 텅 빈 상태가 있다. 외나무다리를 건널 때 한쪽으로 몸이 기울면 당신은 편중을 바로잡기 위해 반대쪽 팔을 든다. 인생트랙 위의 모든 사건들도 두 개의 갈래를 가지고 있다. ─ 한 갈래는 바람직한 쪽을, 다른 갈래는 바람직하지 않은 쪽을 향해 있다. 어떤 사건을 맞이할 때마다 당신은 그것을 어떻게 볼 것인지를 선택한다. 그 사건을 긍정적인 것으로 본다면 당신은 인생트랙의 바람직한 갈래에 오른다. 그러나 비관적으로 기울기 쉬운 인간의 성향은 그에게 불만을 토하게 하고 바람직하지 않은 갈래를 선택하게 한다.

아침에 일어나서부터 인간은 사소한 일에 짜증을 부리다가 화를 내고, 급기야는 온종일이 꼬리를 물고 일어나는 말썽거리로 채워진다. 당신은 아무리 사소한 일에서도 잠시라도 균형을 잃으면 즉시 부정적인 시나리오가 극적으로 펼쳐진다는 사실을 너무나 잘 알고 있다. 뭔가가 당신을 귀찮게 하기 시작하자마자 새로운 문제가 생겨난다. 그것이 '불행이 혼자 오지 않는' 이치다. 하지만 꼬리를 물고 일어나는 말썽은 **실제로 불운을 따라오는 것이 아니라 그것에 대해 당신이 만들어내는 것을 따라온다.** 패턴은 갈림길에서 당신이 내리는 선택에 의해 결정된다. 어떤 사소한 일이 당신을 짜증나게 했다. 그러면 당신은 이미 바람직하지 못한 갈래의 주파수를 방사하고 있는 것이다. 게다가 부정적인 태도는 긴장의 포텐셜을 만들어내고, 그것은 당신의 의도 에너지를 일부 빼앗아간다. 당신은 이미 비효율적으로 행동하고 있고 이제는 더 큰 불행을 맞이하고 있다. 인생에서 이처럼 부정적 갈래가 연속되던 시기에 당신이 어디로 가고 있었는지, 이제 상상이 가는가! 바로 이것이 세

대차를 일으킨 원흉인 것이다.(1권 참고)

이제 다른 시나리오를 상상해보라. 당신은 짜증나는 상황을 당한다. 조개처럼 원시적으로 부정적인 반응을 보이기 전에 잠시만 기다리라. 자신에게 이렇게 말하라. — "잠깐! 사실 이건 흙인형과 벌이는 게임일 뿐이야! 좋아 꼬마야, 한번 놀아 보자구." 무엇이 어찌되든 간에 긍정적인 기분을 가지고 그 일이 당신을 즐겁게 해준다고 상상하라. '가면을 쓴 축복'이라거나, '아무 짝에도 쓸모없는 것은 없다'거나, '여기서 잃으면 저기서 딴다'는 속담들은 괜히 만들어낸 말이 아니다.

어려운 상황 속에서도 뭐든 긍정적인 것을 찾아내라. 아무것도 찾아내지 못하더라도 즐거워하라. **실패를 축하하는 '바보 같은' 습관을 만들라.** 이것은 어쨌든 짜증내고 투덜대는 것보다는 훨씬 더 재미가 있다. 그러면 대부분의 경우 실제로 불행이 바람직한 쪽으로 전환되는 것을 직접 확인하게 될 것이다. 설사 그렇게 되지 않는다고 하더라도 다음은 확신해도 좋다. — 긍정적 태도 덕분에 당신은 바람직한 갈래로 올라왔고, 다른 말썽거리를 피한 것이다.

사실 말썽거리는 정상이 아니다. 그것은 당신에게 좋을 것이 하나도 없다. 말썽거리는 균형을 잃게 해서 에너지를 더 소비하게 만들기 때문이다. 스스로 장애물을 만들어내 놓고는 또 그것을 극복하느라고 발버둥 칠 때, 결국 에너지를 뺏기는 것은 당신이다. 반대로 행운은, 곧 당신이 만족스러울 때는, 정상이다. 그런데 문제는, 사건이 당신이 짜놓은 시나리오를 벗어나면 당신은 대개 불만스러워한다는 것이다. 마음은 자신이 받아들인 시나리오가 어긋나는 것을 발견하면 그것을 부정적인 것으로 본다. 그래서 마음은 그 같은 반응을 보이면서 상황을 통제하려고 애쓰는 것이다.

그러니 이제 마음에게 새로운 게임의 룰을 설명해주라. 마음에게 이

147

렇게 말하라. — 마음은 여전히 통제력을 가지고 있다. 단지 이제부터 그 통제력은 모든 사건을 긍정적으로 보는 데 발휘될 것이다. 이 게임 의 시작부터, 예컨대 아침에 일어날 때부터 지켜보는 자를 일깨워서 감 시하게 하라. 당신은 대개 그날의 일이 어떻게 전개될지를 대충 알고 있다. 눈앞에서 시나리오가 바뀌는 순간에 당신은 그 변화를 '받아들 이고 긍정하라'. 따지고 보면 당신은 단지 어떤 일이 자신의 시나리오 와 일치하지 않는다는 이유만으로 그것을 부정적으로 인식하는 것이 다. 그것이 바로 때마침 당신이 필요로 했던 일인 것처럼 연기하라.

이로써 당신은 시나리오에 일어나는 변화에 대해 역동적이고 유연한 통제력을 갖게 된다. 단지 시나리오에 변화가 생겼다는 이유로 아직 시 나리오가 상영 중인데 달려들어 상황을 불평하고 맞서 싸우려 들지 말 라. **상황 통제하기를 사양하면 오히려 통제력을 얻게 될 것이다. 그리고 그 통제력은 가능태의 흐름에 맞서 싸우기 위해서가 아니라 흐름을 타 고 가기 위해서 발휘될 것이다.**

조율의 비밀은 손아귀의 힘을 빼면서 동시에 상황을 장악하는 데 있 다. 마음이 손아귀에 힘을 주고 있으면, 그것은 상황이 가능태 흐름에 따라 펼쳐지도록 허용하지 않는 것이다. 시나리오상의 모든 변화를 주 어진 대로 받아들이면 당신은 통제를 거부하는 것이다. 이것은 통제를 거부함과 동시에 당신의 태도를 — 그리고 따라서 상황도 — 통제하에 유지하는 것을 의미한다.

결국 당신은 그저 문제를 피해서 만사가 순조롭게끔 살고 싶다. 조 율의 원리를 적용한다면 그렇게 될 것이다. 그것은 외부의도로써 일에 영향을 미치려고 애쓰는 것보다도 더 효율적이다. 문제는, 이미 말했듯 이 사람의 마음이 일의 모든 움직임을 사전에 완벽하게 계산할 수가 없다는 것이다. 당신이 이 세상에 사는 유일한 존재는 아니다. 당신 세계의 층은 다른 이들의 무수한 층들과 교차한다. 그들 또한 끊임없이 뭔가를 이루려고 애쓴다. 하지만 마음이 사건을 미리 계산할 필요는 없다. 해야 할 유일한 일은 목표의 슬라이드를 상영하고 조율의 원리를 따르는 것이다. 그러면 외부의도가 당신을 당신의 목표로 잘 데려다줄 것이다.

조율은 연습의 문제라는 것을 명심해야 한다. 조율의 원리를 이해하는 것만으로는 충분하지 않다. 항상 이 능력을 키우고 완성시켜가야 한다. 지켜보는 자가 항상 깨어 있어야 한다. 자신도 모르게 부정적 게임에 끌려 들어가는 순간을 놓치지 말라.

조율은 가능태 공간 속을 움직여가는 가장 효율적인 방법이다. 모든 사건을 긍정적으로 대하여 항상 바람직한 갈래로 올라서면 행운의 물결을 더 자주 마주치게 될 것이다. 하지만 당신은 의도적으로, 의식적으로 행동하고 있으므로 구름 속을 거닐고 있는 것이 아니다. 그러니 **당신은 행운의 물결 위에서 균형을 잡고 있는 것이다.** 여기에 트랜서핑의 핵심이 놓여 있다.

사과가 하늘로 떨어지다

'네 믿음대로 되리라' 는 성경구절이 있다.* 이 말은 정말 진리다. 당신은 언제나 가질 준비가 되어 있는 것만을 얻는다. 외부의도는 당신의

주문을 완벽하게 수행한다. 당신은 당신의 세계관의 틀과 이 세상에서의 당신의 위치에 대한 자신의 생각에 따라 현재의 현실 속에 존재하고 있는 것이다. 이제 당신은 트랜서핑의 주요 원리들을 모두 익히 알므로 당신의 운명을 당신의 '선택'에 따라 운전해갈 수 있다. 당신의 운명은 당신의 개인적 선택과 믿음에 발맞추어 형성되어갈 것이다.

선택의 방법은 당신도 이미 알고 있다. 이제 다음 질문에 대답하는 일만 남아 있다. ─ 이 모든 것을 어떻게 믿을 수 있는가? 이미 말했지만 사실을 직접 목격하게 해주기 전에는 마음을 확신시킬 수가 없을 것이다. 마음은 믿는 척할 수 있다. 또 맹목적으로 광신할 수도 있지만 그것은 극도로 강력한 잉여 포텐셜에 근거한 거짓 믿음이다. 그것은 확신 자체에다 지나친 의미를 부여할 때 일어나는 현상이다. 마음이 광신에 빠지면 들리는 것도 보이는 것도 없다. 마음은 영혼뿐만 아니라 자기 자신까지도 상자 속에 몰아넣는다. 그래서 '눈먼 믿음'이라고 하는 것이다.

거짓 믿음의 돛은 결코 외부의도의 바람을 받지 못한다. 거짓 믿음은 펜듈럼이 불안의 미궁 속에 파놓은 함정이다. 당신은 마침내 미로를 벗어났다고 생각하지만 사실 그것은 환영일 뿐이다. 당신은 영혼 깊은 곳에서 의심하고 있다. 단지 그 의심은 거짓 믿음의 벽에 에워싸여 고립되어 있을 뿐이다.

진정한 믿음과 거짓 믿음을 어떻게 구별할 수 있을까? 진정한 믿음은 더 이상 믿음이 아니다. 그것은 앎이다. 열성으로든 힘으로든 자신을 설득하고 확신시켜야 한다면 그것은 거짓 믿음임을 의미한다. 앎은 설득으로써 만들어지는 것이 아니라 사실에 의해 형성된다. 마음이 사실을 대면하면 당신은 그저 알게 된다. 거짓 믿음은 마음의 통제에 의해 유지된다. 마음은 미궁 속 환영의 방 안에 한 치의 의심도 기어들어 오지 못하도록 보초를 선다. 어떤 기대를 품고 있으면 마음은 그것밖에 는 아무것도 들으려 하지 않는다.

자신을 설득하려고 애쓰지도 말고 믿으려고 애쓰지도 말라. 그러지 않으면 당신은 겉껍질만 진짜처럼 보이는 거짓 믿음을 얻게 될 위험이 있다. 당신이 새벽별의 속삭임을 듣기 시작하면 환영의 베일이 걷힐 것 이다. 마음의 통제를 놓아버리고, 아무리 미세한 것이라도 영혼의 불편 한 기분을 알아차리는 데다 그 힘을 발휘하라. 불편한 기분을 탐지했다 면 더 이상 자신을 설득하거나 확신시키려고 하지 말라. **영혼과 마음이 일치를 이루면 자신을 설득할 필요가 없어진다.**

확언으로써 자신을 괴롭히는 것은 부질없는 짓이다. "난 해낼 거야" 하고 무수히 자신에게 타이른다고 해서 의심의 그림자가 사라지지는 않는다. 오히려 반대로 의심은 번져갈 수 있는 터전을 얻게 될 것이다. 그것을 설득하려고 애쓰면 영혼은 믿으려들지 않을 것이다. 영혼은 논 리도 이해하지 못하고 마음의 언어도 이해하지 못한다. 게다가 영혼은 어정쩡한 태도를 용납하지 않는다. 영혼에게 "나는 목표를 이루게 될 까?" 하고 물으면 '예스' 아니면 '노'로 대답하지 결코 '어쩌면'이라 든가 '아마도' 따위로 대답하지 않는다. 의심이 그림자라도 비친다면 대답은 '노'가 될 것이다.

그러니 영혼이 의심을 품는다면 영혼을 설득하거나 확신시키는 것 은 불가능하다. 그러면 어떻게 해야 하는가? 그 대답은 위의 말 속에 있다. ─ 영혼은 어정쩡한 태도를 용납하지 않는다. 의심은 당신이 무 엇을 완전히 믿는 것이 아니라 어느 정도까지만 믿을 때 일어난다. 영 혼은 '조금'을 '전혀'로 바꿔놓을 것이다. 영혼은 믿지도 않고 의심하지도 않는다. 어떤 일이 일어날지를 그저 '알' 뿐이다. — '예스' 아니면 '노' 다.

그러니 당신은 한 가지 근본적인 조치를 취해야 한다. — '믿음'이라는 말을 당신의 관념틀 속에서 없애버리고 그 대신 '앎'을 그 자리에 갖다 놓으라. 마음이 이런 저런 일이 일어나리라는 것을 그저 알기만 한다면 영혼은 설득이 필요 없이 거기에 동의할 것이다. 당신은 지금 당신이 이 책을 손에 들고 있다고 믿는가? 아니다. 그런 말조차 필요 없다. 당신은 책을 손에 들고 있음을 그저 '안다'. 그것이 전부다. 그러나 믿음이 있는 곳에는 언제나 의심의 여지가 있다.

믿음이라는 개념을 버렸으니 이제 자신에게 당신의 소원이 이루어지리라는 것을 '알도록' 허락하라. 당신은 이것을 '안다'. 법칙이 그러하니까. — 가지겠다고 결정하면 목표는 이루어진다. 그리고 당신의 문을 지나 움직일 때 행동하겠다는 결정을 실현시킬 수 있을 것이다. 선택은 당신의 손에 달렸다. 당신이 주인이다. 그러니 당신이 선택을 했다면 "그런데 안 되면 어쩌지?" 하는 식의 생각은 한 마디로 이 대목과 상관없는 얘기다.

어떤 일이 두 가지 경우, 즉 잘 풀려가는 경우와 꼬이는 경우로 전개될 수 있다고 가정해보자. 그것이 잘 풀려 가리라고 자신을 설득하고 믿게 만들려고 애쓰는 것은 부질없는 짓이다. 하지만 이제는 아는 것이 있다. — 당신이 스스로 골라잡는다. 앎이야말로 자신감을 세울 수 있는 토대다.

남은 일은 한 가지 사소한 일뿐이다. — 이 '앎'을 얻는 것. 그러려면 이 앎에 익숙해지고 그것을 받아들일 필요가 있다. 세월과 함께 사람들은 전화, 텔레비전, 비행기 등등 온갖 희한한 것들에도 곧잘 익숙해진다. '정말 믿기지 않는' 것들도 꽤 많지 않았는가? 슬라이드 기법을 적용하라. 이 앎을 당신의 머릿속에 품어서 먹이고 길러야 한다. ─ 외부의도가 그것을 사실로 만들어줄 때까지. 그러나 당신이 해야 할 일은 자신을 설득하는 것이 아니라 목표가 이루어질 것임을 당신이 '알고 있음'을 수시로 자신에게 상기시키는 것이다.

조율

목표를 생각할 때 당신은 다시 자기도 모르게 습관적으로 의심을 하고 목표를 이룰 방법을 궁리하고 있는 것을 발견할 것이다. 의심은 물론 있을 것이지만 당신은 그것을 알아차리고 바로잡아야 한다. "성공은 나의 선택에 달린 것임을 나는 안다. 나는 나의 선택을 내렸다. 그러니 주저할 것이 무엇이 있겠는가?" 의심은 점차 사라질 것이다. 믿음은 없고 오로지 앎만이 있는 곳에 의심은 존재할 수 없다. 의심을 쫓아내려고 너무 애쓰지만 말라. 의심의 존재에 저항하지도 말라. 하루를 마무리할 때, 의심을 하면 반드시 실패하는 것은 아니라고 자신을 다독거려주라. 의심이 있다는 것은 그저 다소간 울퉁불퉁한 길을 만나는 것일 뿐이다.

다시 강조해야겠지만, 꼭 명심해야 할 것은 이것이다. ─ **목표에 도달할 것인지 말 것인지를 결정하는 것은 당신이다. 그러니 걱정을 할 이유가 없다.** 의심이 올라오기 시작하는 순간마다 이 사실을 기억하라. 당신의 나쁜 습관에도 다시 주의를 환기해야겠다. ─ 잊어버리고 반쯤 잠든 상태로 사는 것 말이다. 새로운 앎은 잊어버리기가 쉽지만 오래된 습관은 좀처럼 사라지지 않는다. 언제나 기억하라. 당신은 당신 운명의 주인이다.

나는 예수가 물 위를 걸으면서 특별히 기뻐했다고 생각하지 않는다. 당신이 땅 위를 걷는 것을 대수롭게 여기지 않듯이 그에게는 그것이 당

153

연한 일이었다. 물 위를 걷는 것에 대해 모든 의심과 걱정과 감정을 내려놓을 수 있다면 보통사람들도 그렇게 할 수 있을 것이다. 믿기지 않는가? 하지만 인간의 역사 자체가 믿기지 않는 일들로 인한 경악의 끝없는 연속이었다. 예를 들어보자. ― "쇳덩어리가 하늘을 날기는커녕 물 위를 돌아다닐 수도 없는 일이다." 하지만 사람들도 그것을 두 눈으로 보고 나서는 더 이상 그것의 가능성이나 그것이 실제로 일어날 수 있는 일인지에 대해 왈가왈부하지 않게 됐다.

의심을 끌고 다니면 성공의 가능성은 극도로 저하된다. 가능태 공간에는 두 가지의 인생트랙이 있다. 그 하나에서는 목표가 이루어져 있고, 다른 하나에서는 실패로 고통받고 있다. 의심의 구덩이 속을 뒹굴고 있으면 당신은 실패의 인생트랙에 주파수를 맞추고 있는 것이다. 그럴 경우에는 성공을 기대하기가 거의 불가능하다. 당신의 사념이 방사하는 에너지의 결과로 나타나는 주변 환경에 의해 실패가 결정될 것이다.

질문을 달리 해야 한다. ― "될까, 안 될까?"가 아니라 "성공을 택할까, 실패를 택할까?"이다. 우리는 평생 동안 사과가 하늘로 날아가는 것이 아니라 땅에 떨어지는 것을 보면서 산다. 그러나 의심에 빠져들 때마다 재빨리 알아차리고 성공은 선택의 문제일 뿐임을 그 자리에서 상기시키기를 계속하다 보면 당신은 그것에 익숙해질 것이다. 이제부터는 어떤 이유로든 사과가 하늘로 떨어지기 시작했다고 상상하라. 그것은 처음에는 매우 놀라울 것이다. 하지만 언젠가는 당신도 그것을 받아들이고 익숙해질 것이다. 어쩌겠는가, 그것이 사과의 속성인 것을. 당신도 풍선이 하늘로 올라가는 것을 보고 놀라지는 않지 않는가.

자, 이제 정신을 차리고 내가 방금 당신에게 무엇을 확신시키려고 했는지를 알아차리도록 해보라. 내가 당신을 끌고 믿음을 찾아 미로 속을 돌아다닌 것처럼 보이지 않는가? 당신이 '믿었다면', 당신은 덫에 걸려든 것이다. 독자 여러분, 기분 나빠하지 마시기를. 나는 그저 마음이 이 절망적인 미로 속에서 얼마나 헤매고 다니는지를 보여주려고 한 것일 뿐이다. 당신의 헤맴은 이 말로부터 시작됐다. "그러니 당신은 한 가지 근본적인 조치를 해야 한다……." 그로부터 믿음을 아직 얻어지지 않은 앎으로 대치하려는 시도가 있었다. 하지만 믿음의 근본은 그런 것으로는 바뀌지 않는다. 이것이 바로 펜듈럼이 당신의 믿음을 얻어내기 위해 벌이는 짓이다.

당신은 걱정할 필요가 없다. 트랜서핑은 마음의 덫이 아니다. 내가 이 책에 적은 모든 것도 사색과 궁리의 소산이 아니다. 위의 말들을 믿으라는 요구가 아니라 '자유를 위한 희망'으로 본다면 우리의 이 짧은 헤맴도 더 이상 덫이 아니다. 타인의 믿음을 필요로 하는 것은 오직 펜듈럼밖에 없다. 트랜서핑에게는 당신의 믿음이 아무런 쓸모도 없다.

아무튼 나는 당신을 확신시키려고 하는 것이 아니다. 나는 오히려 그와는 전혀 다른 목적을 추구하고 있다. — **기존의 판에 박힌 세계관을 파괴하여 당신을 조건의 굴레에서 해방시키는 것, 눈뜬 채로 잠들어서 꾸는 꿈에서 당신을 깨워내는 것이 그것이다.** 깨어나면 당신은 자신이 꿈을 제어할 수 있다는 것을 깨달을 것이다. 그것을 위해 무엇을 믿어야 할 필요는 없다. 행동하라, 그러면 어떤 일이 일어나는지를 보게 될 것이다. 믿지 말라. 대신 시도해보라. 트랜서핑이 정말 된다는 것을 목격하는 때가 당신이 '알게' 되는 때다.

아마도 당신은 다음과 같은 주장을 여러 번 들었을 것이다. — 승리를 통해서 자신의 힘에 확고한 신념을 가지면 무슨 일이든 해낼 수 있다. 말로는 쉽다. — "믿는 대로 되리라." 하지만 이런 믿음을 어디서 얻을 것인가? 의심을 어떻게 제거할 수 있는가? 물론 의심을 제거할 방법은 없다. 믿음을 얻으려고 욕망하는 것은 노력의 낭비다. 영혼에 의심의 그림자가 드리워지면 그 어떤 확신으로도 그것을 쫓아낼 수 없다. 다만 마음을 속일 수 있을 뿐이다. 마음은 의심을 기억하지 못하는 척할 것이다. 그러나 그것은 여전히 영혼 속에 남아 있을 것이다.

절대적인 믿음을 얻으려는 무모한 노력을 버리라. 그보다 더 현실적인 방법이 있다. — **목표를 이룰 방법을 고민하지 말고 머릿속에서 목표의 슬라이드를 상영하면서 목표를 향해 걸음을 옮겨놓는 것이다.** 이것은 백일몽이 아니다. 이것은 당신에게서 방사되고 있는 사념을 조율하는 구체적인 작업이다. 사실 당신이 가장 두려워하는 것은 실현된다. 그렇지 않은가? 그렇다면 구체적인 작업을 좀 해보라. — **당신이 방사하는 사념을 가장 꿈꾸는 그것의 실현에다 의식적, 의도적으로 다시 조율시키라.**

목표가 있는데 그것이 될지 안 될지 모르겠다는 의심도 있다면 그 의심이 끼어들어 방해할 것이다. 그러나 그 의심을 제거할 수가 없을 것이다. 하지만 그럴 필요도 없다. 당신의 마음은 목표가 도달할 수 없는 것이라는 사실을 확인하기 위해서 믿음을 필요로 한다. 믿음은 제쳐두고 방법에 대한 생각도 내려놓으라. — **당신의 슬라이드 속에서 살면서, 목표가 이미 이루어진 슬라이드에 익숙해지라.** 이것이 확신 없이 하는 구체적인 작업이다. 자신에게 이 즐거움을 허락하라. 그러면 외부의 도가 자신의 일을 하고, 사과는 스스로 하늘로 떨어질 것이다.

마음이 사실을 대면할 때 사과가 하늘로 떨어진다. 그러면 마음은 더 이상 통제하려들지 않고 그저 사실이 일어나게 내버려둔다. 마음에게 상황이 잘 이해되지 않는 것은 문제될 것이 없다. 중요한 것은 그것이 진짜라는 것이다. 우리는 사람들이 자전거를 타고 다니는 세상에서 살고 있다. 사람들이 날아다니는 세상에 가게 된다면 우리도 날기 시작할 것이다.

당신의 목표가 있는 인생트랙에 방사 에너지를 맞추면 외부의도의 메커니즘이 가동된다는 것은 이미 이야기했다. 당신은 마음속에서 목표의 슬라이드를 상영하면서 과정을 심상화하고 있다. 그러는 동안 외부의도의 바람은 가능태 공간 속에서 당신 세계의 물질적 실현점이라는 프리깃함艦을 서서히 밀어 보낸다. 전혀 뜻하지 않았던 곳에서 슬슬 기회가 나타나기 시작한다. 게다가 외부의도는 당신을 목표에 가까이 데려다줄 행동들을 개시한다.

다음을 유념하라. — **때로는 상황이 좀 이상하게 돌아가고 있는 것처럼 느껴질 때도 있을 것이다.** 하지만 정확히 어떤 길이 당신의 목표로 이어져 있을지를 당신이 어떻게 알 수 있겠는가? 당신은 식당의 주방장에게 요리법을 가르치려 들지는 않을 것이다. 그렇지 않은가? 마음은 모든 것을 미리 계산할 능력이 없으며 당신의 목표가 어떻게 실현될 수 있을지는 알지 못한다는 사실을 늘 명심하라. 아무튼 그것은 평범한 방법으로는 되지 않는다. 그렇지 않은가? 그렇다면 당신은 왜 다시 고정관념 속으로 기어들어 가려는가? 목표를 이룰 방법과 길에 대한 염려는 외부의도에게 맡겨놓으라. 가능태의 흐름에 몸을 맡기라. 그러면 당신은 당신을 목표로 데려다줄 행동을 자기도 모르게 하고 있게 될 것이다.

이것이 외부의도가 작용하는 방식이다. 당신이 지금 차가운 비를 맞으며 진창길을 걸어 싫어하는 직장으로 가고 있지만 영혼만은 잔치의 느낌이라면 이 모든 불편은 곧 사라질 것이다. 어떻게 될지는 당신이 목격할 것이다. 당신의 매개변수는 더 이상 이런 환경을 끌어오기를 멈춰버릴 것이다.

지금도 나는 당신을 확신시키려고 애쓰고 있는 것이 아니다. 다만 당신에게 '희망'을 심어주고자 한다. 믿음의 미궁에는 빠져나갈 길이 없다. 그러나 그 미궁의 벽도 외부의도가 사과가 하늘로 떨어지는 것을 당신 눈앞에 보여줄 때면 허물어지게 되리라는, 그런 희망은 있어야 한다. 이런 희망조차 없다면 트랜서핑을 실천하는 것은 불가능하고, 당신도 그것을 거들떠보지 않았을 것이다. 그러나 희망을 발견하면, 마음이 발판을 얻고 영혼은 생기를 되찾을 것이다.

고통스러운 불행이나 힘든 일에 부딪히면 사람들은 펜듈럼에 에너지를 뺏기고 불안해하고 우울해하다가 지쳐 쓰러진다. 인간은 싸울 태세가 되어 있거나, 그렇지 않으면 실의에 빠져 있다. 이 두 가지가 다 비정상적인 상태여서 스트레스와 우울증을 가져온다. 마음에 평안이 없고 기댈 곳도 없고 자신감도 무너져 내려앉는다. 사람들은 기댈 곳을 찾아 담배와 술과 마약과 그 밖의 수단에 의존한다. 그러나 그 결과 그들은 새로운 펜듈럼에 완전히 의존하게 된다.

의식을 깨워서 그 문제의 상황이 어떻게 발생하게 되었는지를 깨닫기만 하면 자신의 내면에서 언제나 기댈 곳을 찾을 수 있다. 문제는 펜듈럼에 의해 만들어졌다. 거기에는 그리 끔찍하달 것이 없다. 위험은 문제 그 자체에서 오는 것이 아니라 그것에 대한 당신의 태도에서 온다. 그 문제를 중요하게 받아들인다면 당신은 자신의 에너지를 펜듈럼에게 갖다 바치고 있는 것이다. 모든 문제 상황에서 펜듈럼은 당신이 최선을 다해서 맞서 싸우거나 아니면 완전히 실의에 빠지기를 바란다. 당신은 전자도, 후자도 할 수 없다. 하지만 아직도 기댈 데는 없고 자신감은 잃어버렸다. 어떻게 해야 할까? 펜듈럼이 당신을 어떻게 복속시켜 에너지를 빨아내려 드는지를 당신이 이해하고 있다는 것을 깨달을 때, 당신은 기댈 곳을 발견할 것이다.

그런 단순한 지식이 무슨 도움이 되고 어떻게 용기를 북돋아준다는 것인지 의아한가? 그것만으로 너무나 충분하다. 희망 — 그것은 또한 모든 것을 잃은 것은 아니며 빠져나갈 길이 있다는 것을 아는 것이다. 문제 상황 배후의 메커니즘을 이해하는 것은 희망만큼이나 중요하다. 당신은 더 이상 꼭두각시 인형도 종이배도 아니다. 이제 당신은 무슨 일이 일어나고 있는지를 알고 있고, 회심의 미소를 지으며 이렇게 말할 수 있다. "안 돼, 펜듈럼, 더 이상 나의 에너지를 주지 않을 거야. 난 네가 무엇을 원하는지, 나를 어떻게 낚아채려고 하는지를 너무나 잘 알고 있지. 그건 안 통할 거야! 문제의 중요성을 나에게 강요할 수 없을 거야. 나는 선택할 권리를 가지고 있고, 너로부터 자유롭기를 선택했으니까."

모든 사람은 살면서 뒤늦게 후회할 것이 뻔한 실수를 무수히 저지른다. 당신은 이미 이전의 목표로부터 너무 멀리 가버렸다고 생각할 수도 있다. 그러나 모든 것을 완전히 잃어버린 것은 아니다. — 트랜서핑이 상황을 바로잡도록 도와줄 것이다. 이전의 목표가 물 건너 가버렸다고 하더라도 새로운 목표를 찾을 수 있다. 당신의 나이가 몇이든 간에 당신의 목표는 하나만 있는 것이 아니며 기회는 생기게 마련이니 그것을 활용해야 한다.

당신이 저지른 실수는 당신의 훌륭한 자산이다. 이런 태도를 가지고 있으면 눈부신 성공이 기다린다. 성공을 이룬 모든 사람들은 실패의 깊은 숲을 거쳐 왔다. '실패는 성공의 어머니'라는 말이 괜히 있는 것이 아니다. 성공한 모든 뛰어난 사람들도 온갖 어려움을 다 겪어야 했다. 그러니 당신이 큰 실수를 저질러 실패를 맛봤다면 기뻐하라. ― 성공을 향해 가고 있는 것이니까. 그러나 자신을 꾸짖고 팔자를 한탄하기 시작한다면 실패는 자꾸만 겹쳐서 찾아들 것이다. 당신이 보기에는 불필요한 모든 경험들이 당신의 목표의 인생트랙 위에서는 낱낱이 쓰일 데를 가지고 있다.

새로운 희망이 떠오르면 무관심과 무감각이 사라진다. 동물이건 인간이건, 사막을 헤매다 기진해 있더라도 저 멀리 오아시스를 보는 순간 피로를 잊어버린다. 바로 옆에 창문이 열려 있는데 유리에 자꾸만 몸을 부딪는 파리를 상상해보라. 파리는 목표가 보이면 그것을 향해 곧장 날아가야 한다고만 생각해왔다. 파리는 목표를 보고 유리에 무수히 몸을 부딪지만 아무런 일도 일어나지 않는다. 목표에 이르는 이치를 모르고, 선택의 권리를 잃어버리고, 가지고 있는 것에 만족하도록 강요받으면 똑같은 일이 당신에게도 일어난다. 하지만 이제 당신은 그것이 보이지는 않지만 닫혀 있는 유리창이라는 것을 알므로 속에서 '희망'이 솟아오른다. 그리고 희망이 있는 곳에는 의도 에너지가 풀려나온다.

행동을 개시하기 위해서는 희망이 필요하다. 행동을 시작하라. 그러면 사과가 하늘로 떨어지는 것을 보게 될 것이다. 희망이 제 역할을 다하면 당신은 선택의 자유를 깨닫게 될 것이다. 그때 당신은 자신에게 이렇게 말할 것이다. ― **나는 원하지도 않고 희망하지도 않는다. 다만 의도한다.**

요약

- 자기 과신은 단지 내면으로 방향을 바꾼 소심함일 뿐이다.

- 중요성을 거부하면 불안이라는 미궁의 벽이 무너져 내린다.

- 중요성을 가지고 있지 않으면 지킬 것도 없고 정복할 것도 없다.

- 도발에 대한 자신의 반응과 싸우지 말라. 그저 태도를 전환하라.

- 실패에 담담해지라. 자신에게 최후의 선고를 내리지 말라.

- 깨어 있는 의식으로 모든 정보를 대하라.

- 당신은 선택의 자유가 있다. 필요한 것은 오로지 가지겠다는 결정뿐이다.

- 돈을 벌지 말라. 가지겠다고 결정하라.

- 목표에 초점을 맞추고 있되 이미 이루어진 것처럼 느끼라.

- 당신이 선택한다. 그것은 불변의 법칙이다.

  당신 자신이 당신의 현실을 지어내고 있다.

- 두려워하지 않으려면? 안전망, 대안, 우회로를 확보하라.

- 불안과 근심에 빠지지 않으려면? 행동하라.

- 욕망하지 않으려면? 실패를 미리 받아들이고 행동하라.

- 기대하지 않으려면? 행동하라.

- 자신의 가치를 높이려면? 그것을 위해 싸우기를 거부하라.

- 흥분하고 성내지 않으려면?

  펜듈럼 게임의 룰을 깨면서 펜듈럼을 데리고 놀라.

- 죄책감을 지우려면? 자신을 정당화하기를 그치라.

- 분노를 처리할 방법은? 싸움을 그치고 흐름을 타고 가라.

- 아무리 해도 분노를 처리할 수 없다면 자신의 그런 약점을 용인하라.
- 하나의 인생트랙은 긍정적 갈래와 부정적 갈래로 나뉜다.
- 사건의 교차로에서 그에 대한 태도를 표방할 때,

  당신은 선택을 내리고 있는 것이다.
- 시나리오가 부정적으로 바뀌어가는 것처럼 보일 때마다

  그것을 긍정적으로 바라보기로 의도하면

  당신은 결국 인생트랙의 바람직한 갈래 위에 서 있게 될 것이다.
- 실패에도 회희낙락하는 '바보 같은' 습관을 기르라.
- 목표를 이룰 방법을 궁리하지 말라.

  대신 목표의 슬라이드를 계속 상영하고 목표를 향해 계속 걸음을 옮기라.

  목표가 이미 이루어져 있는 당신의 슬라이드 속에서 살라.
- 그러면 외부의도가 자신의 일을 할 것이고,

  사과가 스스로 하늘로 떨어질 것이다.

제4장 과거를 향해 앞으로

환상과 마법은 때로 그 신비로운 비밀로써 우리를 매혹한다. 하지만 그것도 당신의 불가능해 보이던 꿈이 실현되기 시작할 때 경험할 경이와 전율의 황홀한 느낌에 비하면 아무것도 아니다. 그런 일이 일어나려면 시간이 좀 걸린다. 하지만 당신은 벌써 자신이 읽은 것을 확인해보고 싶을 것이다. 그리고 확인하게 될 것이다. 당신 스스로 마법을 연출하고, 자신의 눈으로 그것을 목격할 것이다. 믿을 수 없는 것이 당신의 두 눈앞에서 현실로 바뀌면 그것은 경악스러울 것이다. 이것은 더 이상 환상이 아니라 현실이다. 그것이야말로 그 어떤 신비보다도 더 놀라운 것이다.

트랜색션

당신 삶의 행복했던 시간을 기억에 떠올려보라. 간혹 그때 들었던 멜로디가 그 시절을 상기시켜줄 수도 있을 것이다. 희망에 부풀어 있어서 삶이 하나의 잔치, 아니면 잔치를 위한 준비인 것처럼 보이기만 하던 그 시절의 기분이 가끔씩 문득 그림자처럼 스쳐가는 것을 느끼기도 한다. 그런 순간이면 당신은 향수에 잠기면서 자신이 잃어버린 것들을 생각해보기 시작한다. 당신은 그 상실이 다시는 돌이킬 수 없는 과거의 일이라는 사실에 애통해한다. 과거는 정말 돌이킬 수가 없는 것일까?

서문에서 나는 '과거를 향해 앞으로'라는 말의 뜻을 이 책의 끝에 가서 깨닫게 되리라고 말했다. 이제 그 약속을 지킬 때가 왔다. 지금까지 트랜서핑은 놀라운 발견들을 많이 보여줬다. 당신은 이번에는 또 무엇일까, 하고 궁금해 하리라. 공상과학소설 속에서는 시간에 관련된 온갖 이론과 기술들이 정착되어 있다. 이론물리학도 시간여행의 가능성을 배제하지 않는다. 그럼에도 불구하고 시간여행의 실질적인 가능성에 대해서는 아직도 많은 이들이 의심을 품고 있다.

사실 시간 속을 이동한다는 것은 좀 미심쩍은 이야기지만 그것은 관찰자의 관점에 달린 문제. 평면 위에 사는 2차원 인간의 모델을 다시 생각해보라. 그들은 3차원이 어디에 있는지를 이해하지 못한다. 4차원의 관점에서 본다면 우리의 3차원 세계도 이와 마찬가지로 납작해 보인다. 합리적인 마음은 이렇게 말하리라. — "이 모든 이론적 모델들은 한갓 추상적 개념일 뿐이다. 아무튼 나는 내 눈에 보이는 것을 본다."

트랜서핑에는 믿기지 않는 일들이 수두룩하다. 하지만 나는 당신에게 그것을 믿으라고 강요하지 않는다. 그것을 시험해보려면 물론 의도와, 그리고 약간의 노력과 인내가 필요하다. 그 결과가 즉석에서 나타나는 것이 아니기 때문이다. 대부분의 경우 외부의도는 눈에 띄지 않게 서서히 작용한다. 눈에 보이지 않는 이 신비로운 힘의 존재를 믿기란 쉽지 않다. 특히나 당신이 아직도 트랜서핑을 실제로 실천해보려는 생각은 없이 그저 글로만 읽고 있다면 말이다.

하지만 이제 당신이 가능태 공간 속을 어떻게 움직이고 있는지를 자신의 두 눈으로 목격할 수 있는 때가 왔다. 당신은 시간 속을 앞뒤로 이동할 수 있다는 것을 확신하게 될 것이다. 그것은 공상과학 소설가들이 이야기하는 그런 여행과는 같지 않을 것이다. 당신과 나는 오직 현실적인 것만을 다루고 있다. 이번에는 외부의도가 가져다줄 결과를 기다릴 필요가 없다. 당신은 즉석에서 자신의 눈으로 모든 것을 보게 될 것이다. 그리고 그것은 눈속임수나 아스트럴 차원의 여행이나 꿈 같은 것도 아니다. 잠시 동안 당신은 자신이 시간과 공간 속에서 움직이고 있는 것을 실제로 느낄 수 있을 것이다. 이 과정은 세 가지 단계로 이루어진 하나의 단순한 행위, 이른바 트랜색션trans-action이다.

첫 번째 단계에서는 중앙의 에너지 흐름을 기억해내야 한다. 당신이 에너지 훈련을 이미 하고 있다면 이 흐름의 느낌에 익숙해져 있을 것이다. 먼저, 내면의 눈으로 몸을 재빨리 한 번 훑어 내려가면서 근육의 긴장을 풀고 이완 상태에 들어간다. 그다음에는 마음으로 에너지가 척추를 따라 아래로, 위로 흐르는 움직임을 심상화한다.

에너지의 분수가 금방 작동하게 해주는 효과적인 방법이 하나 있다. 몸의 중앙으로부터 두 개의 화살이 밖을 향해 수평으로 뻗쳐 있는 것을 상상하라. 한 화살은 앞을, 다른 화살은 뒤를 향해 몸에서 20~30센티미터 정도 뻗쳐 있다. 이제 마음속에서 두 개의 화살을 동시에 돌려서 앞의 화살은 위로, 뒤의 화살은 아래로 향하게 하라. 그것이 척추를 따라 세로로 세워지도록 말이다. 당신은 당장 에너지의 흐름이 눈에 띄게 증폭되는 것을 느낄 것이다.

이 연습은 서 있을 때나 걷는 중에 할 수 있다. 이것은 중앙의 에너지 흐름을 활성화시켜주는 열쇠를 돌리는 것과도 같다. 그 흐름을 구체형태로 만들기 위해 화살을 분수로 바꿀 필요도 없다. 중요한 것은 에너지가 충만하게 흐르는 상태를 심상화하는 것이다. 아직 그 느낌을 느끼지 못해도 상관없다. 연습을 자꾸 하다 보면 진짜 느낌이 찾아올 것이다. 어딜 가거나 걷고 있을 때 이 연습을 하라. 이완감과 가벼워진 느낌이 느껴질 것이다. **이렇게 열쇠를 돌리는 것이 트랜색션의 첫 번째 단계다.**

재빨리 이완 상태로 들어갈 필요가 있을 때는 어떤 상황에서든지 이 단계를 써먹을 수 있다. 일과 중에, 특히 뭔가가 마음을 짓누를 때 열쇠를 자주 돌리도록 하라. 이 열쇠가 긴장을 이완시켜준다는 것을 금방 알아차릴 수 있을 것이다. 우리는 누구나 크고 작은 문제에 끊임없이 시달린다. 그 무게는 자동적으로 몸의 근육에 전달된다. 당신이 불쾌하고 골치 아픈 걱정거리를 생각하면서 걷고 있다고 하자. 그 순간에 '열쇠'를 기억해내어 열쇠를 돌리라. 긴장되어 있던 근육이 이완되고 안도감이 느껴지는 것을 알아차리라.

일과 중에 이렇게 최대한 자주 열쇠를 돌리는 습관을 길러놓으면 아주 유용하다. 이것으로써 당신은 언제든지 자신을 짓누르고 있는 잉여 포텐셜을 제거하여 의도 에너지를 해방시킬 수 있게 된다. 이것을, 당신을 늘 난감한 상황 속으로 몰아넣는 '제약의 틀을 열어주는 열쇠'로 생각하라. 이 열쇠가 중요성을 벗어나게 해주지는 않지만 육체적, 에너지적 차원에서 의도 에너지를 자유롭게 풀어놓는 과정을 상당히 촉진시켜줄 것이다.

트랜색션의 두 번째 단계는 당신 목표의 슬라이드를 심상화하는 것이다. 열쇠를 돌렸으면 목표의 슬라이드를 마음속에 장착하라. 슬라이드를 영화 보듯이 보고 있는 것이 아니라 당신이 그 안에 포함되어 있는 모습을 상상해야 한다는 점을 잊지 말라. 목표가 성취되었을 때 당신이 그 상황 속에 있는 모습을 상상하라. 당신을 슬라이드 안에 붙들어놓기 위해서, 그 슬라이드 속에서 경험할 느낌을 상상하라. 손으로 주변을 어루만져보고 소리와 냄새와 기타 떠올리기 쉬운 느낌들을 상상하라. 마음속에서 슬라이드를 몇 분 동안 상영하라. 친숙한 곳을 조용히 걷고 있을 때 트랜색션을 하는 것이 좋다. 주변을 둘러봐도 되지만 슬라이드에 주의를 집중하려면 앞쪽을 내려다보고 걷는 편이 더 낫다.

자신이 슬라이드 속에 있는 것을 다소간 선명하게 상상할 수 있게 되었으면 '깨어 있는 시선으로' 앞을 바라보라. 아무것도 생각하지 말고 분석하지도 말고 그저 맑은 시선으로 전방에 보이는 먼 곳을 바라보

라. **맑은 시선으로 바라보는 것이 트랜색션의 세 번째이자 맨 마지막 단계다.**

몇 초 동안 바로 당신의 눈앞에서 주변 무대장치의 뉘앙스에 변화가 느껴질 것이다. 맑은 시선으로 익숙한 광경을 바라볼 때, 그것은 같은 광경인데도 지금은 어딘가 다르다는 것을 깨닫게 된다. 거의 알아차리기 어려운, 일종의 설명할 수 없는 뉘앙스가 그 광경에 더해져 있는데, 어쩐지 그것은 이전에 어디선가 본 것 같은 느낌이 든다. 아니면 그것은 뭔가 낯선 것, 약간 기이한 것일 수도 있다. 광경 중의 어떤 구체적인 내용이 아니라 전체적 뉘앙스, 곧 어떤 분위기, 느낌, 여운이 말이다.

예컨대 당신은 어떤 집을 지금까지 무수히 보아왔다. 그런데 지금은 갑자기 그 집의 색깔이나 외부조명 같은 것들이 새삼스럽게 눈에 들어오고, 이전에도 그런 느낌을 느낀 적이 있었다는 것을 문득 깨닫는다. 각각의 경우에 당신은 이전에도 일어난 적이 있는 어떤 친숙한 느낌을 분명히 느낄 수 있다. 당신은 '과거의 느낌이 문득 기억의 표면으로 떠오를 때' 그런 기이한 기분을 이미 경험해봤을지도 모른다. 과거의 실제 기억이 아니라 과거의 어떤 독특한 느낌 — 데자뷰 말이다.

이런 현상이 꽤 자주 일어나지만 당신은 그것을 알아차리지 못할 뿐이다. 왜냐하면 당신은 그것을 그저 그런 것으로 받아들이기 때문이다. 다시 말해서, 눈뜬 채로 잠들어 있기 때문이다. 그러므로 트랜색션은 세상이 당신의 눈앞에서 어떻게 변화하는지를 '알아차릴' 수 있게 해준다. 당신은 뭔가 친숙한 것, 혹은 그와 반대로 어떤 새롭고 이상한 뉘앙스가 나타나는 것을 어렴풋이 알아차린다.

무슨 일이 일어나고 있는 것일까? 당신 세계의 층의 물질적 실현점이 움직이고 있는 것이다. 당신이 보고 있는 것은 무엇일까? '무대장 치의 뉘앙스가 바뀌는 것'을 보고 있는 것이다.

아시다시피 가능태 공간의 각 섹터들은 저마다 다른 시나리오와 무 대장치를 가지고 있다. 그 차이의 크기는 섹터 사이의 상대적 거리에 비례한다. 물질적 실현점의 움직임은 균일하게 일어나기 때문에 눈에 띄지 않는다. 시계 시침의 미세한 움직임을 알아차릴 수 없듯이 이 움 직임의 순간을 포착할 수가 없는 것이다. 뉘앙스의 눈에 띄는 변화는 한 인생트랙으로부터 다른 인생트랙으로 갑작스럽게 옮겨가는 일이 생 길 때만 느껴진다. 그럴 경우에 당신은 주의를 확연히 끄는 어떤 '기 미'를 발견할 것이다.

트랜색션 과정에서 목표의 슬라이드를 심상화하는 것은 외부의도의 돌풍을 증가시킨다. 그때 당신이 방사하는 사념 에너지의 매개변수는 현재의 인생트랙과는 극적으로 다르다. 열쇠를 돌리면 당신의 사념에 의해 변조된 방사 에너지가 증가한다. 그 결과 섹터를 따라 움직이는 물질적 실현점의 움직임이 가속된다. 이때 맑은 시선은 당신으로 하여 금 깨어서 이 변화를 알아차리게 한다. 그리하여 당신은 돌풍이 부는 동안에 무대장치의 뉘앙스가 변하는 것을 몇 순간 동안 알아차릴 수 있 게 되는 것이다.

이를 닦거나 머리를 빗는 것처럼 초연한 태도로 트랜색션을 행하라. 자전거를 배우는 것과 마찬가지로, 그것이 금방 되지는 않을 수도 있 다. 트랜색션을 하는 동안에 당신은 외부의도를 접하고 있다는 사실을 무시할 수 없다. 그리고 외부의도야말로 내 마음대로 할 수 없는 알기 힘든 것이다. 그것이 금방 되지 않는다는 사실을 가볍게 대하도록 하 라. 어쨌든 간에 그것은 틀림없이 될 것이다. 너무 노력을 쏟아부으며 애를 쓰지 말고 자연스럽게 시도해보라. 트랜색션 테크닉 자체에 너무 큰 의미를 부여하지 말라. 자신만을 위한 전혀 다른 테크닉을 찾아낼 수도 얼마든지 있다. 그저 생각날 때 부담 없이 해보라. **트랜색션의 중요성이 낮을수록 결과는 더 좋을 것이다.** 자신을 긴장시키지 않으면 매사가 쉬워진다.

트랜색션을 자주 하면 목표를 향해 가는 것이 수월한 과정으로 바뀔 것으로 생각될 것이다. 그것은 실제로 맞는 말이지만 문제는 트랜색션을 언제나 완벽하게, 다시 말해서 초연하게 행할 수만은 없다는 것이다. 욕심을 내는 오래된 습관이 모든 것을 망쳐놓는다. 당신은 트랜색션으로써 자신을 고문하기로 마음먹는다. 그러면 더 빨리, 반드시 결과를 얻어야겠다는 욕망의 강력한 포텐셜이 생겨난다. 트랜색션을 해야만 한다고 자신을 다그치는 마음도 잉여 포텐셜을 만들어낸다. 해야만 한다는 의무감도 잉여 포텐셜이다. 내가 항상, 의무감으로써 자신을 닦달하지 말고 목표의 슬라이드를 심상화하는 즐거움을 만끽하라고 부추긴 것도 이 때문이다.

욕망의 포텐셜과 의무감의 포텐셜은 의도의 에너지를 빼앗아서 바람이 일어나지 못하게 하고, 그러면 트랜색션도 되지 않는다. 처음에는 결과를 얻고 싶어하는 욕망이 특히 크다. 자신의 욕망 상태를 늘 살펴볼 것을 권한다. 자신이 결과를 얻기를 욕망한다는 것을 알아차리는 즉시 잠시 쉬었다가 조금 지난 후에 다시 시작하라. 트랜색션을 잘 하려고 애쓰다가 긴장의 결과로 오히려 뒷걸음질 치고 있는 것을 발견한다면 이때도 노력을 그치라.

트랜색션은 그저 즐거움과 호기심을 위해서 심심할 때마다 한 번씩만 하라. 트랜색션에 너무 집착해서는 안 된다. 이것은 단지 당신이 가능태 공간 속에서 움직이는 것을 직접 목격하게 하기 위한 것일 뿐이다. 트랜서핑을 연습하는 당신의 주된 주의는 목표의 슬라이드를 상영하고 전이사슬의 현재의 고리를 실현시키는 과정을 심상화하는 데에 보내져야 한다. 어쨌든 외부의도는 당신이 그것을 보든지 말든지 상관하지 않고 작용한다. 그러나 이제 당신은 가능태 공간 속으로 빛을 비추는 일종의 조명장치를 가지고 있다. 가능태 공간 속에서의 당신의 움직임을 실제로 엿볼 기회를 가진 것이다. 그것은 꽤 인상적이다. 당신은 실망하지 않을 것이다.

무대장치의 뉘앙스

이제 트랜섹션의 결과로서 당신이 실제로 목격하는 그것에 대해 좀더 생각해보자. 이 모든 것은 너무나 믿기지 않아서 합리적인 의문을 일으킨다. 어쩌면 이것은 인간의 인식 기능의 속성에서 기인하는 모종의 환상이 아닐까? 관찰된 그 현상이 한 섹터에서 다른 섹터로 전이가 일어날 때 무대장치의 실제 뉘앙스가 바뀌는 모습이라고 어떻게 장담할 수가 있는가?

꿈에서는 아는 사람의 얼굴이 평소의 모습과는 어쩐지 달라 보인다는 말은 이미 했고 당신도 이것을 알고 있다. 꿈에서 거울 속에 비친 자신의 모습을 볼 때도 당신은 당신의 얼굴을 보지만 동시에 거기서 다른 누군가의 얼굴을 발견한다. 당신이 익숙한 모든 환경도 완전히 다르게 보인다. 똑같은 길거리와 집들이 다르게 보인다. 현실세계도 세월이 지나면 변한다. 집들은 다른 색깔의 페인트로 단장되고 나무는 자라고

171

사람들은 늙는다. 이 모든 변화는 자연스러운 것이다. 게다가 물질적 실현점의 움직임도 줄곧 하나의 트랙만을 따라 움직여가는 것이 아니다. 한 트랙의 무대장치와 다른 트랙의 무대장치를 어떻게 구별할 수가 있을까?

당신은 사진술과 같은 기술이 없으면 그것은 불가능할 거라고 말할 수도 있다. 오래된 사진첩을 열어보라. 배경의 풍경들을 비교해보면 서로 다른 트랙들의 무대장치에서 그 뉘앙스의 차이를 확실히 식별해낼 수가 없을 것이다. 한 장소의 외면적 풍경은 자연적인 원인에 의해 금방 변해버리기 때문이다. 이보다 더 안전하고 확실한 방법이 있다. 다른 여러 시기에 찍은 사진에 나타난 사람들의 얼굴을 비교해보라. 사람의 모습은 당연히 노화과정에 따라 단계적으로 서서히 변해갈 것으로 생각될 테지만 당신은 예상과는 전혀 다른 모습을 발견할 것이다.

사진에 따라 사람들의 모습은 매우 달라 보인다. 그리고 그 차이는 점진적인 변화의 양상이 아니다. 더 이상 얼굴이 특별히 더 늙거나 성숙해지지 않는 중년의 사진들을 보면 머리 스타일의 변화를 무시하더라도 얼굴이 사진마다 사뭇 달라 보인다. 같은 사람의 얼굴인데도 그것은 '다르다'. 그러나 그것은 노화나 머리 스타일이나 감정 상태와 관계된 것이 아니다. 얼굴이 다른 양태를 취한 것이다. 얼굴에 뭔가 다른 점이 있다. 그것이 무대장치의 뉘앙스의 차이다. 그가 변해가고 있다는 것은 당신도 이미 알고 있었다. 하지만 아마도 '뉘앙스의 특징적인 변화'는 관심 있게 살피지 않았을 것이다. 하지만 오래된 사진첩을 넘겨보면 당신도 그것을 발견할 것이다.

이 차이는 사람에 따라서 매우 클 수도 있어서 몇 년 만에 만나는 사람을 몰라보는 일도 생기는 것이다. 삶의 여러 다른 시기에 찍은 자신의 사진들을 비교해보면 당신도 그 뉘앙스에 큰 차이가 있는 것을 발견할 것이다. 그러니 가능태 공간의 질적으로 다른 섹터들에서 당신의 현실이 어떻게 달라 보일지도 미루어 짐작할 수 있으리라.

그렇다면 당신이 여러 섹터들을 가로질러 움직여 간 동안에 사진첩에 남겨둔 사진들은 어떨까? 그것들도 당연히 뉘앙스에 차이를 지니게 되지 않을까? 물론이다. 하지만 단순한 물체들의 뉘앙스는 너무나 미미한 것이라서 그것을 알아차린다는 것은 거의 불가능하다. 침대나 찬장을 맑은 시선으로 바라보면서 트랜섹션을 한다면 아무런 변화도 감지할 수가 없을 것이다. 그래서 나는 주변풍경이 단순하지 않은 바깥을 걸으면서 트랜섹션을 하기를 권하는 것이다. 그러면 당신도 변화를 감지할 수 있을 것이다.

하나의 인생트랙은 질적으로 거의 동일한 섹터들의 연속이다. 한 인생트랙의 무대장치도 거의 동일하다. 당신 세계의 층이 다른 트랙으로 옮겨갈 때 무대장치에 변화가 일어난다. 그 트랙들 사이의 차이가 질적으로, 양적으로 얼마나 크냐에 따라 무대장치의 변화도 약간의 뉘앙스 차이냐, 아니면 극적인 변화냐로 갈라진다. 어느 경우든 간에 당신은 뉘앙스의 질적인 변화를 실제로 목격하고 있는 것이다.

그렇다면 앞서 말했던 시간 속의 이동은 어떤가? 우리가 인생트랙을 따라 자연스럽게 가고 있을 때는 강의 물결을 따라 헤엄쳐가듯이 시간의 흐름에 보조를 맞춰서 헤엄치고 있는 것이다. 물질적 실현점은 가능태 공간 속을 필름이 영사기를 지나가듯이 지나간다. 그러면 우리는 이 움직임을 시간의 경과로 인식한다. 이 경과하는 시간 속을 움직이려면 물결보다 더 빨리 앞으로 가든가, 물결을 거슬러 뒤로 가든가 해야 한다. 그것은 마치 하나의 장면(컷)이 갑자기 필름 위를 움직이는 것과도 같다. 이런 의미라면 시간여행은 사실 불가능하다.

달리 말하자면, **동일한 트랙 위에 남아 있는 채로는 시간 속을 앞뒤로 움직일 수가 없다.** 자칫하면 인과의 사슬에 일대 혼란이 일어날 것이다. 그러나 여러 인생트랙들 사이에서 시간 속을 움직이는 것은 이론적으로 가능하다. 트랜서핑에는 그것이 어떻게 가능한가에 대한 답이 없다. 게다가 여기서는 시간 속의 이동을 좀 다른 시각으로부터 바라보고 있다. 트랜색션을 하는 동안에는 왜 가끔 과거의 느낌이 떠오르는 걸까? 이 현상은 다음으로 설명할 수 있을 것이다.

어린 시절부터 영혼은 직관적으로 올바른 문을 통해 자신의 목표를 향해 가려고 애써왔다. 그 당시만 해도 당신은 아직 당신의 목표로 이어지는 인생트랙 위에 있었다. 당신은 아마 꿈을 가지고 있었을 것이다. 아니면, 자신이 무엇을 원하는지를 당신은 몰라도 영혼은 알고 있었을 것이다. 그러나 살다 보면 우리는 모두가 가슴의 명령보다는 파괴적 펜듈럼의 영향력에 더 쉽게 휘둘린다. 인간의 부정적 성향으로 인해 모두가 거쳐 가야 하는 부정적 삶의 긴 터널은 말할 것도 없다. 그리하여 당신은 당신의 목표로 이어져 있던 원래의 트랙으로부터 하염없이 자꾸만 멀어져 온 것이다.

이제 트랜색션을 하면 당신은 그 반대 방향으로 옮겨와서 이전에 있던 그 인생트랙 위로 올라오게 된다. 단지 이제는 시간상의 위치만 달라졌을 뿐이다. 당신이 걸어 내려갔을 이전의 인생트랙은 이미 지난 이야기가 되었지만, 당신은 바로 그 트랙으로 다시 돌아온 것이다. 각각의 인생트랙은 고유의 독특한 특징과 맛과 뉘앙스를 가지고 있다. 이것이 트랜색션의 마지막 단계에서 맑은 시선으로써 바라볼 때 당신이 감지하는 그 뉘앙스다. 이것을 어떤 집의 아침에 보는 모습과 저녁에 보는 모습의 차이 같은 것들과 혼동하지만 말라. 각 트랙이 지닌 뉘앙스의 차이는 이와는 전혀 다른 종류의 것이다. 당신도 그 느낌을 경험해보고 나면 내 말의 뜻을 깨닫게 될 것이다.

이것이 바로 과거로 — 이전의 인생트랙을 향해 앞으로 — 돌아간다는 뜻이다. 아마도 당신이 예상했던 것과는 상당히 다를 테지만, 이것이야말로 진짜다. 상상해보라. 당신은 길을 잃고 오랜 세월 숲속을 헤매며 얼마나 멀리까지 갔던가? 하지만 현재는 과거를 후회하라고 주어진 시간이 아니다. 오히려 조금씩 '당신의 길'로 다시 돌아가고 있다는 사실을 기뻐해야 한다. 아시겠지만 많은 사람들이 돌아가지 못한다.

하지만 이전에 있었던 트랙의 뉘앙스를 느껴야만 하는 것은 전혀 아니다. 왜냐하면 당신의 목표를 향한 길은 지금까지 가본 적이 없는 새로운 트랙에 있을 수도 있기 때문이다. 그런 경우에는 이전의 트랙으로 돌아가는 일은 전혀 없거나 이따금씩 일어날 뿐이다. 가능태 공간에서는 인생트랙들이 서로 깊이 뒤얽혀 있어서, 트랜서핑이 실제로 어떻게 작용하는지를 우리가 이해해야 할 필요는 없다. 어쩌면 이런 뉘앙스가 이전에 이미 경험한 적이 있는 것처럼 느껴질 수도 있고, 또 어쩌면 생소한 것일 수도 있다. 당신은 친숙한 광경을 바라보다가 거기에서 뭔가 새로운 것, 뭔가 별난 뉘앙스를 발견한다. 다시 강조하지만 이것은 트랜색션을 하지 않고도 발견할 수 있는 어떤 새로운 사실을 말하는 것이 아니다. 이것은 새로운 뉘앙스, 새로운 스타일, 분위기, 의미, 주제, 스쳐 지나가는 어떤 느낌에 관한 것이다.

아무튼 간에 해보면 당신도 그것을 이해하게 될 것이다. 당신은 틀림없이 해낼 것이다. 해내려고 너무 애쓰지만 않으면 된다. 매사를 완벽하게 통제할 수 있기를 바라는 마음의 성향이 언제나 일을 망쳐놓는다. 뉘앙스를 알아차리려고 애쓰는 자신을 깨닫는 즉시 트랜색션을 중지하는 것이 좋다. 결과를 보고야 말겠다는 불타는 욕망이 잦아들었을 때, 다시 시작해보라. 트랜색션 연습의 법칙을 명심하라. — 긴장하면 되지 않는다. 나를 믿으라. — '외부의도의 새끼손가락만 움직여도' 당신은 이 모든 것을 쉽고도 자연스럽게 해낼 수 있게 될 것이다. 반대로 결과를 보려고 기를 쓰면 그 모든 것이 부질없는 내부의도의 노력이 되어버릴 것이다.

트랜색션을 아무리 해도 뉘앙스의 변화를 발견하지 못한다면 그것은 현재 트랙의 매개변수가 당신이 심상화하는 그것을 이미 만족하고 있는 것이다. 이것은 당신이 현재의 인생트랙의 주파수로 에너지를 방사하고 있고 당신의 목표는 눈앞에, 이 트랙 위에 놓여 있음을 뜻한다. 하지만 트랜색션을 하다 보면 당신은 이런 식으로든 저런 식으로든 때때로 뉘앙스의 변화를 발견하게 될 것이다.

친숙한 광경 속에서만 뉘앙스를 알아차릴 수 있는 것은 아니다. 이전에 본 적이 없는 광경에 맑은 시선이 멎더라도 오랫동안 잊고 있었던, 분명히 새로운 것이기는 하지만 모르는 것은 아닌 느낌, 혹은 새롭고 신선한 뭔가가 휙 하고 스쳐 지나가는 것을 느낄 수 있다. 낯선 광경을 본다는 것은 단지 당신이 그것을 처음으로 보며, 거기에 특별한 것이 눈에 띄지 않는다는 사실을 말하는 것이다. 하지만 트랜색션 과정에서는 이런 분명한 느낌이 있다. — 여기에는 뭔가 새로운 것이 있다. 몇 초 전만 해도 없었던 뭔가가 말이다. 당신은 그것을 느낄 것이다.

뉘앙스를 발견하게 되면 당신은 그것이 얼마나 실질적인 것인지를 깨닫고 놀랄 것이다. 사실 이 책을 읽고 있는 동안에는 아직도 가능태공간이나 인생트랙이 정말 존재하는 것인지 온전히 믿을 수가 없다. 하지만 그것을 당신의 눈으로 보게 된다면 겁먹지 말라. 이것은 신비주의가 아니다. 혹시 이런 의심을 품을지도 모르지만, 그것은 인간의 인식기능의 속성으로부터 일어나는 착각도 아니다. 당신은 곧 다른 트랙으로 전이가 일어나고 있음을 알려주는 다른 신호들을 알아차리게 될 것이고, 이 또한 인식 기능의 착각과는 아무런 상관이 없다. 다른 사람들이 당신을 대하는 태도가 이유도 없이 좋아진 것을 느낄 수도 있다. 날마다 따라다니던 어떤 문제가 사라져버릴 수도 있다. 기본적으로, 당신은 일상의 성질과 느낌이 달라진 것을 느낀다. 그럴 만한 뚜렷한 원인도 없는데 말이다. 예컨대 몇 년 전에 고장났던 시계가 다시 가기 시작한다.

일반적으로 시계는 움직이는 부분이 자연적으로 뻑뻑해질 때 작동을 멈춘다. 그것을 청소해주면 시계는 다시 간다. 시계나 복잡한 가전기구들은 그 주인이 균형을 잃어버릴 때 스스로 작동을 멈추는 일이 종종 있다. 이런 일은 스트레스를 주는 갈등상태나 불안하고 들떠 있는 상황에서 잘 일어난다. 이런 기계의 고장은 잉여 포텐셜의 에너지 때문에 일어나는 것이 아니다. 이 에너지의 양은 너무나 작고, 그것이 유독 기계에 모종의 변화를 일으키도록 작용하는 것도 아니다.

부정적 느낌의 에너지는, 균형이 흔들려서 삶이 평온한 흐름을 떠나 정상으로부터 이탈하는 인생트랙으로 전이가 일어나게 한다. 그런 트랙에서는 모든 것이 대충은 동일하지만 뭔가가 잘못되어서 순조롭지 않고 삐걱거린다. 그것은 마치, 무대장치는 같지만 조명이 바뀌었거나 공기가 뿌옇게 흐려졌거나 물이 탁해진 것과도 같다. 이런 미약한 변화가 정교한 기계나 복잡하고 예민한 가전기구에 영향을 미치는 것이다.

그 사람의 손에 들어가기만 하면 모든 것이 '불타버리는' 그런 부류의 사람들도 있다. 이런 사람들은 대개 정상적 균형 상태로부터 끊임없이 이탈한다. 그들은 너무 정신없거나 흥분해 있거나 긴장해 있거나 근심에 빠져 있다. 이런 가엾은 영혼들의 혼탁한 인생트랙에 동승하는 예민한 기계들은 고장 난다. 그러니 당신의 시계가 다시 가기 시작한다면 당신은 순수한 인생트랙으로 돌아온 것이다. 하지만 당신의 시계가 완강히 작동을 거부하고 있더라도 너무 걱정하지는 마시라. 그 시계는 단지 수리가 필요한 것뿐일 수도 있으니까.

이제 당신은 자신이 가능태 공간 속을 여행하고 있을 뿐만 아니라 어떤 의미에서는 시간 속을 또한 여행하고 있음을 안다. 지나간 것은 되찾을 수가 없다. 하지만 어두운 삶의 터널을 지나오느라 잃어버렸던 새로움과 희망과 행복의 그 신선한 느낌은 되찾을 수 있다. 삶의 신선한 느낌이 시간과 함께 사라져버리는 이유에 대해서는 이미 말했다. 목표를 향해서 가는 것은 과거로 돌아가는 것과 같은 것이다. 아이스크림은 맛있었고 희망은 영롱했으며 삶은 즐겁고 기대에 찬 것이었던 그 과거 말이다. 고개를 드시라, 바로 그 과거가 눈앞에서 기다리고 있다!

활주

우리는 마침내 보호구역 감시인이 던진 수수께끼의 답을 바야흐로 발견할 순간에 이르렀다. 자신의 운명에 관한 한 모든 사람에게 선택의 진정한 자유를 가질 권리가 있다는 말은 당신이 의존, 곧 '부자유'의 기원을 알게 되기 전까지는 수수께끼로 남아 있을 것이다. 이제 이 책에서 말한 모든 것에 근거해서 그 답을 드릴 수 있다.

싸움을 멈출 때, 당신은 자유를 얻는다.

보라, 에메랄드 타블렛에 새겨진 연금술의 비밀처럼, 답은 짧고도 단순하다. 하지만 이 답을 책의 서두에서 드렸다면 당신은 그 뜻을 이해할 수 없었을 것이다. 의존이란 당신이 강요된 싸움에 끼어드는 것이다. 눈뜬 채로 잠든 상태에서 깨어나는 순간, 자신과 세상과 싸우기를 그치고 싸움터를 떠나는 순간부터 당신을 붙잡는 것은 더 이상 아무것도 없다. 싸움은 당신이 없어도 계속되지만 당신은 어디든 마음대로 떠날 수 있고 원하는 것은 무엇이든 골라잡을 수 있다.

세상은 거울처럼 세상에 대한 당신의 태도를 비춰준다. 당신이 세상에 불만스러워한다면 세상도 등을 돌린다. 당신이 세상과 싸우면 세상도 당신과 싸운다. 당신이 싸움을 그치면 세상도 당신에게 다가온다.

당신이 태어나던 순간부터 펜듈럼이 세상에서 당신이 설 자리를 지정해주었다. 당신이 가져야 할 세계관의 틀이 들씌워졌고 게임의 룰이 주어지고 역할이 지정되었다. 그로써 당신은 조건의 틀 속에 가두어졌다. 그와 동시에 당신은 엉터리 독립선언을 하도록 사주받았다. 이 선언에 의하면 당신은 선택을 할 수 있다. 당신은 꼭두각시 인형처럼 줄에 매달린 채로 '해방되었다'. — 그것은 이렇게 말한다. 원하는 것을 욕망하고 어떻게든 원하는 방식으로 성취하라. 당신은 줄에 매달린 채 씰룩거리며 뭔가를 성취해보려고 하지만 여의치 않다. 그러면 펜듈럼은, 살아남으려면 자신과, 그리고 세상과 더 치열하게 싸워야 한다고 가르쳐준다. 이것이 펜듈럼의 법칙이다. — "싸워라, 그리고 내가 하는 대로 따라 해라."

당신은 단지 싸움에 끼어드는 자유만 행사했을 뿐이다. 맞다. 그것도 하나의 선택은 선택이다. 당신은 언제나 자신이 선택한 것을 얻는다. — 이것은 불변의 법칙이다. 펜듈럼의 싸움에서 인간은 승리자가 될 수 없다. 단지 상을 받을 수 있다. 하지만 그것조차 소수만이 누릴 수 있는 특권이다. 펜듈럼의 일은 당신이 진정한 자유를 발견하지 못하도록 감추는 것이다. 사실은 아무도 당신에게 싸움에 끼어들게 '만들' 수 없다. 펜듈럼은 단지 당신이 다른 선택이 없다고 '믿도록 만들' 수 있을 뿐이다. 그리고 그것은 사실이다. **당신이 중요성의 줄에 매달려 있는 한 다른 선택은 없다.**

자유를 얻기 위해서는 중요성을 거부해야 한다. 내적인 것이든, 외적인 것이든 간에 어떤 것에도 지나치게 중요한 의미를 부여하지 말라. 중요성을 떼내려면 대부분의 경우 깨어나서 의식적으로 태도를 바꾸기만 하면 된다. 우리는 모두가 눈뜬 채로 잠들어 있어서 자동인형처럼 자신의 역할을 한다. 그 꿈의 깊이 역시 게임의 온갖 기능에다 우리가 부여하는 중요성과 의미에 비례한다. 이리하여 우리는 스스로 만든 중요성의 감옥에 갇힌 죄수가 된다.

그런데 태도를 바꾸려는 시도 또한 다름 아닌 싸움 아닌가? 아니다. 그렇지 않다. 자신의 '감정'을 억누르려고 한다면 당신은 자신과 싸우고 있는 것이다. 하지만 펜듈럼 게임의 정체를 알면 그것에 대한 당신의 '태도'를 의식적으로 바꿀 수 있다. 자신을 강요하지 않고 말이다. 그러니까 당신은 펜듈럼으로부터 자유로워지기 위해 선택을 하고 있는 것이다. 당신이 스스로 게임의 룰을 정한다. 이제 펜듈럼과 벌이는 당신의 게임은 그것의 룰을 깨는 게임이다. 이런 게임은 투쟁을 흙인형과의 싸움놀이와 같은 것으로 바꾸어준다. 그것은 마치 당신이, 일어나고 있는 모든 일이 눈뜬 채로 꾸는 꿈이라는 사실을 깨닫는 것과 같다. 자신을 무대로부터 객석으로 데리고 옴으로써 당신은 계속 싸워야 할지, 그저 아무 말 없이 가서 자신의 것을 차지할 것인지는 당신의 선택에 달린 일임을 문득 깨닫는다.

물론 중요성의 줄을 당장에 끊어버릴 수는 없을 것이다. 잉여가치나 문젯거리를 그런 식으로 제거한다는 것은 불가능한 일이다. 게다가 그것을 제거할 필요도 없다. 왜냐하면 그 또한 싸움이 되어버릴 것이기 때문이다! 핵심은, 싸움을 그치기만 하면 중요성의 줄도 결국은 끊어지리라는 것이다. 당신이 의식적으로 내려놓을 수 있는 중요성이 있다면 그렇게 하라. 당신이 해내지 못하고 있는 모든 것을 행동으로 바꿔 놓으라. 마음속에서 당신 목표의 슬라이드를 상영하고 과정을 심상화하고 목표를 향해 조용히 발걸음을 옮기라. ― 그것이 당신의 행동이 될 것이다. 싸움을 거부하는 것 ― 이것 또한 하나의 행동이다. 자신과 세상에게 생긴 그대로 존재할 기회를 주라. 자신을 바꾸고 세상과 싸울 필요가 없다. 지나가는 나날과 싸우기를 그치는 순간부터 당신의 자유는 더욱 더 실감나는 것이 되어 다가올 것이다.

당신이 자신의 삶에 지워놓은 무거운 문젯거리들을 단번에 제거하는 것도 불가능한 일이다. 하지만 조율의 원리를 따르다 보면 결국은 깊은 숲을 빠져나와 평탄한 대로를 걷게 될 것이다. 당장 만사가 순조로워지도록 보장해줄 수 있는 것은 아무것도 없다. 펜듈럼의 도발과 장애물과 좌절이 당신을 기다리고 있다. 중요한 것은, 실망하여 좌절하지 않는 것이다. 시간이 지나면 모든 것이 스스로 제자리로 돌아갈 것이다. 어쨌든 당신은 운명을 주무를 수 있는 강력한 기법을 손에 쥐고 있다.

만일 당신이 당신 삶의 사건들을 지배할 수 있다는 깨달음을 체화해냈다면, 그래서 자신감을 얻고 고양된 기분을 느낀다면 — 불쾌한 놀라움을 대비하라. 십중팔구 당신은 자신감과 고양된 기분의 강도에 따라 이런 저런 힘에 의해 코가 납작해지는 일을 겪게 될 것이다. 그것은 당신의 잉여 포텐셜에 반응하는 균형력이다. 자신을 꼭두각시 인형을 부리는 사람이나 '나의 생애'라는 연극의 감독으로 상상하고 싶어지게 하는 유혹에 굴복하지 말라.

물론 당신은 실제로 감독이다. 하지만 당신 자신의 운명의 감독일 뿐이다. '나의 생애'라는 연극에는 당신만 출연하는 것이 아니다. — 배려해야 할 주변 인물들도 있다. 그러니 사소한 자부심이나 자신감도 잉여 포텐셜을 일으켜놓는다. 당신이 보기엔 당신이 자신을 내세우는 사람이 결코 아니라고 생각될지도 모른다. 하지만 결점이 없는 사람은 현실에 존재하지 않는다. 당신은 매우 강력한 힘의 열쇠를 쥐고 있다. 그러므로 그 뛰어남으로 균형을 살짝 벗어나기만 해도 무시할 수 없는 결과를 얻게 될 것이다.

이상적으로 말하자면 모든 사람이 자신의 운명의 주인이라는 깨달음은 너무나 정상인 것이다. 시내의 아무 가판대에서나 신문을 살 수 있는 허가증을 받는다고 상상해보라. 당신은 좋아라 하겠는가? 그럴 리가 없다. 그것은 애초에 당신의 권리니까. 어떤 특정한 가판대에서 신문을 살 수 없게 된다면 흥분해서 화를 내야 할까? 그저 다른 데서 사든지, 아니면 신문을 보지 않으면 된다. 당신 삶의 사건들을 지배할 수 있는 새로운 능력도 이와 같이 다루어야만 한다.

한 가지만 더 경고해야겠다. 트랜서핑은 타인에게 해를 끼치려는 목적에 사용되어서는 안 된다. 심상화로 악의적인 의도를 보냄으로써 어떤 개인이나 한 그룹의 사람들에게 복수를 할 수 있다. 그것은 실제로 된다. 그러나 그러면 당신이 화를 입는다. 흑마술을 부리는 것은 정말 권하지 않는다. 당신의 징벌이 전적으로 정당한 것이라고 생각되더라도 하지 말라. 그럼에도 불구하고 당신의 적에게 악의를 보내기를 참지 못했다면 최초의 경고를 예상하라. — 당신은 직접 그 징조를 보게 될 것이다. 그리고 멈추지 않는다면 벌을 받게 될 것이다. 우리는 모두 이 세상에 손님으로 온 것임을 잊지 말라. 이것이 자유의 조건이다. — 당신은 선택할 수 있다. 그러나 어떤 것도 바꿔놓을 권리는 없다.

모두가 알다시피 고대문명은 멸망했다. 남은 것은 이집트의 피라미드와 같은 껍질뿐인 건축물과 어떤 신비한 마법지식에 대한 불분명한 소문들뿐이다. 외부의도의 힘을 통달한 사람들은 너무나 큰 힘을 얻어서 벌을 받았을 뿐만 아니라 균형력에 의해 파멸되었다. 아틀란티스와 같은 문명은 많았다. 외부의도의 힘을 통달할 때마다 사람들은 자신이 이곳에 단지 손님으로 온 것일 뿐이라는 사실을 까맣게 잊어버렸다. 지나치게 구는 손님이 쫓겨난다는 것은 누구나 아는 사실이다.

특히 친구들이나 가족 앞에서 떠벌이는 일은 경계해야 한다. 당신이 무엇을 해내리라고 큰 소리를 치면 성공의 확률은 극적으로 떨어질 것이다. 자신감이 자기 과신으로 이어지는 것이 그런 경우다. 자신이 어떤 일을 해내리라는 것을 마음속으로만 알고 있다면 그것은 균형을 흩트리지 않는다. 이 앎은 당신의 마음속에 있고 그것 자체로서 하나의 사실이다. 그러나 아직 이루지 못한 일을 이루리라고 사람들 앞에서 선포하면 당신은 잉여 포텐셜을 만들어내고 있는 것이다. 그러면 균형력이 발동해서 잉여 포텐셜 제거에 나선다. 그러니 결론은, 입을 다물고 겸손하게 조심성 있게 행동하는 것이 좋다. 물론 목표를 이미 이루었다면 신바람이 날 수도 있다. 바보처럼 도취되어서 열광지만 않는다면 말이다. 그러면 균형력이 당신의 장난감을 빼앗아 가버릴 것이다.

당신의 기쁨을 잔치의 의도로 바꿔놓으라. 선택의 권리를 행사하여 당신에게 만족을 주지 못하는 현재의 삶을 하나의 잔치로 바라보는 호사를 허용하라. 환상이 아니라, 잔치를 해야 할 실질적인 이유가 있다. ― 자유를 얻을 희망 말이다. 당신은 자신이 자신의 목표를 향해서 가고 있음을 깨달음으로써 조용한 행복감을 느낄 것이다. 그러니 잔치는 항상 지척에 있다. 균형력조차 당신의 이 조용한 행복감에 그늘을 드리우지 못한다. **조율의 원리에 따라 그 어떤 경우에도 자신의 삶을 하나의 잔치로 바라본다면 ― 바로 그렇게 될 것이다.**

이제 계속 싸워야 할 이유가 없다. 당신의 것인 그것은 어떻게든 당신의 것이 될 것이다. 싸우기를 거부함으로써 당신은 줄을 끊고 자유를 얻는다. 자신의 자리를 잃지 않고 말이다. 당신의 자리는 ― 가능태 흐름이다. 당신의 선택은 틀림없이 이루어질 것임을 기억할 필요가 있다. 당신이 방사하는 사념의 에너지를 당신의 목표가 있는 인생트랙에다 맞추라. 그러면 흐름은 바로 당신의 목표를 향해 흘러갈 것이다. 균형을 유지하면서 조율의 원리를 따라 흐름과 함께 움직이면 당신의 목표를 향해 가는 길을 막을 수 있는 힘이란 없다. 당신은 더 이상 상황의 노도 위에 놓인 작은 종이배도 아니고 펜듈럼의 손에 매달려 있는 꼭두각시 인형도 아니다. 당신은 돛을 가지고 있다. ― 영혼과 마음의 일치라는. 당신은 선택이라는 키를 가지고 있다. 당신은 외부의도의 바람을 타고 가능태 공간 속을 미끄러져 가고 있다.

요약

- 열쇠를 돌리면 막혀 있던 의도의 에너지가 풀려서 놓여난다.
- 트랜색션 : 열쇠 돌리기, 심상화, 맑은 시선으로 바라보기
- 트랜색션의 결과로 무대장치의 뉘앙스가 변한 것을 목격한다.
- 트랜색션 기법에 지나친 의미를 부여하지 말라.
- 자신을 긴장시키지 말고 가벼운 마음으로 트랜색션을 해보라.
- 트랜색션을 자주 하려고 자신을 다그치지 말라.
- 당신 목표의 슬라이드를 상영하고 과정을 심상화하는 것만으로도 충분하다.
- 트랜색션은 단지 가능태 공간 속의 자신의 움직임을
  목격하게 하는 목적으로만 사용된다.
- 당신의 목표를 향해 움직여가는 것은
  당신의 세계의 층을 새롭게 하는 것이다.
- 세상은 거울처럼 세상에 대한 당신의 태도를 비쳐 보여주고 있다.
- 싸움을 그침으로써 당신은 자유를 얻는다.

제5장 과거로부터의 편지

'리얼리티 트랜서핑'은 출판되기 전에 그 일부가 이미 인터넷의 한 뉴스레터를 통해 공개됐다. 이 장은 가능태 공간의 개척자들과 주고받은 대화의 산물이다. 이 기회를 빌려 독자들에게 감사를 표하고 싶다. – 열띤 반응과 친절한 편지를 보내주고 트랜서핑의 개념을 열성으로써 받아들여준 독자 여러분, 감사합니다!

"승패를 스스로 판가름해서는 안 된다."

– 보리스 파스테르나크

암흑기

"저로서는 답을 찾을 수 없는 의문이 몇 가지 있습니다. 당신의 이론에 의하면, 매사에서 좋은 면을 발견하면 긍정적 사건의 물결을 탄다고 했습니다. 그런데 그게 저에게는 되지 않았습니다. 그것도 한 번이 아닙니다. 한 번이었다면 그냥 지나쳤겠지요.

예를 들어보겠습니다. 반년 전에 저는 멋진 직장을 다니고 있었습니다. 그 직장은 아주 편안했고 저는 행복했지요. 일이 곧 저의 삶이었습니다. 좋은 친구와 이웃이 있었고 사랑하는 남자와 집과 부모님도 있었구요. 전 정말 행복해서 스스로 자신이 부러울 정도였지요. 저는 차분하고 평화로운 삶을 살고 있었습니다. 하지만 한편으로 저는 그것이 오래 가지 않을지도 모른다는 두려움을 느끼고 있었습니다. 그리고 결국은 정말 그것이 모두 제 곁을 떠나가 버렸습니다. 이제 저는 집도 없는데다 친구도 줄어들고 저의 야심과 교육수준에 어울리지 않는 직장을 다니고 있습니다.

또 다른 예가 있습니다. 대학교를 졸업하기 전이었습니다. 저는 그 전의 2년 동안 공부를 열심히 해서 학생들과 교수님들과도 아주 가까워져 있었습니다. 저의 마지막 학기는 정말 멋진 시절이라는 것을 거의 몸으로 느꼈고, 그런 일은 아마도 두 번 다시 일어나지 않으리라고 생각했습니다. 저는 그 하루하루를 기억 속에 새겨 두려고 애썼지요. 저는 대학교에 남아서 연구하라는 제의를 받고 너무너무 기뻤습니다! 그런데 갑자기 감원 사태가 생겨서 저는 뽑히지 못했어요. 그래서 반년을 집에서 보내야만 했지요. 그것은 저에게는 암흑기였습니다.

다시 말해서, 정말 행복해서 신께 감사드린 날들도 있었지만 그러다가는 끔찍한 암흑기가 닥쳐오는 경우가 몇 번 있었단 말입니다! 제 경우에는 법칙도 먹혀들지 않았어요. — 저는 부정적 행동의 물결에 휩쓸려버렸지요. 그리고 또 한 가지, 오히려 제가 정말 불행하게 느끼고 불평하며 '울부짖기' 시작할 때는 마치 누군가가 어떤 단서나 도움을 주는 것만 같습니다. 당신의 이론에 따르자면 어딘가 정말 먼 곳으로 휩쓸려 떠내려갔어야 하는데 말입니다.

이것이 제가 경험하고 있는 모순이랍니다. 이해가 되도록 도와주시면 감사하겠습니다."

사실 당신의 사례에는 모순이 없습니다. 오히려 모든 일이 일어나야 할 대로 일어났군요. 다만 인생의 광명기가 암흑기로 돌변한 이유를 당신이 분명히 이해하지 못한 것뿐입니다. 하지만 당신은 편지 속에서 그 이유를 아주 잘 설명해놓았군요.

그 이유는 언제나 하나였습니다. — **세상은 세상에 대한 당신의 태도를 비춰주는 거울입니다.** 첫 번째 경우와 두 번째 경우의 다른 점은

189

단지, 거울은 변화를 즉시 되비쳐 보여주지만 세상이라는 거울은 그것을 약간 뒤늦게 반영한다는 점입니다. 때로는 며칠씩, 어떤 때는 몇 달씩이나 말이죠.

당신이 쓴 글을 보세요. "저는 차분하고 평화로운 삶을 살고 있었습니다. 하지만 저는 그것이 오래 가지 않을지도 모른다는 두려움을 느끼고 있었습니다. 저의 마지막 학기는 정말 멋진 시절이라는 것을 거의 몸으로 느꼈고, 그런 일은 아마도 두 번 다시 일어나지 않으리라고 생각했습니다."

어디에 모순이 있나요? 당신은 자신의 태도로써 프로그램을 선택했고, 세상은 그것을 그대로 완벽하게 수행한 것입니다. 세상은 언제나 당신의 선택을 백 퍼센트 실현시켜줍니다. 그것이 세상이 하는 일의 전부지요.

당신은 거울에게 이런 식으로 불평합니다. — "내가 '정말' 행복해서 신께 감사드린 날들도 있었지만 그러다가는 또 끔찍한 암흑기가 시작됐어." 무엇이 그 암흑기를 가져왔을까요?

암흑기가 어디서 왔는지를 제가 말해드려도 당신은 믿지 않으실 겁니다. 당신의 편지에서 방금 인용한 글은 제쳐놓더라도 암흑기의 근원이 무엇인지는 찾아내기가 전혀 어렵지 않습니다. 아무튼 이것은 결코 특별한 사례가 아닙니다. 우리는 모두가 언제나 똑같은 실수를 저지른답니다.

중요한 것은, 광명기를 뒤따라온 암흑기는 결코 어두운 시기가 아니었다는 겁니다. 거기에다 검은색을 칠한 것은 당신입니다. 나쁜 것은 좋은 것을 뒤따라올 수가 없습니다. **실제로 좋은 것을 뒤따라온 것은 오히려 더 좋은 것이었답니다.** 하지만 당신은 그렇게 믿지 않았습니다.

당신은 찾아온 변화를 받아들이지 않고 세상에다 부정적인 태도를 내보였습니다. 그러니 세상은 당신의 그런 태도를 되비춰서 당신의 선택을 실현시켜줄 도리밖에 없었지요.

자신의 시나리오를 끝까지 고집하는 것이 마음의 속성입니다. 그 시나리오에 맞지 않는 것은 모두가 실패로 간주되지요. 반대로 계획되었던 일은 모두 성공으로 간주되고요. 마음의 이 같은 고집은 자만심과 틀에 박힌 사회적 고정관념에서 비롯된 것입니다.

자기에게 정확히 무엇이 좋고 나쁜지를 마음이 어떻게 알 수 있겠습니까? 일이 어떻게 전개될지를 마음이 정말 내다볼 수 있을까요? 큰 성공은 결코 미리 와서 문을 두드리지 않습니다. 그것은 언제나 말 그대로 하늘에서 뚝 떨어지지요. 그게 왜 그런지를 생각해보신 적이 있나요? 혼란에 빠져 있는 마음은 성공이 실현되는 것을 막을 시간조차 없기 때문에 그렇게 되는 것이랍니다.

오직 마음이 시나리오를 움켜쥔 손을 놓는 순간에야 행운이 그 단단한 성벽을 뚫고 들어올 수 있습니다. 행운은 계획될 수가 없습니다. 그렇지 않나요? 그게 만일 계획할 수 있는 것이라면 이런 이야기를 하고 있을 이유도 없지요. 계획하라, 그리고 계획한 것을 가지라! ― 참으세요, 그런 일은 좀처럼 일어나지 않습니다.

마음은 성공의 공식을 개발해내지 못합니다. 가끔 독자들이 이러저러한 경우에는 어떻게 해야 할지를 묻습니다. 제가 그걸 어떻게 알 수 있겠습니까? 모든 경우에 대한 성공의 비법을 알고 있다고 주장하는 사람들을 믿지 마세요. **그것은 그 누구도 알 수 있는 것이 아닙니다.**

그렇다면 누가 그것을 알고, 어디서 답을 찾아야 할까요? 당신의 거울인 당신의 세상이 알고 있습니다! 트랜서핑에는 당신이 상상할 수 있는 가장 놀라운 발견이 담겨 있습니다. 그것은, 당신은 단지 선택하기만 하면 된다는 것입니다. 그리고 그러고 나서는 세상이 당신의 선택을 실현시켜주는 것을 방해하지만 말라는 것입니다.

여기에 모든 역설이 담겨 있습니다. — 당신은 성공을 성취할 방법을 정확히 알 필요가 없다는 것 말입니다. 좀더 정확히 말하자면, 그에 대해서는 전혀, 아무것도 모르는 편이 오히려 낫습니다. 당신은 트랜서핑이 성공을 위한 또 하나의 비결을 제공해주리라고 생각했나요? 마음은 그 비결을 알아낼 능력이 없습니다. **멋진 것은, 비결이 스스로 나타난다는 것입니다!**

마음의 임무는 가능태의 흐름, 곧 일이 펼쳐지는 과정을 통제하려듦으로써 방해하지 않는 것입니다. **가능태의 흐름은 언제나 당신이 선택한 방향을 향하고 있습니다.** 선택이 내려진 후에는 마음 놓고 의도 조율의 원리에다 모든 것을 맡겨놓을 수 있는 이유도 바로 여기에 있습니다. — **나의 의도는 실현될 것이다. 모든 일이 그리로 귀결된다. 만사는 되어야 할 대로 되어가고 있다.**

암흑기로 다시 돌아가 봅시다. 암흑기가 시작될 때마다 분명히 당신은 모종의 기회를 놓쳐버렸습니다. 그것은 광명기를 더욱 찬란한 것으로 만들어줄 기회였습니다. 하지만 마음은 일어나는 일들을 받아들이지 않았습니다. 더 정확히 말해서, 마음은 그것을 부정적인 것으로 판단했고, 그 결과로 정말 부정적인 일들이 그 모습을 유감없이 드러낸 것이지요.

하지만 그렇다고 흥분하지는 마세요. 목표를 정하고 조율의 원리를 지키기 시작하면 놀라운 발견들이 당신을 기다리고 있을 겁니다. 이제까지 당신이 저질러온 모든 실수가 바로 이 목표를 위한 것이었음을 깨닿게 될 것입니다. 그 모든 실수가 아니었다면 이 목표에 도달할 수가 없었을 것입니다. 당신이 그런 실수를 하지 않았더라도 목표를 이룰 수는 있었을 겁니다. 하지만 그것은 다른 목표였을 것입니다. 사실 당신의 목표는 딱 하나만 있는 것이 아닙니다. 이것이 우리의 이 세상이 작용하는 상상할 수 없이 오묘하고도 너그러운 방식이랍니다.

그러니 좌절하지 마십시오. 목표를 향해 나아가고 있다면 과거는 당신 앞에 있습니다. 어쩌면 지금까지 당신은 다른 누군가의 목표에만 관심을 두고 있었을지도 모르는 일이지요.

파트너 게임

"당신은 전혀 어울려 보이지 않는 짝들이 마치 서로를 벌하기라도 하려는 듯이 결혼을 하게 된다고 말했습니다. 그건 바로 저에 관한 말입니다. 다음의 상황에서 벗어날 방법에 대해 실질적인 충고를 해주실 수 있나요? 무엇을 어떻게 생각하고 행동해야 할까요?

우리는 관계를 바로잡아보려고 여러 번 애써봤지만 효과는 있어도 오래가지 않았습니다. 그래서 나는 우리가 서로 맞지 않다는 것을 깨닫고 다른 여자를 사귀어봐야겠다고 생각했습니다. 그래서 이혼을 택했습니다. 이 관계를 정말 끝내고 싶습니다. 하지만 우리 사이에는 공동명의의 재산이 있어서 손실을 최소화하면서 저의 결정을 밀고 나갈 수 있도록 상황이 허락하지 않고 있습니다.

제가 화가 치밀어 올라, 무슨 수를 쓰더라도 당장 모든 것을 끝장내야겠다고 마음먹을 때는 또 아무런 이유도 없이 갑자기 관계가 좋아집니다. 하지만 이내 모든 게 다시 시작됩니다. 트랜서핑의 관점에서는 이 상황을 바꾸려면 어떻게 해야 할까요?"

대부분의 이혼은 아주 사소한 원인에서 비롯된다고 해도 틀리지 않을 겁니다. ― 서로가 상대방이 있는 그대로의 자신으로서 존재하도록 허용하지를 않는 거지요. 당신은 아마 그들이 틀렸다고 생각하고, 저도 그들이 어디서 틀렸는지를 지적해주고 싶어하리라고 생각하겠지요? 아닙니다. 그것은 당신의 착각입니다.

그것은 사실 누가 옳고 누가 그른가 하는 데 관한 문제가 아닙니다. 자잘한 일로 해서 일어나는 갈등에는 한 가지 사소하지 않은, 아니, 가장 중요한 측면이 있습니다. ― '의식이 깨어 있지 못한 것'이 바로 그 것이지요.

짜증은 무의식적인 반응입니다. 무의식적인 꿈에서는 꿈이 그에게 그저 '일어납니다'. 그것은 그가 그 게임에 완전히 빨려 들어가서 그것이 단지 꿈일 뿐이라는 사실을 깨닫지 못하기 때문입니다.

이와 정확히 마찬가지로 사람은 눈뜬 채로 잠들어 있습니다. 마치 조개처럼 외부의 자극에 부정적인 반응을 보이면서 말입니다. 모든 사람이 자신만의 별나고 독특한 개성을 지킬 권리가 있다는 점은 누구나 이해하는 것 같습니다. 그러니 그가 당신과 비슷한 사람이 아니라고 해도 전혀 이상할 것이 없습니다.

하지만 사람들은 물어보아야만 이 사실을 실감하고 깨닫습니다. 보통 때는 무의식적인 꿈에 빠져 있어서 짜증을 유발하는 갈고리에 여지없이 낚아채입니다.

눈뜬 채로 잠들어 있을 때 사람은 자신을 있는 그대로의 자신이 되도록, 그리고 다른 사람들 또한 있는 그대로의 자신이 되도록 놔주질 않습니다. 당신은 의존적인 관계를 형성하여 양극화를 일으키고, 그것은 균형력의 바람을 일으킵니다. 그러면 균형력은 이질성을 제거하기 위해 성격이 반대인 사람들을 한데다 데려다놓습니다.

거기다가 또 펜듈럼은 이처럼 양극화가 일어나는 것을 감지하면 당신의 파트너를 부추겨 당신을 더욱 약 올리게 합니다. 파트너가 당신을 일부러 약 올리려는 것처럼 행동하는 것을 본 적이 없나요?

여기서 당신은 그녀도 대부분의 경우 자신이 무슨 짓을 하고 있는지를 인식하지 못한다는 사실을 알아야만 합니다. 당신의 짜증으로부터 에너지를 받아먹는 펜듈럼이 그녀를 조종하여 당신을 더욱 약 올리는 행동을 하도록 부추기고 있는 것입니다.

당신도 스스로 편지 속에서 양극화가 작용하는 양상을 묘사하고 있네요. 이것을 보십시오. ─ "제가 화가 치밀어 올라 무슨 수를 쓰더라도 지금 당장 모든 것을 끝장내야겠다고 마음먹을 때는 또 아무런 이유도 없이 갑자기 관계가 좋아집니다."

어떤 조건이든 마음이 잡히면 당신은 마치 "멋대로 하라 그래!" 하는 식의 태도가 되어 힘을 놓게 됩니다. 그러면 그 순간 양극화가 둔화되고 균형력의 바람도 잦아듭니다. 그리하여 펜듈럼도 당신을 놔주고, 그 결과로 관계도 좋아지는 것이지요.

사실은 성격이 반대인 사람들보다 똑같은 성격의 사람들이 오히려 더 어울리지 않을 수도 있다는 것을 말해야겠습니다. 사람들이, "우린 어울리지 않아" 혹은 "우린 성격이 맞지 않아" 하고 불평할 때, 그것을 사실의 언어로 해석하자면 "우리는 서로를 있는 그대로의 자신으로 존재하도록 놔주지 않았어"라고 말하는 것으로 이해해야 할 것입니다.

실제로 반대 성격의 사람들도 조화롭고 행복하게 살 수 있고, 또 그래야만 합니다. 균형력이 반대 극성을 한 곳에다 데려다놓는 것은 현상태를 방치하는, 괜한 헛수고가 아닙니다.

무수히 헤어졌다 만났다 하면서도 오랜 세월을 동고동락해온 부부들이 있다는 것은 저만이 아니라 어쩌면 당신도 알고 있을 겁니다. 그것은 장난이 아닙니다. 그릇을 있는 대로 부수고 가방을 싸고 사진을 불태우고 결혼증명서를 찢고 무서운 의식을 치르는 등으로 말입니다. 이런 정신없는 드라마들이 모두 이번이야말로 돌이킬 수 없는 마지막이라는 끔찍한 각오가 연출해낸 것이었습니다. 하지만 태풍이 수그러들면 양편의 전사들도 마음을 누그러뜨리고 다시 한 번 함께 살아보기로 하는 것이지요.

무대로부터 객석으로 내려와서 의식적으로 게임을 지켜보려고만 한다면, 즉 파트너와 함께 이 삶을 바깥으로부터 바라보려고만 한다면 파마 핀과 접시를 무기로 삼는 이 모든 싸움을 피할 수 있습니다. 최소한 둘 중 한 사람은 이렇게 해야만 합니다.

둘이 함께 사는 삶이 왜 게임이냐구요? 왜냐하면 각자가 자신의 역할을 자임했기 때문입니다. ― 나는 이런 사람이고 이런 일을 할 거야. 나는 이런저런 일에 짜증을 낼 거야. 하지만 사람들은 이 게임에 빠져들어서는 눈뜬 채로 잠든 사람처럼 무의식적으로 연기합니다. 인생은 그들 앞에 '일어나고', 안간힘을 다 써봐도 그들은 시나리오를 바꿀 수가 없습니다.

당신이 어렸을 때 어른 흉내 놀이를 하고 놀았던 것을 기억해보세요. 아이들은 어른과 달리 모든 것이 '척하기' 놀이라는 사실을 알고 있습니다. 게임의 매순간 그들은 그것이 게임임을 알아차리고 있습니다. 그래서 그들은 게임을 '구경하는 연기자'로서 의식적으로 연기합니다. 아이들은 게임의 시나리오를 바꿀 줄 압니다. 그것이 현실이 아니라는 것을 알고 있기 때문이지요. 그와 마찬가지로 자각몽 속에서는 꿈꾸는 사람이 일어나고 있는 사건을 마음대로 제어할 수 있습니다.

사람들은 나이가 들수록 초연한 관점에서 연기하는 능력을 잃어갑니다. 그들은 깊은 잠속처럼 게임 속으로 빠져들고, 결국은 깨어 있는 의식을 잃어버립니다. 눈뜬 채로 잠든 사람들은 의지박약한 꼭두각시 인형이 되고, 마치 잠잘 때 꿈이 '일어나는' 것처럼 인생도 그들 앞에 그저 '일어납니다.'

하지만 파트너와 함께 삶을 게임으로 바꿔놓으려고 노력해보십시오. 아이들이 게임을 하는 것처럼 그렇게 연기해보십시오. 이미 지정받은 역할을 받아들이고 초연한 태도로, '척하기' 연기를 해보십시오. 예를 들어, 당신의 파트너가 당신이 좋아하지 않는 짓을 하면 이전처럼 짜증을 내되 이번에는 자신의 역할을 생생하게, 괴짜처럼 우스꽝스럽게 연기하십시오.

그러면 즉시, 당신이 눈뜬 채로 잠들어서 일으키고 있는 갈등의 배후 메커니즘을 확연히 깨닫게 될 것입니다. 이 모든 싸움이 얼마나 허깨비 놀음과 같은 짓인지를 마치 텔레비전 드라마를 보듯 확연히 이해하게 될 것입니다. 그리고 그것을 깨달으면 당신은 마침내 자신이 있는 그대로의 자신으로 존재하도록, 그리고 다른 사람은 다른 사람으로 존재하도록 놔둘 수 있게 될 것입니다.

자선행위

"지난 2년 동안 저는 주식거래를 열심히 했습니다. 그런데 안정적인 성공을 거두는 수준에는 이를 수가 없습니다. 어쩌면 시장은 악마의 발명품이라고 한 동료의 말이 맞을지 모르겠습니다. '시저의 것은 시저에게, 신의 것은 신에게 주라'는 말도 있지만, 시장에서 놀다 보면 영혼을 잃어버립니다. 우리의 영혼을요. 유감스럽지만 그게 세상입니다. 그것이 사실입니다. 저에게 유일한 탈출구는 교회 건축에 돈을 기부하는 일입니다. 하지만 그것이 과보를 없애주지는 않겠지요…….

하지만 그렇다면 운명의 다양한 가능성은 어떻게 되는 겁니까? 주식거래에서 저 자신을 도울 길은 정말 없나요? 그 모든 백만장자의 이야기들은 한갓 전설일 뿐인가요? 아니면 무의식으로부터 부자가 되는 생각을 다 지우고 대신 이웃을 돕는 생각을 채워 넣어야 할까요? 저는 이론가도 아니고 초짜도 아닙니다. 제가 하는 이야기는 모두 무수히 경험해본 사실이고 그것이 어떤 기분인지를 잘 압니다. 제가 내려야 할 선택은 무엇이라고 생각하시나요?"

당신은 '제가' 생각하기에 '당신이' 내려야 할 선택이 무엇인지를 물어보고 있습니다. 저나, 혹은 다른 어떤 사람이 당신의 진정한 길이 무엇인지를 정말 가리켜줄 수 있을까요? 그것은 오로지 당신의 영혼만이 알고 있습니다. 저는 다만 당신의 실수를, 그것도 주관적인 관점에서만 지적해줄 수 있을 뿐입니다.

당신은 유일한 탈출구는 교회 건축에 돈을 기부하는 일이라고 했습니다. 나는 당신이 이것을 유일한 탈출구라고 생각하지 않는다는 것을 분명히 압니다. 어쨌든 간에, 무엇이 당신으로 하여금 돈을 기부하는 것이 탈출구가 될 수 있다고 생각하게 만드는 걸까요?

신의 지지자가 아니라 종교 펜듈럼의 지지자들이 교회 건축에 돈을 기부하면 '영혼을 구원받을' 수 있고 모종의 과보를 지울 수 있다고 믿게 만든 것입니다. 신의 '진정한' 종이라면 돈으로는 면죄부를 살 수 없다고 말해줄 겁니다.

사물을 진짜 이름으로 불러줍시다. 종교 펜듈럼 ─ 그것은 하나님이 아닙니다. 교회는 전능하신 존재에게 필요한 것이 아니라 펜듈럼에게 필요한 것입니다. 신은 당신의 헌금을 필요로 하지 않습니다. 헌금이 당신 문제의 해결책이라고 생각한다면 당신은 신과 흥정을 벌이려 하고 있는 것입니다.

너무 오랫동안 놀려둔 잉여수단이 있다면 자선행위가 모아놓은 돈의 잉여 포텐셜을 없애주는 역할을 할 수도 있습니다. 하지만 당신은 주식거래를 하고 있으니 당신의 재정 상태는 아마도 늘 변동할 테지요.

자선은 그것이 진짜일 때만 진정한 의미의 선행입니다. 예컨대 부자가 고아원을 도우면서 고아원에는 한 번도 가보지 않는다면 그것은 선행이 아니라 흥정입니다. 그의 도움은 무관심하게 주어집니다. ─ 그것은 '나는 아이들을 돌본다!'는 그럴 듯한 치장에 이용됩니다.

그러나 이 사람의 동기에는 진정성이 없습니다. 그는 자기가 돕는 아이들과 이야기를 나눠볼 필요를 느끼지 않습니다. 그러니까 그는 아이들을 사랑하는 것이 아닙니다. **그는 아이들을 돌봐주는 자신을 높이 사는 것입니다.** 좋습니다. 그렇다고 칩시다. 사랑이 없더라도, 진정성이 없더라도 아이들을 돕겠다는데 뭐가 그리 나쁘냐고요? 그것은 나쁘지 않습니다. 아주 훌륭합니다. 다만 그가 그것이 어떤 방식으로든 자신에게 '보너스 점수'를 가져다주리라고 기대하지는 말아야 한다는 겁니다.

그것이 그에 대한 사람들의 평가를 높여줄지는 모르지만 그의 영혼은 어떤 형태의 상도 못 받을 것입니다. 다른 사람을 진정성 없이 사랑하느니보다는 자신을 진정으로 사랑하는 편이 낫습니다. 심지어 저는 자신을 사랑하는 것은 절대적으로 필요한 일이라고 말하겠습니다.

당신은 또 이렇게 말합니다. "아니면 무의식으로부터 부자가 되는 생각을 다 지우고 대신 이웃을 돕는 생각을 채워 넣어야 할까요?"

정말 내면에서 솟구치는 충동이 아니라면 이웃을 돕는다는 생각을 자신에게 강요해서는 안 됩니다. 차라리 반대로 '당신의' 부를 위한 일이나 열심히 하십시오. 이것은 당신이 진정성 있게 하고 있는 일이고, 그것을 부끄러워해서는 안 됩니다. 당신에게 자신들의 '영적' 가치를 주입시키려드는 펜듈럼 지지자들의 말에 주의를 기울이지 마십시오. 명심하세요. — **정말 영적인 사람들은 결코 당신에게 무엇을 주입하지 않습니다.**

당신에게 영적으로 가장 가치 있는 것은 당신의 영혼입니다. 펜듈럼에게서 등을 돌리고 당신의 영혼을 대면하여 당신 자신을, 예컨대 당신의 부를 돌보십시오. 다만 당신이 지금 하고 있는 것과는 전혀 다른 관점에서 부에 접근해야 합니다.

당신의 영혼은 돈을 원하지 않습니다. 영혼은 그 돈으로써 살 수 있는 그것을 원하지요. 당신은 당신이 무엇을 원하는지를 정확히 알고 있습니까? 아마도 아닐 겁니다. 그렇다면 자신에게 물어보십시오. 당신은 이 삶에서 정말 무엇을 얻고자 합니까? **무엇이 당신의 삶을 잔치로 만들어놓을까요?** 당신의 목표를 찾아내십시오.

당신의 마음은 이 문제를 막무가내로 해결하려고 덤벼듭니다. ― 돈으로 살 수 없는 게 어디 있나? 그러니 돈 나오는 구멍만 찾아내면 된다. 하지만 문제는, 영혼도 자신만의 방식으로, 그것도 막무가내로 덤벼든다는 것입니다. 영혼은 돈을 좇는 마음의 노력에 가담하려들지 않습니다. 영혼은 돈이 뭔지를 전혀 모릅니다. 영혼은 추상적 개념으로 '생각할' 줄 모르기 때문입니다. 그러므로 영혼은 돈 버는 사업에 마음과 동업하지 않을 것입니다. 그리고 영혼 없이는 마음은 아무런 힘이 없습니다. 마찬가지로 마음 없이는 영혼도 아무런 힘이 없습니다.

그렇다면 어떻게 해야 할까요? 당신의 목표를 찾아내고 그것을 향해 움직이십시오. 그것을 이룰 방법에 대해서는 생각하지 마십시오. 방법은 제 발로 나타날 것입니다. 이것이 비결의 전부입니다. 달리 말해서, 당신의 영혼과 마음이 손을 잡고 목표를 향해서 간다면·전에는 접근조차 할 수 없어 보이던 문이 눈앞에서 활짝 열릴 것입니다.

당신은 주식거래를 당신의 문으로 생각할 수 있나요? 제가 나서서 판단해드리지는 않겠습니다. 당신은 안정적인 성공을 거두는 수준에 이르지 못하고 2년 동안 계속 잃었다고 했지요. 당신 스스로 결론을 내리십시오. 돈이 아니라 자신의 목표를 향해 가는 사람이 백만장자가 됩니다.

자신의 문을 통해 나아갈 때, 영혼은 노래를 부르고 마음은 흡족하여 손을 비빕니다. 주식거래를 할 때 당신의 영혼은 행복합니까? 주식거래가 당신의 마음을 흡족하게 해줍니까? 이 질문에 스스로 대답해봐야 합니다.

비전의 지식

"저는 이런 종류의 책들을 이미 많이 읽었습니다. 그런데 가장 이상한 일은 모든 사람이 기본적으로 같은 말을 하고 싶어한다는 겁니다. 다만 그들은 여러 가지 문제에서 아직도 서로 동의하지 않지요.

예컨대 저는 벌써 어떤 방법이 옳고 어떤 방법이 그르다는 정보가 하도 많아서 혼란스러워지기 시작했습니다. 기본적으로는 모두가 어떤 정보든 너무 심각하게 받아들이지 말아야 한다고 말합니다. 하지만 예컨대 날마다 자선을 행하는 마음 보드라운 사람들은 어떻게 해야 합니까? 사실 타인의 불행을 이해하고 받아들이지 않는다면 세상은 차갑고 사악해질 텐데요.

저는 앞으로 저널리스트가 되고 싶어서 벌써 한 출판사에서 일하고 있는데, 거기서 여성문제를 많이 접하고 그들의 이야기를 가지고 기사를 씁니다. 그들의 문제에 공감하지 않고는 일을 제대로 하기가 불가능하지요. 날마다 온갖 정보를 접하는 저널리스트는 어떻게 해야 합니까? 저는 정말 평생 동안 펜듈럼을 흔들어주며 살아야만 합니까, 아니면 자신을 고문해야만 합니까? 아니면 혹시 제가 뭔가를 잘못 이해하고 있는 걸까요?

또 어떤 때는 트랜서핑을 포함한 이 모든 생각들이 다 몽상이라는 생각도 듭니다. 결국, 끝까지 따져간다면 트랜서핑조차도 당신이 만들어낸 하나의 펜듈럼이고 당신은 다른 사람들의 생각으로써 그것을 진동시키고 있는 것이니까요. 그렇다면 왜 그 법칙을 좀더 단순하게 만들지 않습니까?"

트랜서핑은 만들어낸 것이 아닙니다. 그러므로 그 법칙도 고칠 수가 없습니다. 그리고 이런 것을 '날조해내는' 것은 전적으로 불가능합니다. 다른 사람에게서 배울 수도 없습니다. 비전의 지식은 만들어낸 것도, 배운 것도 아닙니다. 그것은 모든 사람이 접근할 수 있도록 어떤 곳에 그저 있을 뿐입니다. 나는 이곳을 가능태 공간이라고 부릅니다. 다른 사람들은 또 달리 부르겠지요. 하지만 그 때문에 그 본질이 달라지는 않습니다.

편지에서 당신은 어떤 문제에서 혼란을 느낀다고 했습니다. 당신의 말로, 동일한 것을 말하면서도 견해가 다른 이 무수한 가르침들을 어떻게 이해해야 할까요? 그것이 얼마나 쉬운지를 알면 믿지 않으실 겁니다.

심리학과 비전에 관한 산더미 같은 문헌을 읽다가도 문득 더 이상 책 읽기를 멈추고는 책에 쓰인 타인의 모든 말들을 깡그리 무시해버리게 될 수도 있답니다. 어떤 분야에서 최소한의 기본 지식을 쌓고 나면 그 이상의 지식은 가능태 공간으로부터 직접 얻을 수 있기 때문입니다.

그렇게 하려면 당신의 의문에 대한 답을 다른 사람들이 쓴 책에서 찾아내려는 짓을 대담히 그만두고 자기 자신을 향해야 합니다. 마음이 세상의 지혜를 찾고 있는 한 당신은 언제나 혼란스러울 것이고 영원히 배우는 자로 남아 있을 것입니다. 방향을 바꾸십시오. — 당신의 마음이 영혼을 향하게 하고 거기서 당신의 모든 의문에 대한 답을 얻으십시오.

위대한 발견을 하고 예술의 걸작품과 고전을 남기는 사람들과, 이런 발견에 놀라고 걸작품 앞에서 찬탄하고 고전을 읽는 사람들의 차이가 무엇인지 아십니까? 창조자와 감상자, 스승과 제자의 차이는 무엇일까요?

창조자와 스승들은 자신의 마음을 다른 사람들의 창조물로부터 떼어내어 자신의 영혼을 향하게 하는 용기를 가졌던 것입니다. 감상자와 제자라고 해서 재능이 없는 것은 결코 아닙니다! 오로지 그들의 의도가 다른 곳, 즉 타인의 작품을 감상하고 평가하고, 타인으로부터 배우는 데로 향하고 있었을 뿐입니다.

당신에게는 제가 사람들의 이목을 끌려고 하거나, 아니면 익히 알려진 진리를 끝도 없이 되뇌는 것으로 보일지도 모르겠습니다. 당신의 마음을 영혼에게로 돌려놓으려고 말이지요. 여기에는 뭔가 구체적이지 못하고 불분명한 구석이 있고 모종의 달콤한, 영적인 냄새가 풍깁니다.

하지만 사실 저는 너무나 구체적인 이야기를 하고 있습니다. 당신의 영혼이 모든 것을 이미 알고 있다고 하는 것이 전적으로 맞는 말은 아닐 겁니다. 영혼은 모릅니다. 다만 영혼은 마음과는 달리 과거와 미래에 관한 정보가 저장된 정보장에 접근할 수 있습니다. 모든 걸작품과 발견들도 거기에 저장되어 있습니다.

마음은 영혼의 느낌을 직관적 지식과 영감의 형태로 인식하고 그것을 보편적 개념과 이름을 빌려 해석합니다.

마음은 새로운 것을 만들어내지 못합니다. 마음은 오직 낡은 벽돌로 새로운 모양의 집을 짓는 능력밖에 없습니다. 본질적으로 새로운 것은 모두 영혼과 마음의 일치 상태에서 창조됩니다. 하지만 이런 일치 상태를 이루려면 간단하고도 구체적인 몇 단계의 과정을 거쳐야만 합니다.

당신은 모든 지식에 접근할 수 있다는 사실을 받아들이십시오. 의문을 하나 품고 자신을 향하십시오. 당신만의 길을 가십시오. 자신만의 개성을 지닐 권리를 행사하십시오. 지식에 접근할 수 있는 능력을 사용하십시오.

의도를 타인으로부터 자기 자신에게로 향하도록 돌릴 수만 있으면 지식에 접근할 수 있게 될 것입니다. 그저 당신은 독창적이며 독특하며 모든 것을 알고 있다고 자신에게 말해주십시오. 자신에게 질문을 하고 대답을 기다리십시오. 질문이 얼마나 복잡한가에 따라 그 답은 즉석에서, 혹은 며칠 후에, 혹은 몇 달 후에 올 수도 있습니다. 하지만 답은 틀림없이 올 것입니다!

영혼과 마음의 일치는 사람마다 고유한 방식으로 일어납니다. 중요한 것은, 마음의 의도를 영혼에게로 향하게 하는 것입니다. **비결은 따로 없습니다. 다만 사람들이 도무지 그렇게 해볼 생각을 하지 않을 뿐입니다. 하지만 시도해본 사람은 새로운 것을 발견하고 걸작품을 만들어내기 시작합니다.**

영혼과 마음의 일치를 방해하는 유일한 것은 내적, 외적 중요성입니다. 중요성은 창조적 독창력을 보편적 고정관념의 틀 속에 가두어놓습니다. 당신은 독자들의 문제에 대해 이렇게 말했습니다. "그들의 문제에 공감하지 않고는 일을 제대로 하기가 불가능합니다."

이건 아주 정확한 표현입니다. 그렇지 않나요? 그 사람의 문제에 공감하지 않고는 그를 어떤 방법으로도 도울 수가 없다고 덧붙일 수도 있겠지요. 이 말도 맞는 것 같습니다. 하지만 사실 그것은 펜듈럼이 지어낸 그릇된 고정관념입니다.

당신은 사람들의 문제에 '공감하기 때문'이 아니라 '공감함에도 불구하고' 그것을 해결하는 것입니다. 게다가 타인의 문제 속에 매몰되면 당신은 더 이상 그것을 객관적으로 해결할 수가 없게 됩니다.

사람들은 자신의 게임에 완전히 빠져듦으로써 문제를 일으킵니다.

그들에게 인생은 마치 무의식적인 꿈처럼 '일어나고' 그들은 조건과 환경의 손아귀에 내맡겨집니다. 하지만 객석으로 내려가서 게임을 바깥으로부터 바라보기만 해도 많은 것들이 확연히 이해될 것입니다.

타인의 문제에 완전히 빠져들어 있는 동안에는 당신도 그들이 빠져 있는 것과 똑같은 상황에 처하게 됩니다. 그들의 문제를 이해하고 해결하려면 당신은 초연하게 행동해야 합니다.

무관심하고 무감각하게가 아니라 초연하게 말입니다! 이것이 무관심한 상태와 중요성이 없는 상태의 차이입니다.

연기하는 관객의 역할을 취하기만 하면 당신의 문제든 타인의 문제든 간에 문제는 해결될 수밖에 없습니다. 그러나 자신의 것이든 타인의 것이든 문제와 하나가 되어 있는 한 당신은 속수무책입니다.

많은 독자들이 초연한 것과 무관심한 것을 혼동합니다. 다시 한 번 말합니다. ― **중요성이 없다는 것은 초연한 상태지 무관심한 상태가 아닙니다.** 아이처럼 척하기 놀이의 역할을 연기하십시오. 그러면 당신은 꼭두각시 인형을 부리는 사람, 상황의 주인이 될 것입니다. 하지만 게임에 빠져들어 버리면 당신은 꼭두각시 인형이 됩니다.

어떤 것도 너무 심각하게 받아들이지 말아야 한다는 것은 맞는 말입니다. 어떤 일이든 잘 들여다보면 겉보기처럼 그렇게 중요하지는 않습니다. 도움이 필요한 사람은 도와줘야 합니다. 하지만 거기에 같이 빠져들어 근심걱정으로 자신을 고문하지 말고 초연한 태도로 도와야 합니다. 감정은 해롭기만 할 뿐입니다. 그리고 강조하지만, 도움을 청하는 사람에게만 도움을 제공해야 합니다.

"날마다 자선을 행하는 마음 보드라운 사람들은 어떻게 해야 합니까?" 하는 당신의 질문에 대해서는 너무나 구체적이지만 당신에게는 놀랍게 느껴질 답이 있습니다. — 죄책감을 거부하라는 것입니다.

고정적으로 자선을 하다 보면 나중에는 그것을 의무처럼 느끼게 됩니다. 그런데 의무감은 죄책감으로부터 싹트는 것입니다. 어려운 사람들을 돕는 마음은 '자비심' 보다는 '의무감' 으로부터 나오는 일이 더 많습니다. 이것은 자비가 아니라 중요성이 그 정체를 드러낸 것입니다.

어떤 불쌍한 노파를 보고 갑자기 동정심을 느낀다면 그것은 자비입니다. 하지만 마음의 괴로움을 느끼지 않고 거지 앞을 태연히 지나치지 못한다면 그것은 자비가 아니라 의무감의 유혹입니다.

어떻게 하시겠습니까?

단순히 당신의 자유를 생각하십시오. 당신은 누구에게도, 아무것도 빚진 것이 없습니다. 당신의 알 권리를 행사하십시오. 당신은 스스로 자신에게 답을 만들어 제시할 능력이 있습니다. 중요성으로부터 자유롭지 못할 때 당신은 의심의 제물이 됩니다. 하지만 당신이 자유롭다면 당신은 언제나 옳습니다. 그리고 자유로울 때, 당신은 다른 사람들과 공감하고 그들에 대해 미안한 느낌을 느끼도록 자신을 허락할 수 있습니다.

사랑하는 사람을 돌아오게 하는 법

"제발 부탁해요, 사랑하는 사람을 어떻게 하면 돌아오게 할 수 있을지 좀 알려주세요."

그가 스스로 떠났다면 아마도 그를 되찾을 방법은 없을 겁니다. 내부의도의 노력으로는, 다시 말해서 그가 '돌아오게끔' 어떤 행동을 취하는 것으로는 그를 되찾을 수가 없을 것입니다. 그런 행동 중에는 그에게 직접 영향력을 미치려는 노력도 있겠지요. 그것이 어찌어찌 성공한다고 해도 그는 더 이상 예전과 같지 않을 것입니다.

당신은 오직 외부의도를 통해서만 사랑하는 사람을 돌아오게 할 수 있습니다. 내부의도를 쓴다면 당신은 세상에 직접 영향을 미치려고 애쓰고 있는 것입니다. 외부의도는 세상이 당신을 마중나오게끔 작용합니다. 외부의도가 작용하는 배후 메커니즘을 간단히 설명하자면 다음과 같습니다.

관계중인 두 사람은 내부의도의 인도를 받습니다. 말하자면, 그들은 서로에게서 뭔가를 얻어내려고 하고 있지요. 그중 한쪽이 자신이 원하는 것을 얻지 못하면 관계를 끝냅니다.

사람은 누구나 자신만의 방식으로 관계를 맺음으로써 만족을 얻어내려고 합니다. 그것은 사랑받기, 성적 만족, 존중받기, 장점을 인정받기, 상호이해, 대화, 외로움으로부터의 도피, 즐기기 등등이 될 수 있겠지요.

이처럼 다양한 개인적 열망들을 한데 묶어주는 공통의 뭔가가 존재할까요? 과거부터 현재까지 언제나 존재해온 그것은, 자신의 개인적 중요성을 지키고 인정받는 것입니다. 사람의 행동이 무엇의 인도를 받든지 간에, 그 동기는 어떤 방식으로든 개인적 중요성과 연결되어 있습니다. 이것이 인간의 존재방식입니다.

인간관계에 관한 한 내부의도는 언제나 어떤 형태로든 개인적 중요성을 지키고 인정받기를 겨냥합니다. 당신 애인의 내부의도는 무엇을 겨냥하고 있을까요? 그에게 만족과 개인적 중요성을 선물해줄 파트너를 찾는 데에 가 있을까요?

그리고 당신의 내부의도는 무엇을 겨냥하고 있나요? 사랑하는 사람을 되찾음으로써 첫째로 당신의 중요성을 회복하고 둘째로 모종의 만족을 얻을 관계를 회복하는 것인가요?

사랑하는 사람이 돌아오게 하기 위해서는 그의 내부의도가 원하는 것을 그에게 줘야 합니다. 그가 원하는 것이 어떤 식으로든 자신의 중요성을 만족시키는 것이라고 하더라도 당신은 그를 탓하지 말아야 합니다. 사실은 당신도 그에게서 뭔가를 얻어내고 싶어하니까요.

아시다시피 프레일링의 첫 번째 원리는 이것입니다. ― **얻고자 하는 의도를 거부하고 대신 주고자 하는 의도를 가지라. 그러면 거부했던 그 것을 얻으리라.**

당신의 내부의도가 무엇을 겨냥하고 있든 간에 그것을 거부하십시오. 당신 파트너의 의도가 무엇을 향하고 있는지를 알아내십시오. 당신의 행동이 파트너의 요구를 만족시키는 쪽으로 방향을 바꾸면 그 즉시 당신의 내부의도는 외부의도로 바뀔 것입니다.

그 결과로 당신은 파트너를 행복하게 해줄 수 있을 뿐만 아니라 당신이 그에게서 얻고자 했던 모든 것을 또한 얻을 것이고, 그것도 풍족하게 얻을 것입니다. 얻고자 하는 의도를 버리고 대신 주고자 하는 의도를 가질 수 있게 되면 당신은 틀림없이 버렸던 그것을 얻을 것입니다.

이 원리는 너무나 잘 들어맞아서 당신은 마치 모종의 마법이 작용하고 있는 것과도 같은 기분을 느낄 것입니다. 아닌 게 아니라 이것이야말로 진짜 마법입니다. 하지만 주문이나 사랑의 미약 따위는 필요 없습니다.

그러나 잃었던 것을 되찾는 것은 사실 같은 강물에 두 번 발을 담그는 것과 같아서 매우 어렵습니다. 관계가 삐걱대기 시작할 때 프레일링의 원칙을 지키도록 노력하는 편이 낫지요.

어쨌든 간에, 제가 만일 당신의 입장이라면 어떤 행동을 취하기 전에 깊이 생각을 해볼 것입니다. — 나는 정말 이 남자를 되찾기를 원하는 것일까, 아니면 나의 잃어버린(그가 버린) 중요성을 회복하고 말겠다는 억누를 수 없는 욕망에 불타고 있는 것일까?

당신이 무시당하고 있다고 느낀다면 그것은 매우 고통스러운 것임을 저도 압니다. 하지만 제가 당신의 상황을 속속들이 이해한다고 해도 제가 무엇을 구체적으로 권할 수는 없었을 것입니다. 제가 할 수 있는 일은 단지 당신에게 도구를 제공해드리는 것뿐입니다. 무엇을 할지는 당신에게 달려 있습니다.

당신 세계의 층은 당신의 거울이라는 사실을 잊지 마십시오. 당신이 차라리 고통을 겪기를 원한다면 일은 그렇게 흘러갈 것입니다. 하지만 이 순간에 당신이 의도 조율의 원리를 활용하여 상황은 좋아질 수밖에 없다고 생각하기 시작한다면 일은 정확히 그렇게 될 것입니다.

당신에게는 나쁘게만 보일지 모르지만 어쩌면 사랑하는 사람과 헤어진 것이 오히려 알려지지 않은 많은 문제를 해결해줬을지도 모르는 일입니다. 모든 일은 되어야 할 대로 되어가고 있다고 자신에게 타이르십시오. 결국 당신이 행복할지 불행할지를 결정하는 것은 당신입니다. 제가 당신이라면 저는 행복해할 것입니다. — 손뼉치고 뛰어오르면서 말입니다. 거울로 하여금 당신에게 기쁨을 줄 수 있도록 허락을 내리십시오.

"저도 같은 문제를 가지고 있습니다. 사랑하는 여자 — 아내 — 가

저를 떠나려고 합니다.(우리는 3년 동안 사귀다가 결혼한 지 4년이 됐습니다.)

중요한 이유는 제가 돈을 제대로 못 번다는 것입니다. 여러모로 저는 너무 착하고 소심하고 너무 조심스럽습니다. 아내는 저의 능력이라면 벌써 사업을 시작했어야 한다고 생각합니다. 저처럼 보드라운 성격으로는 사업의 세계에서 맨 꼭대기로 올라가기가 어렵습니다. 게다가 저의 경력은 창조적 능력을 발휘하는 종류의 일이 아닙니다.

많은 면에서 저는 아내의 말에 동의합니다. 대부분의 면에서 저는 너무 철두철미해서 더 많은 정보를 찾으려고 하고 더 많은 경험을 쌓으려고 합니다. 기본적으로 저의 경력은 한 곳에서 1~2년을 못 버틴 내력으로 점철되어 있습니다. 제 성격 중 가장 좋은 점은 감응이 빠르다는 점입니다. 또 한편으로는 그것이 약점이 되어서 경력을 오래 쌓지 못하도록 방해합니다.

아내는 안정과 신뢰와 자식을 원합니다. 제 내면의 동기도 그것을 향하고 있습니다. 하지만 경력을 통해서가 아니라 수익을 가져올 체제(사업계획)를 구축함으로써 그렇게 하고 싶습니다. 그렇게 하려면 경험과 지식이 필요한데, 그것이야말로 제가 언제나 가장 우선시하는 것이었습니다.

석 달 전에 저는 아내와 이혼했습니다. 비교적 말썽은 없었습니다. 아내는 지금 다른 아파트를 얻어서 살고 있고 자신의 월급으로 살 수 있습니다. 그녀는 자신을 찾고 있습니다. 하지만 우리의 관계는 갈수록 차가워지고 있습니다. 그녀는 저를 더 이상 만나고 싶어하지 않습니다. 그녀를 어떻게 하면 돌아오게 할 수 있을까요?"

당신의 문제를 어떻게 해결하라고 구체적인 처방을 드릴 수는 없습니다. 상황이 정말 분명할 때만 그렇게 할 수 있습니다. 하지만 그런 경우에도 제 의견은 주관적인 것이어서 틀릴 수 있습니다.

저는 대답을 모르겠으면 직관으로 주의를 돌립니다. 직관이 아무런 말도 해주지 않으면 트랜서핑의 원리를 활용해보라고 권하겠습니다. 그건 전혀 해로운 일이 아니니까요.

이번 경우에는 저의 직관적 대답이 트랜서핑 원리와 일치하네요. 즉, 당신은 일념으로 가슴의 목소리를 따라야 한다는 겁니다. 성공이란 경력을 쌓고 안정을 이루고 많은 봉급을 받는 것이라고 사람들은 말합니다. 이런 것들은 목표가 될 수 없습니다. 사람이 가야 할 길이란 것이 정말 경력의 사다리를 기어 올라가는 일일까요?

경력, 안정, 높은 봉급은 사실 목표가 아니라 목표에 딸려오는 부수물입니다. 당신의 목표는 당신의 삶을 잔치로 만들어주는 어떤 것입니다. 당신의 목표를 부수물들로써 대치해놓으면 당신은 아무것도 이루지 못할 것입니다. 부수물들은 목표 성취의 결과로서 스스로 따라옵니다. 예컨대 당신이 노련한 전문가가 된다면 그 모든 혜택을 다 얻을 수 있을 것입니다.

그러니 당신의 목표를 향해 노력해야지, 그것이 가져다줄 혜택을 향해 노력해서는 안 됩니다. 이것은 너무나 분명한 사실이기 때문에 모두가 이해합니다. 하지만 역설적인 것은, 이 사실이 인간의 의식을 그냥 스쳐 지나가서는 찬란한 부수물들 속에 파묻혀버린다는 것입니다.

사람들은 마치 불을 보고 달려드는 불나방처럼 부수물을 향해 달려들지만 아무것도 이루지 못합니다. 목표가 아닌 부수물을 좇아가봤자 어떻게 성공을 이룰 수 있겠습니까? 이 때문에 부는 소수의 선택받은 자들의 운명이라는 신화가 생긴 것이지요.

대중의 생각이 당신에게 고정관념을 들씌웁니다. 하지만 대중의 생각은 눈에 보이는 최종결과에 근거한 것입니다.

성공은 목표를 향해 가는 '과정'에서 나옵니다. 최종 결과는 언제나 눈에 환히 보이지만 목표를 향해 가는 과정은 그늘에 가려져 있습니다. 그래서 이런 고정관념이 만들어집니다. — 돈과 경력을 추구하라, 다시 말해서, "불속으로 날아들라"는 것입니다.

사람들은 높이 떠올라 있는 스타들의 영광만을 우러러봅니다. 오직 소수만이 이 스타들이 높이 떠오르기까지의 과정에 눈을 돌립니다. 모든 스타들은 실패의 깊은 숲을 지나왔습니다. 자신의 길을 따라 내려가고 있음을 확신하는 사람들에게만 늦든 빠르든 행운의 빛이 비칠 것입니다. 당신은 그저 꾸준히 당신의 목표를 향해 움직여가기만 하면 됩니다. 그리고 한 가지를 명심하십시오. — 그 어떤 경우에도 가능태 흐름은 올바른 방향으로 가고 있다는 것 말입니다. 목표가 언제, 어떤 방식으로 이루어질지는 아무도 알 수 없습니다.

일반적인 고정관념을 따라가면 일정한 성공을 이룰 수는 있을 겁니다. 하지만 그 성공은 평범한 것일 것이며 이루기도 무척 힘들 것입니다. 정말 멋진 성공을 이루려면 자신의 목표를 찾아내고, 그 누구의 말에도 흔들리지 않고 확고히 그것을 향해 가야 합니다. 다른 사람들의 충고를 참작할 수는 있지만 최종 결정은 당신의 가슴으로 내려야 합니다. 그것만이 불나방처럼 파멸하지 않는 유일한 길입니다.

올바른 결정은 영혼과 마음의 일치로부터 나옵니다. 그릇된 결정을 가려내는 유일한 잣대는 영혼의 불편한 기분입니다. 결정을 내림과 동시에 강요된 의무감 비슷한 무거운 느낌이 스쳐 지나가기만 해도 그것은 당신의 영혼이 '안 돼'라고 말하고 있는 것입니다. 하지만 결정과 관련해서 영혼이 불편한 기분을 전혀 느끼지 않는다면 영혼은 '좋다', 혹은 '모르겠다'라고 말하고 있는 것입니다. 이 경우에는 마음이 최종 결정을 내려야 합니다. 결정이 옳은 것이라면 영혼은 노래 부르고 마음은 손을 비비며 흡족해할 것입니다.

한편 당신의 목표가 무엇인지를 아무리 해도 찾을 수가 없다면 그 문제로 계속 자신을 고문하지 마세요. 목표가 없이는 정말 살 수 없는 걸까요? 어떤 것을 열망함이 없이 그냥 살고 싶다면 그렇게 못할 이유가 어디 있습니까? 이 경우에는 딱 한 가지 충고가 있습니다. 공중에 붕 떠 있지 말고 흐름과 함께 움직여야 한다는 것입니다. 달리 말하자면 조율의 원리를 지켜야 한다는 것입니다. 그러면 당신의 삶은 평온하고 안락한 수로에 진입할 것입니다. 그러면 아마 당신의 목표는 극성스럽게 찾아 헤매지 않아도 스스로 제 모습을 드러낼 것입니다.

당신의 아내를 돌아오게 할 방법에 대해서라면 저는 어떤 충고도 드릴 수 없습니다. "그녀는 자신을 찾고 있습니다. 하지만 우리의 관계는 갈수록 차가워지고 있습니다. 그녀는 저를 더 이상 만나고 싶어하지 않습니다"라는 말에서 느껴지는 것은, 이것은 재정적 안정과는 거의 상관 없는 문제라는 것입니다. 그녀가 당신을 사랑하지 않는다면 그녀가 돌아오게 하는 것은 불가능합니다.

의도

"저는 다음 의문을 가지고 있습니다. — 트랜서핑의 법칙은 다른 사람에게도 작용할까요? 예를 들면, 어머니가 (정신병이 있는) 아이를 낫게 할 수 있을까요? 혹은, 당신이(혹은 내가) 러시아가 부유해지고 국민들이 행복하게 살기를 바라는 의도를 품는다면 어떻게 될까요?"

의도는 무엇이든 할 수 있습니다. 문제는 그 힘이 얼마나 큰가 하는 것입니다. 당신이 그리스도와 같은 의도를 가지고 있다면 그때는 물론 당신도 사람들을 낫게 해줄 수 있지요. 하지만 의도의 힘은 욕망의 힘과 다릅니다. 당신이 어떤 것을 아무리 간절히 원한다고 해도 아마 얻지 못할 것입니다. 의도의 힘은 믿음의 힘도 아닙니다. 왜냐하면 믿음이 있는 곳에는 반드시 의심의 여지가 있는 법이니까요.

의도란 당신의 의지를 현실 속에 실현시키고자 하는 냉정하고 가차 없고 무조건적인 결심이며, 그것이 일이 되어나갈 정확한 이치임을 고요히 깨닫는 것입니다. 의도는 욕망과 두려움과 의심으로부터 자유로우며, 다른 중요성의 포텐셜이 없이 순수합니다. 예컨대, 우편함에서 우편물을 가져오는 의도는 순수합니다.

아이를 낫게 해주려는 마음이 순수하다면 당신은 해낼 것입니다. 다만, 노력을 쏟아 부으면 될 것이라고 생각지는 마십시오. 몸이 마비된 사람은 아무리 노력해도 움직일 수 없습니다. 하지만 자신이 정확히 어떻게 움직였는지를 우연히 '기억해낸다면' 어렵지 않게 다시 움직일 수 있게 될 것입니다.

의도를 다스리는 법을 가르친다는 것은 저나 다른 누가 할 수 있는 일이 아닙니다. 하지만 트랜서핑에는 의도가 당신의 의지와 상관없이 작용하게 만들 수 있는 방법이 있습니다. 그것은 소위 외부의도라는 것입니다.

215

당신의 경우에는 치료의 효과가 없다면 아이를 고치려는 모든 시도를 거부해야 합니다. 정신병이란 무엇일까요? 그것은 영혼이 가능태 공간의 실현되지 않은 영역에 동조되어 있는 상태입니다. 정상적인 사람들은 실현되어 있는 이 세계에 동조되어 있지만 정신적으로 '병든' 사람들은 결코 병든 것이 아니라 단지 실현되지 않은, 그래서 우리가 보기에 '비정상적인' 세계를 '날아다니고' 있는 것일 뿐입니다.

당신의 아이를 있는 그대로 받아들이십시오. 그들은 병든 것이 아니라 그저 다른 사람들과 같지 않을 뿐입니다. 다른 사람들과 같지 않다는 것은 아주 좋은 것입니다. 그것이 정상입니다. 모든 사람들이 똑같이 생각하고 행동하는 현재의 세상이야말로 비정상입니다.

당신의 아이를 정상으로 만들려고 애써봤자 그렇게 되게 할 수는 없을 것입니다. 이미 말했듯이, 의도는 억지로 부릴 수가 없습니다. 온갖 애를 쓰고 노력하다가 분통을 터뜨림으로써 당신은 잉여 포텐셜만 엄청나게 만들어낼 것입니다. 그것은 문제를 더욱 악화시킬 뿐이지요.

하지만 아이를 있는 그대로 받아들이고 그것을 정상으로 인정할 수만 있게 되면 그제야 당신은 다른 길을 통해 의도를 갖게 될 것입니다.

당신의 아이에게 의도와 관심과, 그리고 가능한 한 자유를 주십시오. '정상적이어야 한다'는 필요로부터 당신의 아이를 구해내고, 아이를 '정상으로 만들어야 한다'는 필요로부터 당신 자신을 구해내십시오. 그러면 당장은 아니라도 시간이 지남에 따라 결과를 발견하게 될 것입니다.

아무튼, 저의 충고를 받아들일 것인지 말 것인지는 당신의 결정에 달려 있습니다. 아시다시피 저는 정신과 의사가 아니면서 대답을 드렸습니다. 저에게 이런 종류의 충고를 할 만한 자격이 있을까요?

당신의 개인적 상황에 관련된 모든 의문에는 당신의 영혼이 대답을 줄 것입니다. 저를 포함해서 다른 어떤 사람의 의견보다도 당신의 가슴을 더 깊이 신뢰하십시오.

유일하게 제가 더 나은 점은, 저는 당신의 아이에 대해 객관적인 입장이란 것입니다. 이 점에서 저는 아이와 관련해서 아무런 잉여 포텐셜도 가지고 있지 않습니다. 그러므로 저의 충고에 담긴 의도는 순수합니다.

하지만 저는 아이가 아픈데 당신이 왜 러시아의 운명을 염려하는지를 이해할 수가 없습니다. 그건 너무 스케일이 크지 않은가요? 저는 모든 사람을 행복하게 만든다는 식의 생각을 좋아하지 않습니다.

각자는 자기 세계의 충만을 만들어냅니다. 그러니 한 사람이 러시아 전체를 행복하게 만들 수는 없습니다. 이것은 모든 사람이 함께 해야 할 일입니다. 하지만 같은 생각으로 뭉친 사람들은 결국 펜듈럼을 만들어내고 맙니다. 그러면 그것은 조만간에 그 파괴적인 활동을 개시할 것입니다. 그리하여 그 지지자들을 자신의 길로부터 벗어나게 하여 적과의 싸움터로 몰아냅니다.

사람들을 행복하게 만든다는 이런 생각들이 어디서 나오는 것인지를 우리는 너무나 잘 알고 있습니다. 그런 생각들은 — 신에 대한 사랑을 바탕으로 한 가장 순수한 생각조차도 — 펜듈럼을 만들어냅니다. 신의 이름으로, 땅 위의 행복이라는 이름으로 많은 나라들이 통째로 사라져버렸습니다.

펜듈럼은 모든 사람을 행복하게 만들어줄 수가 없습니다. 어떤 경우든 많은 사람들이 펜듈럼 때문에 고통당하고 비참해질 것입니다. 행복은 보편화될 수 없습니다. 행복이란 개념은 전적으로 개인적인 것입니다. 만일 전 사회가 다 일어나서 모두를 위한 행복을 건설하겠다고 설친다면 정말 곤란한 일이 일어날 겁니다.

펜듈럼은 타인을 돌봐주는 것이야말로 영혼의 친절이라고 속임으로써 이득을 취합니다. 펜듈럼은 아주 교묘하고 믿음직한 고정관념을 만들어낼 수 있습니다. 하지만 이 모든 것은 단지 멋들어진 선동일 뿐입니다. 각자가 자신만의 문을 통해 자신만의 목표를 향해 갈 때만 모든 사람이 행복해질 것입니다. 어떤 의미에서 트랜서핑은 개인주의자들을 위한 펜듈럼입니다. 하지만 이것이야말로 영구적이고 진정한 행복으로 가는, 유일하고 현실적인 길입니다.

당신은 이제 펜듈럼으로부터 등을 돌리고 영혼을 고정관념의 틀 속에서 구출해내어 당신의 행복을 위해 뭔가 일을 시작해야 합니다. 당신의 목표로 가는 길에서 당신은 사람들에게 도움을 주는 진정한 선행을 얼마든지 하게 될 것입니다. 당신은 가난하고 불행한 많은 사람들을 돕게 될 것입니다. 왜냐하면 당신은 그렇게 할 수 있는 방법을 누구보다도 더 많이 가질 것이기 때문입니다.

"당신은 성공의 물결을 타면 모든 면에서 행복과 행운을 누리게 될 것이니 다만 파괴적 펜듈럼의 영향력에 말려들지만 말라고 합니다. 하지만 사람이 모든 일을 다 잘할 수는 없다는 사실에 대해서는 어떻게 생각하십니까? 일로써 경력을 쌓고 성공을 거두든가, 아니면 가정에서 사랑과 평화와 안락을 누리든가 말입니다. 하지만 당신은 대부분의 경우 집에서도, 일터에서도 모든 것이 잘 되기를 바랍니다."

218   모든 일이 두루 잘 될 수는 없다고 하는 것은 당신입니다. 그것은 개

인의 선택에 달린 일입니다. '당신이' 그렇게 생각하므로 '당신에게는' 이치가 그렇게 될 것입니다. 세상은 언제나 '당신'을 위해 '당신'의 선택을 실현시켜줍니다. 당신은 "하지만 당신은 대부분의 경우 집에서도, 일터에서도 모든 것이 잘 되기를 바랍니다"라고 썼습니다. 여기서도 세상은 당신의 선택을 실현시켜주고 있네요. 이 말은 당신이 모든 것이 잘 되기를 '바란다'는 사실을 유감없이 반영해주고 있습니다. 하지만 그 이상은 아니군요. 당신은 그것을 정말 바라고 있지요? 그래서 당신은 자신을 '바라게' 만듭니다.

단지 '바라고만' 있기를 그치면 당신은 '가지기를 의도하게' 될 것이며, 그것을 갖게 될 것입니다. 트랜서핑의 금언을 명심하세요. **"나는 바라지도, 원하지도 않는다. 나는 의도한다."**

중요성의 포텐셜

"두려움과 걱정, 근심, 공포로부터 어떻게 벗어날 수 있을지를 좀 가르쳐주세요. 어떻게 하면 실제로 그것을 극복할 수 있을까요? 예컨대, 제가 사랑하는 사람(자식)이 집을 떠나갔습니다. 저는 완전히 불안에 싸여 있습니다. 잘 갔을까? 왜 연락이 없지?"

당신은 흥미롭지만 좀 복잡한 문제를 건드리고 있군요. 두려움에 대해서는 보편적인 처방이 없습니다. 의식을 바꾸지도 않고 두려움을 없애버리는 간단하고 효과적인 방법이 있다면 그것은 역사상 가장 위대한 발견이 될 것입니다.

219

트랜서핑의 용어로 말하자면 두려움은 일종의 잉여 포텐셜로서 두려움의 대상에 지나치게 큰 중요성을 부여했을 때 만들어지는 것입니다. 잉여 포텐셜은 에너지장의 균형을 흐트려 놓아 잉여 포텐셜을 제거하려는 힘의 작용이 일어나게 합니다.

당신이 낭떠러지 끝을 따라 걸어가야 한다고 가정해봅시다. 당신은 떨어질까봐 새파랗게 겁에 질립니다. 균형력은 이 포텐셜을 어떤 방식으로 제거할까요? 가장 힘을 적게 소모하는 방법은 당신을 낭떠러지 아래로 던져서 상황을 끝장내는 것이지요. 자연은 언제나 에너지가 가장 적게 드는 길을 택한답니다.

하지만 그런 방법은 물론 당신에게 적당하지 않으므로 당신은 균형력의 저항을 이겨내야 합니다. 말하자면 자신을 가다듬어야 한다는 말이지요. 두려움의 잉여 포텐셜을 상쇄시키려면 거기다 노력을 더 가해야 합니다. 그 결과 당신은 두 배의 에너지를 씁니다. — 즉, 포텐셜 그 자체와 그것을 이겨내는 에너지 말입니다. 자유에너지는 거의 남아 있지 않습니다. 이럴 때 일종의 혼수상태가 일어나는 것은 이 때문입니다.

두려움의 포텐셜이 너무 커져서 당신이 그것을 통제하지 못하게 되면 균형력이 당신을 가지고 하고 싶은 일을 합니다. 달리 말해서, 공황상태가 오고 당신은 포텐셜을 소멸시키는 방향의 힘에 떠밀려 갑니다. 곧, 당신의 파멸을 향해서 말입니다.

당신이 의식적으로 그 상황의 중요성을 낮추면 두려움은 사라질 것입니다. 하지만 문제는, 당신이 의식적으로 중요성을 떨어뜨리지 못한다는 데에 있습니다. 그러므로 효과적인 유일한 방법은 안전망이나 우회로를 확보하는 것입니다. 그것이 어떤 것일지는 상황에 따라 달라지겠지요.

안전망이 없다면 그 같은 상황에서 당신이 할 수 있는 것은 불안과 싸우지 않는 것입니다. 두려워하지 말라고 자신을 설득하는 것은 소용 없는 짓입니다. 자신을 속이는 것은 도움이 되지 않을 것입니다. 어떤 형태로든 두려움과 싸우는 것은 당신의 에너지만 뺏기게 하고 잉여 포텐셜만 가중시킵니다. 두려워하지 않을 수가 없다면 두려워하십시오. 당신이 아는 방법을 다 동원해서 연기하세요. 두려움 자체와 싸우지만 마십시오.

예컨대 사람들 앞에서 무엇을 발표하기 전에 마음이 초조해진다면 그냥 초조해하십시오. 자연스럽게, 그리고 최대한 즐겁게 걱정하고 초조해하세요. 이 환상적인 느낌에 자신을 완전히 내맡기십시오. 어떤 식이든 가장 마음에 드는 방법으로 마음을 놓아버리세요. 이렇게 하도록 자신을 허용하기만 하면 당신의 불안은 이내 마치 마법처럼 어딘가로 사라져버릴 것입니다. 그렇게 되는 것은, 불안과 싸울 때는 상당한 에너지가 소모되기 때문입니다.

불안과 근심은 두려움이 좀 약한 형태로 표현된 것입니다. 여기서는 미지의 것에 대한 예상이 중요성을 만들어냅니다. 이 경우에는 중요성을 의식적으로 낮추기가 용이합니다. 어떤 것이 당신을 근심스럽게 만든다면 근심해봤자 도움 될 것은 하나도 없다는 것을 자신에게 타일러주십시오. 최악의 상황을 염려하거나 무엇을 두려워하면 그것은 대개 현실화됩니다.

불안을 제거하는 방법 중 하나는 행동하는 것입니다. 어떤 종류의 행동이라도 상관없습니다. 불안과 근심의 포텐셜은 행동 속에서 흩어져버립니다. 당신이 적극적으로 행동에 나설 때까지는 공연한 근심이 주위를 배회할 것입니다. 근심거리와는 전혀 다른 엉뚱한 행동이라도 괜찮습니다. 그저 무엇이든 하기 시작하는 것으로 충분합니다. 그러면 당장 근심이 가라앉아버리는 것을 몸으로 느낄 수 있을 것입니다.

중요성을 낮추기 위한 좋은 기준점은 의도 조율의 원리입니다. 만사는 일어나야 할 대로 일어나고 있습니다. 일이 어떻게 전개되어야 하는지는 몰라도 괜찮으니, 자신을 놓아주십시오. 시나리오를 통제하려는 생각을 내려놓고 상황이 스스로 풀려나가도록 기회를 줘보십시오.

물살을 헤쳐 나가려고 허우적거리지 말고 의식적으로 흐름과 함께 움직여 가면 상황은 절로 당신에게 유리하도록 풀려나가기 시작할 것입니다. 의도 조율의 원리는 어김없이 작용하니 믿어도 좋습니다. 세상은 누구에게도 문젯거리를 만들어주지 않습니다. 당신을 돌봐주고 있다는 어떤 힘의 존재 때문이 아니라, 그렇게 하는 편이 에너지가 덜 들기 때문입니다.

자연은 헛되이 에너지를 낭비하지 않습니다. 자연으로서는 당신에게 에너지를 쓰는 것은 아무런 득도 되지 않습니다. 문젯거리는 반드시 지나친 에너지 소모로 이어집니다. 반면에 행복은 그것이 정상이어서 최소의 에너지를 요구합니다. 인간의 마음은 최소 저항의 법칙에 무지해서 가능태의 흐름을 거슬러 싸우면서 스스로 문제와 장애물을 만들어 쌓아올립니다. 그것이 달리 어디서 오는 것이겠습니까? 에너지 보존의 법칙은 아직 폐기되지 않았습니다.

조율의 원리를 말로만 이해해서는 안 됩니다. 예컨대 상황 속에 뛰어들어서 열을 올리고 있으면서 한편으로는 만사가 계획대로 잘 되어가고 있다고 다짐하는 것은 소용없는 짓이라는 말입니다. 하지만 전반적으로는 조율의 원리를 신뢰해도 됩니다.

"저의 문제는 이것입니다. ─ 저는 매우 높은 목표를 정해놓고 있는데 언제나 펜듈럼이 저를 둘러싸고 괴롭힙니다. 저는 저의 목표에 관해 누구에게 말하거나 저의 관심사를 논할 수가 없습니다. 저의 가족조차도 제가 성공하지 못할 것이라고 하니까요. 사람들을 살펴보면 사실 모든 사람이 똑같다는 것을 발견합니다. 제발 저에게 충고를 부탁합니다."

당연히 펜듈럼이 당신을 방해할 것입니다. 그것은 모든 사람을 방해하지요. 펜듈럼의 반작용을 최소화하려면 당신의 중요성을 낮춰야 합니다. 어떤 것에도 지나치게 큰 의미를 부여하지 마십시오. 이런 충고는 이상하게 들릴 테지만, 대부분의 문제는 특히 내적, 외적 중요성의 수위가 높기 때문에 일어납니다.

'매우 높은 목표'는 그 자체로서는 결코 이루기 힘든 것이 아닙니다. 그것을 이루기 힘든 것으로 만드는 것은 당신 마음의 습관적인 고정관념입니다. 의도 조율의 원리를 이용하면 이런 고정관념을 깰 수 있습니다.

어떤 목표든 그것이 당신의 것이라면 이룰 수 있습니다. 그 목표가 다른 누군가의 것이라면 그것이 이루어진 모습을 마음속에 떠올릴 때 영혼이 불편한 기분을 느낄 것입니다.

당신의 목표를 선택하는 문제와 그것을 이룰 방법의 문제에 관한 한, 다른 사람들이 하는 말을 참고는 할 수 있지만 그 이상은 가지 마십시오. 다른 사람들의 말이 아니라 당신 영혼의 명령이 당신의 행동을 인도해야 합니다. 그것이 '당신이 가장 잘 되기만을 진심으로 소망하는' 가족의 말이더라도 말입니다.

하지만 편지를 봐서는 당신의 문제가 정확히 무엇인지를 판단하기가 힘듭니다. 다음 말은 특히 모호합니다. "사람들을 살펴보면 사실 모든 사람이 똑같다는 것을 발견합니다."

"제가 설명 드리지요. — 부모님과 친구를 포함해서 제 주변의 모든 사람들이 저와 저의 욕망을 이해하지 못합니다. 그들은 제가 그들의 이해利害에 따라 행동하게끔 만듭니다. 그들은 저와 같은 식으로 생각할 수도 있다는 사실조차 이해하지 못합니다. 저는 엄격한 규율을 좋아하는 사람입니다. 날마다 할 일을 미리 계획하고 목표를 이루기 위해 꾸준히, 끈질기게 노력합니다. 저는 새로운 지식 같은 것을 얻으려고 애쓰는 사람입니다. 하지만 제 부모님은 제가 그런 것을 못하게 만듭니다. 그들은 제게 직장을 구해서 편안히 살라고 합니다. (제 생각에 이것은 낮은 목표입니다.) 제 친구들은 모두 이보다 형편없는 삶의 철학을 갖고 있습니다. — 어떻게 하면 수업을 빼먹을지, 다른 사람을 기분 나쁘게 만들 수 있을지나 궁리하고, 선생님을 공격하기까지 합니다. 그들은 별 의미도 없는 것을 놓고 왈가왈부합니다. 거기다 제 부모님은 늘 싸웁니다."

이제 그림이 좀더 선명해졌군요. 당신이 저의 대답을 좋아할지는 모르겠습니다. 하지만 충고는 제 마음대로 하는 것이고, 받아들이는 것은 당신에게 달려 있습니다. 아무튼 저는 누구에게도, 그 어떤 것도 강요하지 않습니다. 당신이 물었으므로 저는 대답합니다.

이 문제를 풀려면 실없는 짓을 해볼 필요가 있습니다. 문자 그대로, 저는 정말 진지하게 말합니다. 제가 당신을 놀린다고는 생각하지 마세요.

우선 아주 조심스럽게, 가지고 놀 만만한 대상을 하나 골라야 합니다. 여기서 현학성, 집중력, 목표지향적 성격 등, 당신이 가지고 있는 모든 긍정적 덕목을 발휘할 필요가 있습니다. 무생물 대상이라야 불편한 심기를 일으키지 않아서 좋습니다. 무엇을 이용할지를 잘 생각해 보십시오. 예컨대 저는 곰 인형을 추천하겠습니다.

만만한 대상을 골랐다면 명료한 계획을 하나 짜십시오. 그것을 언제 어떻게 가지고 놀 것인지를 말입니다. 다음처럼 자세한 행동이 명시된 지침서를 작성하는 것이 매우 유용할 것입니다. ― '이 바보를 데리고 노는 것은 세로축을 중심으로 바보를 돌리는 것으로 성취된다. 바보가 도는 것을 아무것도 방해하지 않도록 평탄한 곳에서 돌려야 한다. 바보를 돌리는 동작은 돌리는 사람의 팔에서 나오는 힘을 연속적으로 가함으로써 이루어진다.' 등등, 이런 식입니다.

전반적으로 당신의 지침서와 계획에는 안전 지침을 포함해서 가능한 모든 세부사항이 구체적으로 명시되어야 하고, 종교적인 분위기가 풍길 정도로 엄숙하게 작성해야 합니다. 이 일에 정말 진지한 마음으로 임해서 아주 인상적인 계획을 만들어내야 합니다. 이것을 회의석상에서 발표할 수도 있는 하나의 계획으로서 업무문서철에다 정리하기를 권합니다.

계획이 수립되면 그것을 실현시키도록 일을 진행하십시오. 일을 철저히 준비하고 지침을 엄격하게 지키면서 필요한 모든 행동을 부지런히 행하십시오. 수시로 지침서를 참고하면서, 모든 행동을 진지하고 철저하게 행해야 합니다. 당신의 표정은 매우 지적이고 집중한 모습이어야 합니다. 만일 바보 같은 웃음이 터져 나오면 더 이상 웃음이 나오지 않을 때까지 실컷 웃으십시오. 그런 다음 마음을 가라앉히고 다시 계속하십시오.

아직도 제가 당신을 놀리고 있다고 생각하십니까? 문제는, 당신 문제의 뿌리가 당신이 높여놓은 내적 중요성의 포텐셜에 있다는 것입니다. 당신은 이렇게 썼습니다. — "저는 엄격한 규율을 좋아하는 사람입니다. 날마다 할 일을 미리 계획하고 목표를 이루기 위해 꾸준히, 끈질기게 노력합니다……. 하지만 언제나 펜듈럼이 저를 둘러싸고 괴롭힙니다."

당신은 자신에게(그리고 어쩌면 다른 사람에게도) 너무 많은 것을 요구합니다. 장담할 수는 없지만 나는 당신이 '모든 책임을 지고 진지하게, 뭔가 중요한 일을 하는' 사람의 역할로써 자신을 짐 지우고 있다고 생각합니다. 만일 그것이 사실이라면 당신 주변에는 당신과는 완전히 반대되는 성질로써 당신을 괴롭히는 사람들이 반드시 있게 마련입니다. 예를 들면, 당신은 무책임하고 산만하고 규율 없는 말썽꾸러기들에게 시달릴 것입니다. 온갖 멍청이들이 당신의 용의주도한 계획을 망쳐놓으려고 덤벼들 것입니다.

왜 그럴까요? 왜냐하면 당신의 내적 중요성의 잉여 포텐셜이 강력한 양극화를 일으켜놓기 때문입니다. 반대 성격을 지닌 사람들이 당신 주변에 마치 자석에 달라붙는 쇠붙이처럼 꼬여들 것입니다. 포텐셜을 제거하는 것이 목표인 균형력은 이런 식으로 작용합니다. 당신의 주변 세상은 곧 당신의 거울입니다. 하지만 당신이 내적, 외적 중요성의 잉여 포텐셜을 만들어내면 그 거울은 왜곡됩니다. 현실의 왜곡은 펜듈럼이 당신을 에워싸고 괴롭히는 것으로 나타납니다.

정확히 말하면 당신을 괴롭히는 사람들은 펜듈럼이 아니라 펜듈럼의 꼭두각시들입니다. 펜듈럼은 당신의 포텐셜 에너지를 냄새 맡고 사람들을 부려서 당신을 집적거리게 만듭니다. 당신이 짜증을 낼수록 인형들은 더욱 날뜁니다. ― 펜듈럼이 인형을 흔들어 당신의 짜증 에너지를 수확하는 것이지요.

그러나 중요성의 포텐셜을 떨어뜨리기만 하면 당신 주변 세계의 모습은 서서히 변하기 시작합니다. 주변에 같은 사람들이 그대로 있어도 그들은 당신에게 전혀 다른 행동을 보여줄 것입니다. 양극화가 사라지면 거울도 매끄러워지고 현실은 정상으로 돌아옵니다.

그러면 무엇이 양극화를 일으키는 것일까요? 혹시 당신의 긍정적 덕목들 때문은 아닐까요? 물론 아닙니다. 당신은 훌륭한 덕목을 가지고 있어서 좋은 역할을 하고 있고, 틀림없이 인생에 도움이 될 것입니다. 양극화는 의존적 관계의 결과로서 나타납니다.

당신의 개인적 덕목은, 그것을 다른 사람들과 비교하기 시작하기 전에는 주변의 에너지 양상에 변동을 불러오지 않습니다. 하지만 예컨대 당신은 이렇게 생각합니다. ― 나는 규율을 지키지만 다른 사람들은 난장판이다. 그들은 얼간이지만 나는 목표를 추구하는 사람이다. 양극화를 '끌어오는' 것은 이런 비교입니다.

제가 시키는 의식을 행하면 당신은 내적 중요성을 완전히 제로로 줄일 수 있습니다. 하지만 아마도 당신은 이런 의식은 도저히 받아들일 수 없다고 생각할 테지요. 그렇다면 그저 자신을 주변의 사람들과 비교하기를 그만두는 것이 좋을 겁니다. **자신을 있는 그대로 놔두십시오. 그리고 사람들이 당신과 다르도록 놔두십시오. 손아귀에서 힘을 빼십시오.** 이렇게 하면 양극성은 금방 사라지고 주변 세상은 신기하게도 얼굴을 바꿀 것입니다. ― 세상이 당신의 길을 방해하기를 그칠 것입니다. 이 때 당신은 '리얼리티 트랜서핑'이 무엇인지를 깨달을 것입니다.

"당신은 한 심각한 독자에게 '실없는 짓'을 권했습니다. 그렇다면 '실없는 짓'에 너무 빠져 있는 사람들은 어떻게 해야 하나요? 어떻게 하면 저 자신을 진지하게 일하게 만들 수 있을까요?"

당신은 그것이 진지한 일이라서 하기 싫어하는 것이 아니라 그것이 당신의 일이 아니기 때문에 하기 싫어하는 것입니다. 게으름, 그것은 영혼의 한 상태입니다. 영혼은 물론 자신에게 낯선 일을 하고 싶은 뜻이 전혀 없습니다. 아마도 영혼은 펜듈럼을 위해 열심히 일하러 이 세상에 온 것이 아니라 따뜻한 바닷가에서 일광욕을 하든가, 알프스에서 스키를 타든가 여행을 하려고 세상에 왔을 겁니다. 이 세상에는 온갖 다양한 즐거움이 얼마든지 많지 않나요?

"그럼 일은 누가 할 거야?" 하고 펜듈럼이 따지고 대들 겁니다. 글쎄요, 학생들이 부르는 재밌는 노래 가사로 가볍게 대답할 수 있지요. ─"그 일은 털북숭이 멧돼지를 시켜. 그놈이 하는 일 없이 어슬렁거리게 돼서는 안 되지." 맞는 말입니다. 아무튼 의무감이란 펜듈럼이 만들어낸 것이니까요.

사실 우리의 세상은 너무나 풍족하고 관대해서 모든 사람이 자신의 문을 통해 자신의 목표를 향해 가기만 한다면 나눠 가질 부는 얼마든지 있습니다. 아마도 이런 일은 일어나지 않을 테지만 말입니다. 하지만 모든 인간이 원하기만 한다면 자신의 세계의 층을 아주 포근한 작은 장소로 변화시킬 수 있습니다.

그러려면 당신의 목표와 당신의 문을 찾아내야만 합니다. 당신이 자신의 목표를 향해서 가고 있다면 자신을 설득하거나 윽박지를 필요가 없습니다. 영혼은 자신의 문을 통해 자신의 목표로 깡충깡충 뛰어갈 것입니다. 당신의 목표는 다른 사람들에게는 성가신 일처럼 보일 수 있지만 당신에게는 큰 즐거움이 될 것입니다.

타인의 문을 통해 타인의 목표를 향해 가고 있다면 당신은 펜듈럼을 위해 봉사하고 있는 것입니다. 이 길에서는 당신의 영혼은 늘, "난 싫어" 하지만 마음은 계속, "해야만 해" 하고 타이르고 있을 것입니다. 이것은 아무 데로도 통하지 않는 길입니다. 그것이 아무리 그럴 듯한 말과 아름다운 장식으로 꾸며져 있더라도 말입니다. 빠져나가는 길은 하나뿐입니다. ― 당신의 목표를 찾아 그것을 향해 움직이는 것이지요.

그러는 동안에는 강요된 의무를 놀이로 만드는 것이 해법이 될 수 있습니다. 어릴 적에 병원놀이, 가게놀이 등 어른이 된 놀이를 하면서 놀았던 생각을 해보세요. 그러니까 지금 당신은 일하고 있는 것이 아니라 놀이를 하고 있다고 상상하는 겁니다.

강요된 의무의 게임 속에 빠져 있을 때만 당신은 의무에 짓눌려 고통받습니다. 구경하는 연기자의 역할을 취하십시오. 초연한 태도로 연기하세요. 해야만 하는 일에 자신을 완전히 투신하지 마십시오. 그것을 게임이라고 상상하고, 자신을 빌려주세요.

현실 뒤집기

현실은 시간이라는 필름을 따라 가차없이 장면을 바꿔간다. 휴일은 왔는가 하면 지나간다. 휴일이 그처럼 순식간에 지나가버리는 것은 정말 229

아쉬운 일이다. 헤밍웨이가 옳았다. — 늘 잔치상을 준비하고 다녀야한다. 하지만 그 작전이 늘 먹히는 것만은 아니다. 잔치가 갑자기 엉망이 돼버리고 삶의 모든 색채가 바래져버린다. 가슴은 공허하고 머릿속은 번민만 가득하다. 때로는 아무런 이유도 없이 그렇게 된다.

이상하기 짝이 없는 것은, 세상은 너무나 빨리, 기다렸다는 듯이 어둠 속으로 잠기지만 빛은 너무나 천천히, 고통스러운 기다림 이후에 떠오른다는 것이다. 부정적인 쪽으로만 기우는 인간의 성향이 어두운 짓을 한다. 우울증이란 기분 나쁘기로 한 영혼과 마음의 동의다.

이럴 때는 외부의도가 현실을 가능태 공간의 어두운 구역으로 불가피하게 몰고 간다. 거울은 지체 없이 곧장 반응한다. 그리고 그 이후로는 오랫동안 빛을 구경하지 못한다. 왜냐하면 당신의 기분이 나쁘기 때문이다. 그리고 당신은 이런 태도로써 당신의 세계의 층을 더욱 어둡게 칠하고 있다.

때로는 일이 너무나 악화돼서 트랜서핑이나 그 비슷한 것들을 생각할 여유조차 없을 때도 있다. 어떻게 하면 이 악순환으로부터 빠져나와서 당신의 현실을 바로잡을 수 있을까? 실제로 이것은 좀 어려운 일이다. 하지만 '현실 뒤집기'라 불리는 좀 과격한 방법이 한 가지 있긴하다.

이것은 오래전 일이지만, 어쩌면 꽤 최근의 일이다. — 20년밖에 안 되었으니까. 그때 우리 물리학도들은 긍정적인 의미로 무서운 분위기에서 공부하고 있었다. 교수들은 석기시대의 본성을 드러내며 잔혹하게 행동했다. 일흔다섯 명이 수강등록을 하면 스물다섯 명이 마칠 수 있는 식이었다. 그 같은 환경에서는 하나의 법칙만이 먹혀들었다. —

살아남고 싶으면 웃는 법을 터득하라.

　지나고 나서는 까맣게 잊어버렸지만, 그때 우리는 게임을 하나 생각해냈다. 그 게임은 트랜서핑의 모든 법칙에 입각해서 행해졌다는 것을 나는 훗날에야 깨달았다. 그 게임의 핵심은 눈앞의 상황에 대한 태도를 바꾸는 것, 일종의 뒤집기를 하는 것이었다. 누군가가 기분이 나쁘면 펜듈럼의 룰은 그를 걱정시키고 고생시켜 문제의 무게에 짓눌려 정신을 잃게 만든다. 반면에 우리의 게임의 룰에 따르면 그것을 반대로 해야 했다. 그것은 이런 식이다.

　"난 환희로운 실망을 경험했어! 그러니까 그건, 믿기 어려울 정도로 다행스러운 불행이었지!"

　"돌이킬 수 없는 일이 일어났어. 그런데 그게 나에게는 상황을 한 방에 호전시켜 주는 사건이었어!"

　"차를 탄 잘 생긴 신사분이 나에게 멋진 진흙탕을 씌워주셨어."

　"나의 모든 노력이 수포로 돌아갔어. 그런데 그게 성공의 열쇠가 됐지 뭐야."

　"그녀는 날 사랑하지 않아! 그건 너무나 잘 된 일이야! 그 빌어먹을 꽃뱀은 속이기도 잘 하거든."

　"그가 날 떠났어! 난 말처럼 바보웃음을 웃고 있었지."

　이런 식으로 얼마든지 다듬어 만들어낼 수 있다. 우리의 게임을 방해한 유일한 것은 이렇게 실패를 뒤집어놓을 때마다 따라오는 한바탕 낄낄대는 웃음소리였다. 강의시간 중에는 이런 식으로 웃을 수가 없었으므로 소리죽여 킥킥대던 웃음은 덜커덩, 꿀꿀, 낄낄, 꼴록꼴록 하는 소리에다 콧김 소리까지, 가축과 양서류가 낼 수 있는 온갖 희한한 소리로 변했다. 그러다가 마침내 쉬는 시간이 되면 쌓여 있던 에너지는 완전히 백치들의 울부짖는 소리로 바뀌어 터져 나왔다.

트랜서핑의 관점에서 봤을 때 여기서 벌어지고 있는 일은, 자기 자신을 이해하게 된다는 것이다. 첫째, 모든 종류의 중요성이 즉석에서 떨어지고 잉여 포텐셜이 사라진다. 둘째, 방사되는 즐거운 사념 에너지의 매개변수는 아무리 바보 같은 즐거움이라 해도 우울한 인생트랙과는 전혀 맞지 않아서 단번에 전이가 일어난다는 것이다. 거울은 금방 반응한다. 왜냐하면 영혼과 마음이 마침내 안도의 한숨을 이끌어냈기 때문이다. 그 결과로 왜곡되었던 현실이 바로잡혀진다.

한번은 확률이론 시험을 볼 참이었다. 우리의 교수는 좋게 말해서 끔찍한 자였다. 시험 전날의 학생회관. 불길한 밤이었다. 내 친구와 나는 어떻게 하면 상황을 해결할 수 있을지를 고민하느라 머리를 쥐어짜고 있었다.

확률이 무엇이고 그걸 어떻게 계산하는지를 누가 알겠어?

그건 암흑에 싸인 미스터리야.

그런데 우리의 마녀들은 열심히 벼락공부를 하고 있잖아.

하지만 그건 우리에게 어울리지 않아. 우린 사내들 맞지?

나쁜 자식들, ― 한 마녀가 우리의 대화를 엿듣고는 문틈으로 우리를 들여다봤다.

입 닥쳐, 재수 없는 것. 우린 신사들이야!

겁쟁이들.

젊은 과학자들!

얼간이들.

결국 누군가가 밤새도록 카드 게임이나 하자고 제안했다. 그때 나는 이렇게 대꾸했다. ― "안 돼, 이건 나한텐 너무 과해. 난 잘래." 하지만

'신사'들은 정장을 빼입고 시가(값싼 종류)를 입에 물고 미심쩍은 종

류의 술병을 테이블에 올려놓고는 카드 게임을 하려고 둘러앉았다.

아침에 보니 그들은 똑같은 테이블에 그대로 앉아 있었다!

멍충이들, 그건 안 통할걸! ─ 나는 이렇게 말해줬다.

그들은 몸을 일으켜서 방으로 가버렸다.

결국 그것은 정말 통하지 않았다. 그들은 D학점을 받았다. 하지만 나는…… 완전히 다른 이야기였다. 나는 F학점(낙제점)을 받은 것이다. 정말이다. ─ 그것은 행운의 일격이었다! 그들은 나를 너무나 부러워했다. 그들은 계속 나를 집적거리면서 내 눈을 들여다보고 전율하면서 물어봤다. 너 그걸 어떻게 해냈니?

나는 턱을 추켜올리고 자랑스럽게 걸어다녔다.

거 봐, 내가 말했지! 신사들, 그런 볼품없는 성적은 똥구멍에나 감추고 다니게나.

그날 우리는 나의 승리를 크게 축하했다. 우리는 아주 진탕 놀았다. 그리고 그 다음날 나는 재시험을 보아 A학점을 땄다. 어떤가, 믿으시라. 이것은 꾸며낸 이야기가 아니다. 뒤집기를 제대로만 하면 결과는 오래 기다릴 필요가 없다.

그러면 뒤집기를 할 수도 없을 정도로 끔찍한 기분에 빠져 있다면 어떻게 하나? 그럴 때는 기분을 더 끔찍하게 만들어서 완전히 엽기적인 상태로 몰고 가야 한다. 슬라이드의 대비가 최고조에 달하면 그것은 어떤 시점에서 음화로 바뀔 것이다. 바로 그것이 우리가 하고 있던 방식이었다.

젊은 여자가 실의에 빠져 있다. 그녀는 그것을 더욱 나쁘게 만들기 위해 검은 상복을 입고 상중임을 선포한다. 사람들이 와서 애도를 표하고 왜 죽기로 했는지, 그것이 언제인지 물으며 관심을 표한다. 결국 그녀는 한 떼의 악당들에게 둘러싸인다. 악당들은 흐느낌과 울부짖음과 고통스러운 몸부림과 함께 음울한 노래를 부르기 시작한다. 이 한바탕의 소동은 말하자면 야만인들에게나 어울리는 광경이다. 야만인들의 노래는 차차 늑대 같은 긴 울음소리로 바뀌고 다시 개 짖는 소리로, 그리고 마침내는 더 이상 견딜 수 없어졌을 때, 상복 입은 여자를 포함한 모든 사람이 미친 듯이 웃어대기 시작한다.

물론, 이런 재미있는 무리가 곁에 있다면 모든 것이 쉽다. 하지만 혼자일 때는 스스로 해내야 한다. 그 방식은 — 글쎄, 그것은 개인적 선택의 문제다. 농담은 집어치우고, 당신이 빠져 있는 상태를 어처구니없는 상태까지 몰고 가야 한다. 다만 의식 상태를 바꿔주는 약물의 도움을 받아서는 안 된다. 그러지 않으면 정말로 기분이 나빠질 것이다.

하지만 사실 나는 독신자가 이런 방법을 사용하는 것을 개인적으로 좋아하지 않으므로 권하지 않는다. 여기서는 단지 하나의 정보로서 이야기하는 것이다. 마음이 무겁고 우울하다는 것은 의도 에너지의 수준이 극도로 저하된 상태를 가리킨다. 당신의 에너지를 건강한 수준으로 유지하는 것이 좋다. 그러면 우울한 상태에 빠지는 일이 없을 것이다.

알게 되겠지만, 현실 뒤집기는 의도 조율의 원리와 매우 유사하다. 다른 점은 단지 뒤집기는 더 과격하고 재미있다는 것이다.

요약

– 당신이 현실을 지배하지 않으면 현실이 당신을 지배한다.

제6장 결론

가능태 모델에 근거하여 몇 가지 초상현상과 기이한 시공간 현상을 설명한다.

기이한 현실

마음이 딛고 있는 발밑의 땅을 조금 더 다지는 것으로 결론을 삼자. 트랜서핑에는 믿지 못할 일들이 너무나 많아서 그것이 실제로 모두 현실이라는 것을 마음에게 늘 설명해줘야만 하니, 서글픈 일이다.

트랜서핑이 어떤 모델에 근거하든 간에, 그 원리는 살아 있다. 달리 말해서, **이 모든 원리는 모델에 따라 변하는 것이 아니다.** 그리고 사념이 방사하는 에너지는 주위의 현실에 간접적 영향뿐만 아니라 직접적인 영향을 미친다는 것이 그 중심 원리다. 실제 실험의 결과가 분명하지 않다는 이유로 제도권 과학은 아직도 이 사실을 받아들이기를 거부한다. 하지만 당신과 나는 우리의 문제를 지금 당장 해결해야만 한다. 과학자들이 최종 결론을 내릴 때까지 기다리고만 있을 수가 없는 것이다.

우리는 이 우주가 모든 결과에는 원인이 있다는 인과의 법칙을 따른
238 다는 생각에 젖어 있다. 우리는 대개 원인을 통해 어떤 행동을 이해한다. 하지만 흔히 사람의 생각은 뒤이어지는 행동과 관련해서 단지 하나의 참고 사항으로서만 간주되지, 주변 세계에 영향을 미칠 수 있는 물질적 방사물로는 간주되지 않는다. 하지만 그럼에도 '사실'은 변하지 않는다.

외부의도의 작용에 의한 해명되지 않는 현상은 과학도 완전히 무시해버릴 수가 없었다. 스위스의 유명한 정신과 의사인 칼 융은 생각과 물질현실의 상호작용에 관련된 현상을 조사했다. 그는 분명한 원인에 의해 해명되지 않은, 이해할 수 없는 우연으로 보이는 수백 가지의 기이한 사례들을 분석했다. 융은 그런 우연을 '동시성 현상(synchronicity)'으로 정의했다. 그는 '동시성 현상에 대하여'라는 제목의 강연에서 자신이 경험한 대표적인 사례를 한 가지 소개했다.

"1949년 4월 1일 아침에 나는 반인반어半人半漁의 형상이 새겨진 돌에 대한 메모를 노트에 적었다. 그날 점심에 생선이 나왔다. 또 대화중에 누군가가 사람을 '만우절 물고기'*로 만들어 놀리는 풍습에 대해 이야기했다. 오후에는 몇 달 동안 만나지 못했던 환자가 와서 인상적인 물고기 그림을 보여주었다. 저녁에는 바다의 괴물과 물고기가 수놓인 자수를 보았다. 다음날 아침에는 10년 만에 처음으로 다시 방문한 환자를 만났다. 그녀는 전날 밤에 커다란 물고기 꿈을 꾸었다고 했다. 몇 달 후, 나는 한 연구보고서에 이 사실들을 인용하는 글을 쓰고 나서 집 앞 호숫가의 한 장소로 산책을 나갔다. 그곳은 그날 아침에 이미 몇 번 나갔던 곳이었다. 그런데 이번에 갔을 때는 호안湖岸 방죽 위에 한 자

---

* 누구의 등에 종이로 만든 물고기를 몰래 붙여놓고 그가 그것을 발견하면 '사월 물고기'라고 큰 소리로 외치며 놀린다. 영어로 fish는 '봉', 곧 어설프게 잘 넘어가는 사람이란 뜻도 있다. 역주.

길이의 물고기가 누워 있었다. 근처에는 아무도 없었는데 그 물고기가 어떻게 거기에 올라올 수 있었는지는 상상하기가 어려웠다." *

융의 강의에서 또 하나의 다른 사례를 인용하지 않을 수 없다. 그 이유는 뒤에서 알게 될 것이다. 그는 이렇게 썼다.

"라인Rhine이 도달한 부정할 수 없는 결과보다 원리상 덜 놀라운 이야기는 얼마든지 할 수 있다. (카드 알아맞히기와 같은 초감각적 지각 실험을 언급하면서. 원주) 당신은 곧, 거의 모든 사례가 별도의 설명을 요구한다는 사실을 깨닫게 될 것이다. 하지만 자연과학의 입장에서 받아들일 수 있는 유일한 설명인 원인의 규명은 결국 시간과 공간의 심령적 상대성으로 귀결된다. 참고로, 아시다시피 시간과 공간은 둘 다 인과관계에 없어서는 안 될 전제다.

이 사례는 젊은 여성 환자의 경우인데, 우리는 둘 다 무척 노력했지만 심리학적으로 더 이상 호전될 기미가 보이지 않는 상황에 처해 있었다. 그녀는 매사에 아는 것이 너무나 많은 것이 문제였다. 그녀의 뛰어난 학력은 이 목적에 아주 이상적인 무기를 제공해줬다. 말하자면 흠잡을 데 없는 '기하학적' 현실 관념으로 무장된, 고도로 세련된 데카르트식 합리주의 말이다. 그녀의 합리주의를 좀더 인간적인 이해로써 달콤하게 녹여보려는 몇 번의 시도가 수포로 돌아간 후에, 나는 상상 밖의 어떤 불합리한 일이 일어나서 그녀를 가두고 있는 지성의 함정을 부숴주기만을 기다리는 수밖에 없게 되었다.

---

* 이하 인용문은 모두 다음 원전에서 발췌한 것임. Jung, C.G. (1951b). "On Synchronicity" Collected Works, vol.8, The Structure and Dynamics of the Psyche, 2nd edition, London: Routledge and Kegan Paul, 1969

어느 날 나는 창문을 등지고 그녀와 마주 앉아 그녀의 청산유수 같은 언변에 귀를 기울이고 있었다. 그녀는 간밤에 특이한 꿈을 꿨는데, 어떤 사람이 그녀에게 황금 풍뎅이 모양의 아주 비싼 보석을 주었다는 것이었다. 그녀가 그 이야기를 하고 있던 중에 나는 뭔가가 내 등 뒤 창문을 부드럽게 두드리는 소리를 들었다. 몸을 돌리자 꽤 큰 날벌레가 어두운 사무실 안으로 들어오려고 창문에 몸을 부딪고 있는 것이 보였다. 나는 그것이 기이하게 느껴져서 창문을 열고 들어오는 벌레를 잡았다. 그것은 풍뎅이과의 딱정벌레로서 그 황금빛과 초록빛 색깔이 그녀 이야기 속의 황금 풍뎅이와 흡사하게 닮아 있었다. 나는 그것을 내 환자에게 건네주면서 말했다. '당신의 그 황금 풍뎅이가 여기 있소.' 이 사건은 내가 바라던 대로 그녀의 합리주의에 바람구멍을 내주어서 지적 저항의 얼음을 깨어놨다. 그 이후로 치료는 만족할 만한 결과를 내면서 진행될 수 있었다."

내가 융의 이 풍뎅이 이야기를 생각하면서 그것을 이 글의 보기로서 포함시킬까 말까를 고민한지 반시간 쯤 후에 인상적인 모습의 한 방랑자가 내 창문으로 들어왔다. 그것은 위에 언급된 풍뎅이와 비슷한 생김새의 풍뎅이였다. 그런 경우는 지극히 드문 일이었는데도 나는 전혀 놀라지 않았음을 고백해야겠다. 그것은 내가 동시성 현상에도 침착하게 반응할 만큼 성격이 차분해서가 아니라, 생각에 몰두해 있던 나머지 그것의 특별한 의미를 깨닫지 못했기 때문이다. 나는 풍뎅이가 방을 빠져나가려고 길을 찾아 헤매지 않도록 즉시 창문 밖으로 보내주었다. 그리고는 시간이 좀 지난 후에야 비로소 깜짝 놀랐다. 맙소사, 내가 바보 아니야? 외부의도가 자신의 존재를 선포할 때마다 나는 놀라서 눈이 휘둥그레진다. 보셨듯이, 외부의도가 나를 잡아당기며 신호를 보내고 있을 때, 나는 눈뜬 채로 깊이 잠들어 있었던 것이다. 내가 미신적인 사람이었다면 그것을 하늘이 보낸 징표로 여겼을 것이다. 사람이 외부의도의 너무나도 분명한 신호를 알아차리지 못하고 얼마나 깊은 잠에 빠져있는지를 당신도 상상할 수 있으리라.

이와 같은 예는 얼마든지 있다. 트랜서핑의 관점에서 보면 이런 상황의 이치는 분명하다. 각각의 경우, 심상화가 외부의도의 강한 돌풍을 일으켜놓은 것이다. 하지만 융은 이 공교로운 사건들의 원인이 실제로 무엇인지 — 즉 생각이 사건을 만들어내는 것인지, 아니면 사건에 대한 무의식적 예지의 결과로서 생각이 일어나는 것인지에 대해 서둘러 최종적인 결론을 내리려들지 않는다. 융은 한편으로는 "생각이 우연한 일련의 사건들의 바탕을 형성시켰다"고 말하지만 다른 한편으로는 "일어날 일련의 사건에 대한 일종의 예지력이 존재한다는 인상을 지우기가 어려울 때가 가끔씩 있다"고 말한다.

자신의 저서 〈동시성 현상: 비인과적 연결원리〉(Synchronicity: An Acausal Connecting Principle, 1960)에서 융은 동시성 현상을 '일시적인 주관적 상태에서 볼 때 의미심장한 대비로 보이는, 하나 이상의 외부 사건을 동반한 어떤 심적 상태의 동시적 발생'으로 정의했다. 융은 자신의 연구를 발표하기를 오랫동안 주저했다. 왜냐하면 동시성 현상은 전통과학의 사고방식으로는 이해할 수 없는 것이었기 때문이다.

융은 모호한, 그러나 전통과학의 기준에서 보기에는 좀 대담한 결론을 내린다.

"동시성 현상은 인과적 관계가 없는 이질적 과정들 사이에서 동시에 의미심장한 등가성이 발생할 수 있다는 것을 보여준다. 달리 말해서, 그것은 관찰자가 인식한 내용이 동시에 아무런 인과적 연결이 없는 외부사건에 의해 표현될 수 있음을 보여준다. 이것은 곧 정신이 공간 속에 한정될 수 없거나 공간이 정신에 대해 상대적임을 뜻한다."

분명하지만, 이것은 인과의 법칙에 위배되지 않는다. 원인은 언제나 존재한다. 단지 생각과 주변 환경이 상호작용하는 메커니즘이, 아직은 이해되지 않는 불분명한 방식으로 나타났을 뿐인 것이다. 그렇다면 무엇이 동시성 현상을 일으키는 것일까? ― 사건이 생각에 의해 일어나는 것일까, 아니면 생각이 사건의 전조로서 나타나는 것일까? 트랜서핑의 관점에서 보면 양쪽 다 일어난다. 영혼은 정보장에 저장된 데이터에 접근하고, 마음은 그것을 해석할 수 있다. 그러면 마음은 생각을 만들어내고, 그 생각은 마음과 영혼이 일치될 때 물질현실 속에 실현될 수 있다. 이것이 트랜서핑이 근거하고 있는 바탕 이론이다. 하지만 다시 한 번 강조하거니와, 가능태 모델은 우주를 정확히 기술하려들지 않는다. 다만 원리를 이해하기 위한 하나의 근거, 척도의 역할을 할 뿐이다. 우리는 아직도 이 우주에 대해 아는 것이 거의 없다. 하지만 그것이 트랜서핑의 원리를 적용하지 못하도록 막지는 못한다. 그리고 그것이 정말 적용되는지를 확인하는 것은 당신의 몫이다.

주변 세계에 대한 생각 에너지의 영향력과 관련된 모든 현상은 존 벨John Bell의 유명한 양자물리학 공리로부터 그 근거를 제공받고 있다. ― "외따로 격리된 계系란 존재하지 않는다. 우주의 모든 입자는 다른 모든 입자와 동시에(광속도보다 빠르게) 교신한다. 전체 세는 그 일부분이 엄청나게 먼 거리에 떨어져 있더라도 하나의 '온전한 계'로서 기능한다." 이 공리는 이론적으로 증명되었고 실제로 이미 확인되었다. '동시 교신'이라는 개념이 에너지는 광속보다 빨리 퍼져나갈 수 없다고 주장하는 상대성 이론과 모순됨에도 불구하고 이 공리는 타당하다.

외부의도는 상대성 이론과 일치하지 않는 것으로 보인다. 사실 양자물리학은 불가능한 가정에 기초해 있다. 이것은 양자물리학 또한 하나의 모델임을 뜻한다. 그리고 이해할 수 없는 모순은 하나만이 아니라 수두룩하게 있다. 이것은 우리가 하나의 모델에 지나친 중요성을 부여하지 말아야 한다는 사실을 다시 확인해준다. 그리고 융의 생각은 현대 물리학의 실제 창시자인 볼프강 파울리와 알버트 아인슈타인에 의해 뒷받침되고 있다는 점을 주지시켜야겠다. 하지만 정보교환 과정은 에너지와는 전혀 상관이 없는 것이 분명해 보이고, 그것이 광속보다 빠르게 일어날 수 있는 이유도 거기에 있을 것이다.

가능태 모델에서도 모순을 발견할 수 있다. 하지만 그럼에도 그것은 꽤 많은 것들을 설명해준다. 가능태 모델은 시간과 공간의 알려진 일부 역설들을 제거하지는 못하더라도 최소한 '순화시켜' 준다. 지금까지 우리는 시간의 흐름에 맞춰서 다른 인생트랙으로의 전이를 살펴봤다. 인생트랙은 언제나 시간 축과 나란히 놓여 있었다. 달리 말해서, 전이는 언제나 시간상의 한 시점에서 동일한 시점으로만 일어났다.

자, 이제 시간 축과 나란하지 않은 두 개의 인생트랙을 상상해보라. 이 트랙들의 동일한 지점을 시간 축 위에 투영하면 투영된 점은 서로 다른 시점에 떨어진다. 그러므로 이 인생트랙 사이의 전이는 시간 속의 이동, 즉 그 기울기의 방향에 따라 과거나 미래로 이동하는 것을 뜻한다. 그 상대적 기울기는 시간적 전이 거리에 따라 달라진다.

마찬가지로, 두 개의 인생트랙이 특정 공간 축과 평행하지 않다면 이들 사이의 전이는 공간 속의 순간적(혹은 상상할 수 없을 정도로 빠른) 이동을 수반할 것이다. 인생트랙의 기울기와 방향은 전이의 방향과 거리에 따라 달라진다. 이것은 좀 개괄적인 설명이긴 하지만 우리의 이해수준에서도 꽤 받아들일 수 있는 설명이다.

신중한 독자는 반론을 제기할 수 있다. — 글쎄, 시간여행을 할 때 일어나는 인과관계 붕괴의 역설은 어떻게 할 건가? 내가 태어나기 이전의 과거로 돌아가서 거기서 잔인하게도 내 부모를 죽여 버린다고 하자. 그러면 내가 이 세상에 어떻게 태어날 수 있었겠는가? 가능태 모델의 틀 안에서는 이 역설이 그렇게 '보이기만' 할 뿐이다. 실제로 그 인생트랙에서는 내가 태어날 수가 없다. 그게 무슨 문제란 말인가? 나는 그곳이 아니라 다른 트랙에서 태어났는데 말이다. 다시 상기시키지만, 무한수의 인생트랙, 곧 가능태가 존재한다. 거기에는 내가 존재할 수도 존재하지 않을 수도 있다. 잔인무도한 역설을 좋아하는 사람이라면 자신의 어린 시절로 돌아가서 그 죄 없는 아이를 끝장내버릴 수도 있을 것이다. 하지만 이런 경우에도 그는 자기 자신을 만나는 것이 아니라 자신의 또 다른 가능태가 실현된 현실을 만나는 것일 뿐이다. 그것은 다른 온갖 종류의 가능태와 나란히 존재한다.

과거는 결코 변화시킬 수 없다. 그것은 이미 일어났다. 그러나 그것이 일어난 것은 한 인생트랙의 과거 부분이 실현됐기 때문만이 아니라 그 과거 사건의 가능태가 이미 존재했기 때문이다. 그러므로 당신이 한 인생트랙으로부터 다른 트랙으로 옮겨가더라도 인과의 연결고리는 붕괴되지 않는다. 한 두루마리의 필름에서 한 장면을 건너뛴다고 해서 나머지 장면들이 손상되지는 않는다. 시간은 정적인 것이다. 곧, 정지 상태로 존재한다. 단지 한 인생트랙 위의 가능태의 실현만이 역동적으로 변화해가는 것이다. 어두운 숲속에서 회중전등 빛이 나무들 사이를 움직이는 것과 정확히 동일한 방식으로 말이다.

실제로 할 수 없는 일은, 동일한 트랙 위에서 과거나 미래로 여행하는 것이다. 사실 역설은 이런 상황에서만 일어날 수 있다. 투시가의 예지가 정확하지 않고 심지어 자주 틀리기도 하는 이유가 바로 이 때문이 아닐까? 만일 투시가가 들여다본 조각이 다른 인생트랙상의 것이었다면 예언의 오류는 쉽게 설명된다. 가능태 모델에 따르자면 인생트랙은 멀리 있는 것일수록 그 시나리오의 내용도 많이 달라진다.

과학자들은 UFO의 순간가속, 정지, 갑작스런 방향 꺾기 등 기이한 움직임에 당혹스러워한다. 불활성을 감안한다면 그러한 움직임은 불가능한 것이다. 게다가 이런 장치에 탑승한 존재들은 엄청난 가속하중을 견뎌야 할 것이다. 트랜서핑의 관점에서 본다면 여기에는 초자연적이랄 것이 하나도 없다. 외계인들은 하중을 전혀 느끼지 않는다. 왜냐하면 UFO는 우리의 비행기나 우주선처럼 날고 있는 것이 아니기 때문이다. 십중팔구, 우리는 미확인물체 그 자체를 보고 있는 것이 아니라 그것이 가능태 공간에서 실현되는 모습을 보고 있는 것이다.

영혼과 마음이 관련된 문제에는 당혹스러운 일들이 많다. 물질과학은 이 우주를 기계적 시스템으로 상상한다. 달리 말하자면, 물질이 제1원인이며 의식은 그것에서 파생되어 나온 것이라는 것이다. 그러나 동일한 과학이 최근에 발견한 사실에 비추어보면 이 모델은 점차 그 입지를 잃어가고 있다. 인간이 자연의 근본법칙의 실질적 본질을 꿰어볼 수 있다고 그릇되게 자만하는 한, 모델은 다시금 다시금 바뀔 것이다. 한 마리의 암탉도 닭장의 창조와 건설과 발달사에 대해서 자신이 이해한 바를 그 정도는 얼마든지 늘어놓을 수 있을 것이다. 인간은 암탉보다 지적으로 한 단계 더 진화했을 뿐이다. 하지만 그것으로는 무한히 광활하고 복잡한 우주에 한 걸음도 제대로 더 다가가지 못한다. 우주의 모든 것을 이해하고 아는 것은 인간의 능력 밖에 있다.

진리의 최후 본보기임을 자처하는 과학과 종교의 펜듈럼이 현재의 권위를 누리고 있는 것은 진리를 올바로 해석한 덕분이라기보다는 의견을 달리하는 자들을 박해해온 덕분이 더 크다. 이 끊임없는 적의는 전체로서의 과학과 종교 펜듈럼 간에만 존재하는 것이 아니라 펜듈럼 내부의 각 분야들 사이에도 만연해 있다. 싸움은 그칠 줄 모른다. 하지만 이것은 진리를 위한 싸움이 아니라 지지자를 확보하기 위한 싸움이다.

내가 마음이 모든 정보를 저장할 능력이 없다는 주장을 폈을 때, 그 논거는 정보를 컴퓨터의 데이터와 같은 바이트 수로 상상하는 모델에 근거한 것이었다. 하지만 그 모델은 뇌의 신경활동과는 전혀 무관한 것으로 밝혀질지도 모른다. 그 정보가 정확히 어떻게 저장되는지를 누가 알겠는가? 텔레비전이나 라디오가 없는 시대의 과학자에게 텔레비전이나 라디오를 보여준다면 그것을 어떻게 연구할지를 상상해보라. 그는 아마 단추를 이것저것 눌러보고, 부품을 떼내어 보고 화면의 변화를 살필 것이다. 텔레비전이 작동하는 이치를 모르는 상태에서 과학자는 자신의 '과학적' 관찰결과를 근거로, 부인할 수 없어 보이는 하나의 사실로부터 엉뚱한 결론을 주장할 것이다. ― 텔레비전은 모든 쇼 프로그램을 내부에서 만들어낸다. 트랜지스터와 집적회로 안에서 그것이 만들어진다고 말이다.

기계적 모델의 지지자들도 인간의 뇌를 이와 다를 바 없는 방식으로 연구한다. 아닌 게 아니라 뇌의 특정 부위가 손상되면 지각과 인식 기능에 예측할 수 있는 변화가 일어난다. 인간 지능의 작동원리는 아직도 밝혀지지 않고 남아 있다. 그럼에도 기계적 모델의 지지자들은 물질이 의식을 결정하며 그 밖에는 다른 가능성이 없다고 결론짓는다. 자랑스럽게 과학자를 자칭하는 기계적 모델의 보수적 추종자들은 오만하게도 이렇게 선언한다. — 자신들은 아마추어적인 추론이 아니라 사실의 데이터에 입각한 진정한 과학을 하고 있노라고. 그들은 이론의 틀에 들어 맞지 않는 것은 모두 비과학적인 것으로 치부하여 배격할 뿐만 아니라 박해까지 한다. 그나마 다행스러운 것은 이런 과학자들의 수가 점점 줄어들고 있다는 사실이다.

당신도 여기에 반론을 펴든가, 찬동을 표할 수 있을 것이다. 다만 그 것도 단지 하나의 모델일 뿐임을 명심하라. 그것이 정말 어떻게 그렇게 되는 것인지는 아무도 모른다. 마음은 그럴 듯한 설명의 틀 속에 들어맞지 않는 것은 거부하는 경향이 있다. 마음은 어떤 지식을 그럴 듯한 것으로 받아들이기 전에는 그것을 자신의 세계관의 틀 속으로 들여놓지 않을 것이다. 트랜서핑이 실제로 된다는 데는 의심의 여지가 없지만 그것을 써먹으려면 마음에게 최소한 얼마간의 설명을 제공해야만 한다.

가능태 모델은 우리에게 발밑의 땅을 느낄 수 있게 해준다. 하지만 그것이 전부다. 그것은 단지 하나의 도식으로 남아 있다. 그것은 또 다른, 좀더 복잡정교한 모델로 변형될 수 있을 것이다. 예컨대 이 책의 앞부분에서 이해를 도와주었던, 인생트랙이라는 것이 존재한다는 가정을 옆으로 제쳐놓을 수도 있다. 그러면 가능태 공간은 불연속적인 것이 아니라 연속적인 것으로 변한다. 숲속에는 더 이상 길이 없다. 숲만이 있을 뿐이다. 하지만 그것이 트랜서핑의 본질을 변하게 하지는 않는다. 모델이 어떤 것이든 간에 그것은 현실을 좀더 잘 반영하거나, 아니면 좀 못 반영하거나 할 뿐인 것이다. 현실에 대해 알아가는 길은 무수히 많다. 현실이 자신을 드러내는 방식이 무한하듯이 말이다.

당신은 아마 트랜서핑의 원리가 다른 유사한 가르침들의 원리와 흡사하다는 것을 발견할 것이다. 거기에는 이상할 것이 하나도 없다. 모든 가르침은 다소 독자적이어서 하나의 자족한 모델을 제시한다. 하지만 우리가 모두 다소간에 유사한 세계관을 가진 인간이라는 점에서는 그 모델들도 유사한 영역을 가지고 있다. 그 모델들 중 어느 것이 이 우주를 가장 적절히 설명하는지를 물어보는 것은 부질없다. 유일하게 중요한 것은 어떤 모델에서 어떤 실질적인 결과를 얻을 수 있느냐는 것이다.

예컨대 수학의 경우를 보자. 다양한 수학 분야들이 물질적 현실을 기술하는 다양한 모델을 제시한다. 동일한 물리학 문제를 여러 가지 수학적 방법을 적용하여 다양한 방식으로 풀 수 있다. 분석기하학, 아니면 미적분법 중 어느 것이 더 나은지를 따지는 것은 부질없는 일이다. 단지 자기가 가장 좋아하는 것을 택할 수 있을 뿐이다. 그러니 주저 말고 당신의 것을 선택하라.

고대 마법사들의 의도

이야기를 맺는 시점에서 고대 마법사들의 의도에 대해서도 언급하고 싶다. 지난 문명들이 와해되기까지 우리 현실 속에 살아 있었던 지식의 수호자들 말이다. 이 지식의 몇몇 파편들은 부분적인 비전 가르침과 수행법의 형태로 오늘날까지 전해왔다.

검증해볼 수는 없지만 그중 일부 마법사들은 다른 현실로 건너갔고, 이제 초월적인 방법을 통해 그들의 지식을 인류에게 전해주고자 한다는 정보가 있다.

최근까지만 해도 나는 그런 식의 주장을 좋게 말해서 회의적으로 대했을 것이다. 하지만 지난 몇 십 년 동안에 지구의 여러 곳에서 서로 무관한 여러 사람들이 동일한 지식에 대한 유사한 해석을 제시하는 일이 점점 더 자주 일어나고 있다. 그리고 이미 말했듯이 이제는 나도 내 머릿속에 들어올 길이 도무지 없었던 이 지식을 대면하지 않을 수 없게 되었다.

나는 꿈속에서 다른 인물들도 많이 만났지만 그들은 나의 좀 보수적인 세계관에 어떤 영향도 끼치지 않았다. 하지만 그 감시인과의 만남은 우주에 대한 나의 이해를 뒤집어놓았을 뿐만 아니라 내 인생을 송두리째 바꿔놓았다.

별다른 취미도 없는 전직 물리학자였던 내가 갑자기 까닭 없이 책을 쓰기 시작했다. 그것이 평범한 하나의 꿈으로부터 비롯되었다는 사실을 생각해본다면 그것은 너무나 믿을 수 없고 엉뚱한 일이다.

그 첫 만남 이후로 감시인은 나를 다시 찾아오지 않았다. 하지만 가끔씩은 보이지는 않아도 그의 존재가 느껴지는 것 같다. 아무튼 나는 트랜서핑이 '나의' 지식이라고는 생각해본 적이 없다.

나는 단지 가능태 공간의 해당 섹터에 동조된 반복재생기일 뿐이다. 트랜서핑의 지식을 언어로 옮겨 하나의 시스템의 모습을 갖추게 하는 데는 엄청난 어려움이 있었음을 인정하지 않을 수 없다. 그것을 발견해내는 것과 그것에 관해 말할 수 있게 되는 것은 전혀 별개의 문제다. 하지만 나는 그것을 나의 공로로 생각하지 않는다.

당신의 때가 오면 당신도 이 지식을 발견하기만 할 뿐 아니라 모든 것을 경험하게 될 것이다. 이 책을 탐독하는 것은 지식을 얻게 해주는 것이 아니라 '친숙성'을 얻게 해준다. 지식과 친숙성은 서로 별개의 것이다!

트랜서핑은 꿈을 현실로 바꾸는 꽤 구체적인 방법을 제시한다. 하지만 어떤 사람은 그것조차 충분하지 않다고 생각할지도 모른다. 당신이 예컨대 넥타이를 매는 법과 같은 요령을 찾아낼 생각이라면 어리석게도 그 일에 평생을 바칠 수도 있을 것이다. 왜냐하면 운명을 제어한다는 것은 '일 단계, 이 단계, 삼 단계' 하는 식의 방식과는 맞지 않기 때문이다.

트랜서핑은 모종의 비결을 보여주는 기법으로 축소시킬 수가 없다. **그것은 기법에 관한 것이 아니라 당신 내면의 자유를 자각하고 당신이 당신 세계의 층의 주인임을 느끼게 되는 일에 관한 것이다.** 그 느낌을 잡기만 하면 만사는 기법 같은 것 없이도 저 혼자서 굴러갈 것이다.

하지만 그 정도의 자각도를 성취하려면 트랜서핑을 삶의 방식으로 만드는 것 외에 다른 방법은 없다. 그러나 그것은 전혀 짐스러운 일이 아니다. 오히려 그것은 거울을 가지고 노는 것처럼 환상적인 일이다.

세상이란 세상을 대하는 당신의 태도를 비춰주는 거울이다. — 단지 그 반응은 약간의 시간을 필요로 한다. 당신의 태도를 그에 따르는 거울의 반응과 비교함으로써 당신은 당신의 마음에게 단순하지만 이해하기는 어려운 하나의 진실을 가르치고 있는 것이다. — 당신은 의도로써 당신 세계의 층을 만들어가고 있다는 사실을 말이다.

당신은 마찬가지로 단순하지만 기이한 또 하나의 진실에 익숙해져야만 한다. — 당신의 목표를 이루는 방법과 길은 전혀 힘들 것이 없다. 이 주장의 밑바탕에는 하나의 근본 원리가 놓여 있다. — **의도의 방향은 가능태 흐름의 방향에 의해 좌우된다.**

당신은 단지 이 경로를 유지할 뿐, 가능태 흐름을 방해하지 말아야

251

한다. 목표를 성취하는 방법은 스스로 나타날 것이다. 당신은 목표가 어떤 방법으로 실현될지를 알 수도 없고, 알아서도 안 된다. **어떤 일이 일어나든 간에, 목표의 슬라이드를 머릿속에 지니고 조율의 원리를 지키면 가능태 흐름이 당신을 목표로 데려다준다.** 이것이 이치다.

트랜서핑 원리의 깨달음은 그저 책을 한 번 읽었다고 해서 일어나지 않을 것이다. 연습과 훈련의 결과로서만 친숙함이 실현으로 바뀔 수 있다. 즉석의 결과를 기대하지 말라. 의도를 가지면 만사는 조만간에 풀려갈 것이다.

어쩌면 내가 이 책에서 고대 마법사들의 의도를 제대로 충족시켜서 트랜서핑의 지식을 온전히 전해주지 못했을지도 모르겠다. 하지만 나는 이 일을 계속 해나갈 의도를 가지고 있고, 이어서 곧 다른 책이 나오게 될 것이다. ─ 〈사과가 하늘로 떨어지다〉

이 책은 우리의 놀랍고 멋진 '거울세계'가 번쩍이는, 새로운 영역을 열어 보여줄 것이다.

에필로그

이리하여 트랜서핑 세계로의 마법과 같은 실습 여행이 끝났다. 당신이 단지 호기심만을 충족시키고자 했다면 트랜서핑은 그저 하나의 실습 여행에 지나지 않는 것으로 남을 것이고 당신이 돌아오기를 기대할 사람도 없을 것이다. 하지만 이 책의 어떤 것이 당신 영혼의 예민한 현絃을 건드렸다면 이 마법의 여행은 이제 막 시작한 것일 뿐이다.

나는 당신이 이것을 모두 믿든지 말든지 신경쓰지 않는다. 사실, 꿈의 공간에서 보호구역 감시인을 만났을 때는 나 자신조차 그것을 믿지 않았으니까. 나는 펜듈럼처럼 내 주위에 지지자들의 집단을 끌어들여서 사람들에게 뭔가를 보여주고자 하는 의도가 없다.

트랜서핑의 원리를 실질적으로 적용해보면 당신은 그것이 정말 된다는 것을 직접 목격할 뿐만 아니라 아무도 꿈꾸지 못했던 새롭고 놀라운 발견들을 무수히 해낼 것이다. 그러면 당신은 아마 나에게 편지를 보낼 것이고, 우리는 함께 놀라며 기뻐할 것이다.

본질적으로 우리는 모두가 무한한 가능태 공간 속의 외로운 방랑자들이다. 트랜서핑은 지친 방랑자들에게 희망의 서광을 비춰서 그릇된 제약과 고정관념의 암흑을 뚫고 길을 헤쳐가게 한다. 자유롭게 선택할 수 있는 당신의 권리를 행사하라. 그러면 당신은 새벽별의 속삭임을 들

을 것이고, 당신의 사과는 하늘로 떨어질 것이다. 외로운 방랑자여, 행
운을 빈다!

옮긴이의 말

우리는 〈리얼리티 트랜서핑〉이라는 세 권의 책을 거쳐 짧지 않은 여정을 함께 해왔습니다. 여정은 앞으로도 계속 되겠지만, 지금은 잠시 가던 길을 멈추어 서서 되돌아보는 시간입니다. 잠시 눈을 쉬세요. 그리고 느껴보세요. 몸 주위에서 당신이 느끼는 공간은 어디까지인가요? 그 공간의 가장자리에 경계가 있나요? 경계가 어디까지인지 가만히 더듬어 찾다보면 그 가장자리는 끝없이 확장되어 갑니다. 결코 그 끝에 닿을 수 없지요. 이처럼 공간은 무한히 펼쳐져 있습니다.

다음엔 시간을 느껴볼까요? 지금 이 순간에서 과거를 향해 의식의 손을 뻗어보세요. 지금 이 순간도 가장자리가 없습니다. 어디서부터 이전의 순간입니까? 그 경계선을 느끼다보면 지금이라는 것도 역시 가장자리가 없으며 과거를 향해 무한히 멀리 뻗어 있음을 발견합니다. 이제 미래로 가 볼까요? 이 순간에서 미래로 나아갈 때 역시 지금과 다음 순간 사이에도 가장자리가 없습니다. 어디서부터 다음 순간인지 알 수 없습니다. 지금은 미래를 향해서도 무한히 연속됩니다. 공간이 끝없는 것처럼 시간도 끝이 없지요. 지금으로부터 과거와 미래로 끝없는 시간이 펼쳐져 있습니다. 그리고 거기에 경계선이 없으니 연속체인 하나입니다. 과거와 현재와 미래는 무한히 펼쳐진 하나의 공간처럼 느껴집니다.

마지막으로 당신의 존재감을 느껴보세요. 당신은 어디에 있나요? 어디에서 느껴지나요? 몸 안에 있나요, 아니면 몸 바깥에서도 느껴지나요? 나의 존재는 여기까지다, 라고 느껴지는 지점이 있다면 거기서 가장자리를 확인해보세요. 거기에 경계선이 있습니까? 가장자리를 느껴보면 그것 또한 한정할 수 없으며 우리의 존재도 무한한 시간과 공간처럼 펼쳐져 있음을 알 수 있습니다.

그렇습니다. 시간과 공간이 무한하듯, 우리의 존재도 무한합니다. 트랜서핑의 원리가 말하는 것처럼 가능태 공간에서는 모든 사건의 가능성 또한 무한합니다. 우리가 무한함을 깨달을 때 제한이라는 환상에서도 깨어납니다. 삶이 신비로 가득 찹니다. 무엇이든 선택할 수 있고 무엇이든 누릴 수 있습니다. 다만 우리의 마음이 그 한계를 짓고 제약하고 있을 뿐이죠.

우리는 그 무한한 가능성들 속에서 매순간 특정한 가능태들을 선택하고 있습니다. 그런데 우리는 자기도 모르게 습관적으로 부정적인 가능태들을 주로 선택해왔습니다. 그러나 이제 당신에게 의식적으로 선택할 수 있는 힘이 주어졌습니다. 아니 더 정확하게는 이미 주어져 있는 선택권을 드디어 확인하셨습니다. 앞으로는 당신은 아마도 불행 대신 행복을 선택할 겁니다. 그리고 증오 대신 사랑을 선택할 것입니다. 만일 그렇지 않다면 오랜 동안 지켜져 왔던 이 비밀 중의 비밀이 세상에 너무 성급하게 알려지는 게 될지도 모릅니다. 리얼리티 트랜서핑 3부작 번역을 완결하면서, 역자로서 저는 부디 많은 독자들이 행복과 사랑을 선택하기를 바랍니다. 제가 간섭할 수 없는 각자의 선택이지만 말이지요.

제3권을 읽으며 결국 우리는 이 책이 말하고자 하는 것이 어떤 테크닉이 아니라, 우리 내면의 자유를 자각하고 주인으로서 자신의 삶에 책임을 지라는 메시지임을 깨닫게 됩니다. 왜 지금 이 시기에 그 비밀의 봉인이 대중들에게 풀렸을까를 생각해봅니다. 한두 사람이 아닌, 많은 사람들이 불행 중독증이라는 집단적인 펜듈럼에서 깨어나 함께 밝은 미래를 선택하라는 게 아닐까요? 지금 전 지구를 뒤덮고 있는 어두운 미래의 시나리오들을 바꿀 수 있는 힘이 우리에게 있음을 알려주기 위함이 아닐까요? 우리의 세계를 만들어가는 힘은 바로 우리의 의도니까요. 우리의 세상이라는 거울은 밝은 미래라는 우리의 의도를 분명 되비추어 줄 것입니다.

마지막으로 바라는 것은 독자님들이 트랜서핑에도 지나친 중요성을 부여하지 않는 것입니다. 그렇게 하더라도 저자의 말대로 트랜서핑은 각자에게 유익한 펜듈럼이 되겠지만, 궁극에 우리가 바라는 것은 모든 펜듈럼으로부터 자유로워지는 것이라 생각합니다. 트랜서핑은 테크닉을 전해주려는 것이 아니라 행복을 위한 새로운 삶의 태도를 보여주려는 것입니다. 그러므로 구체적인 기법의 훈련보다는 태도의 변화가 핵심입니다. 그 핵심을 잡는다면, 트랜서핑은 결코 난해한 비법이 아니며 날마다 삶 속에서 함께 할 수 있는 자연스러운 흐름이 될 것입니다. 마치 항공기가 이륙하고 나면 자동항법 장치를 켜는 것처럼, 한 번 그 원리를 터득하고 나면 이제 삶에서 자동으로 트랜서핑이 작용하게 됩니다. 그때 트랜서핑은 저자의 말대로 인생이라는 거울을 가지고 노는 환상적인 놀이로 바뀔 것입니다.

자, 이제 다 함께 각자의 거울을 들고 행복한 삶을 비추는 놀이에 뛰어들어 볼까요?

2009년 4월 꽃들이 만발한 인왕산을 바라보며

박인수

NOTE

NOTE

NOTE